변액보험과
적립식펀드로
고수익 올리기

변액보험과 적립식펀드로
고수익 올리기

김동빔 지음

중앙경제평론사

들어가는 글

고수익 쑥쑥 올리는 펀드투자 따라잡기

재테크는 삶의 질 가름하는 필수 잣대

"피땀 흘려 모은 알토란같은 소중한 자금들을 어떻게 운용하는 것이 가장 좋을까? 안전하게 자금을 운용해나가면서 고수익을 올릴 수 있는 마땅한 금융상품은 없을까? 은행금리는 낮고, 부동산시장도 주식시장도 불안한데 매월 여유자금을 어디에 투자해야 안전하게 기대수익을 달성할 수 있을까?"

요즈음 사람들이 모이면 으레 화두는 경제문제다. 점점 생활이 각박해지다 보니 어딜 가나 나라경제는 어떻고 물가와 금리는 어떠하며 가계수입은 신통치 않은데 뭘 해야 돈을 벌 수 있는지 불안과 궁금증을 담은 난상토론을 벌인다. 좀더 얘기가 오가면 여유자금으로 어떻게 재테크를 하고 어떻게 해야 한푼이라도 더 많은 수익을 올릴 수 있느냐로 대화의 물꼬가 틀어진다.

특히, 저금리시대 힘들게 번 소중한 내 돈(종잣돈)이 조금이라도 더 많은 수익을 창출하기 위해서는 저축이 아닌 투자를 해야 하며 그 길에는 위험부담이 너무 큰 직접투자방식보다는 상대적으로 안정된 가운데 고수익을 실현해주는 펀드로 대변되는 간접투자상품을 올바로 골라 가입하는 것이 상책이다.

그러나 출시된 간접투자상품들이 하도 많아 어떤 상품을 골라 가입해야 투자리스크를 헤지해나가면서 좀더 알토란같이 영그는 훌륭한 재테크가 이루어질 수 있느냐는 게 가장 큰 현안이다. 간접투자상품을 통해 중장기 목적자금 마련을 추진하고 있고 또 앞으로 그렇게 하려는 사람들이 피부로 느끼는 당면과제요 기대욕구다.

종잣돈으로 어떻게 투자수익률을 높여 고수익을 창출해 원하는 목적지금을 만들어내느냐가 삶의 질을 가름하는 중요한 잣대가 될 것이므로 한시라도 빨리 재테크, 그중 특히 펀드투자의 장에 뛰어들어 삶의 가치를 업그레이드해나가도록 기반을 다져야 한다.

중기재테크 투자상품 적립식펀드

우리나라 전체 가구의 약 70%가 펀드(펀드, 변액보험)에 가입하고 있을 정도로 이젠 펀드가 생활화되어가고 있다. 설정된 펀드종목수가 1만여 개(변액보험은 800여 개)로 일본보다도 많이 출시되고 있어 세계에서도 손가락 안에 들 정도로 많은 펀드 수요국가가 되었다. 펀드는 확정금리형이 아닌 실적배당형의 투자상품이고 투자의 속성상 주식편입비율이 높은 펀드를 선호하는 경향이 짙으므로 투자리스크가 주식보다는 덜하지만 그래도 여전히 심하다.

펀드 변동성이 심해 주가가 상승하면 적립액이 늘어나고 반대 상황에서는 주춤거리는 기색이 역력한데, 앞으로의 경제 펀드멘탈을 고려해볼 때 불가항력적인 변수가 도사리고 있지 않는 한 주가가 장기적으로는 안정성장세 기조로 갈 것으로 예상되므로 펀드에 가입하는 투자자들이 늘어나는 것이다.

그런데 문제는 시장 규모에 비해 펀드가 워낙 많다 보니 투자자가 어떤 펀드를 골라야 할지 난감하다는 점이다. 특히 주식장이 출렁일수록 더 많이 고민하고 망설여진다. 그래서 '어떤 적립식펀드를 어떻게 골라 가입해야만 수익을 조금이라도 더 많이 올릴 수 있을까?' '어떤 유형의 펀드가 목적자금 마련에 제일 적합할까?' '어떤 펀드를 선택해야 투자리스크를 헤지하면서 상대적으로 고수익도 실현할 수 있을까?' '펀드 환매시까지 신경 써 조금이라도 보탬이 되도록 잘 관리해주는 곳은 어디일까?' 등이 가장 중요한 이슈로 부각되고 있다.

적립식펀드는 재테크상품으로 손색이 없지만 실적배당형이라서 투자리스크가 모두 투자자에게 귀속되므로 현재 수익률이 양호하다고 섣불리 가입한다면 환매시 돌아오는 이익 보따리보다는 스트레스 보따리가 더 클 수도 있다. 중기목적자금을 마련하기 위해 가입하는 적립식펀드의 투자수익률을 더 많이 올릴 수 있는 방법을 찾아야만 투자리스크를 줄이면서 남보다 한 발 앞서 목표자금을 모을 수 있어 자산형성 꾸러미를 키울 수 있다.

그렇게 하려면 먼저 수익률을 올리는 데 변수로 작용하는 펀드의 내면과 이면에 자리 잡은 여러 가지 특성과 요인에 대한 올바른 접근과 투명한 관찰, 정확한 파악이 필요하다.

이 책에는 이 문제에 대해 필자가 변액보험과 적립식펀드를 객관적인 입장에서 수없이 접하면서 비교하고 심도 깊은 조명을 나름대로 해본 결과물을 토대로 일반 투자자도 쉽게 이해하고 펀드투자를 할 때 유용하게 활용하여 고수익을 올릴 수 있도록 로드맵과 솔루션을 제시해놓았다.

장기재테크 필수상품 변액보험

평균수명이 세계에서 가장 빠른 속도로 점점 길어져가는 고령화 장수시대, 경제활동기인 젊은 시절의 삶보다 더 걱정이 되는 것은 비경제활동기인 노후의 삶이다. 인생의 3분의 1이나 되는 기나긴 노후의 안락한 삶을 위해서는 보험도 장기재테크 차원에서 가입해야 하는데, 그중 특히 간접투자상품인 변액보험(변액유니버설보험, 변액연금보험, 변액종신보험 등)에 대해 많은 관심을 가질 필요가 있다.

중기상품인 적립식펀드와 장기상품인 변액보험은 똑같이 펀드로 운용되는 간접투자상품이지만 상품구성 내용과 성격 측면에서 너무나 다른 모습을 보이고 있다. 변액보험은 펀드와 보험, 은행상품을 복합적으로 아우른 퓨전형 다목적상품이므로 상품내용이 펀드보다 훨씬 복잡하고 난해하다. 적립식펀드에 없는 상품구성 요소들이 저변에 매우 많다. 투자수익률을 제고하는데 어떠한 변수들이 도사리고 있는지, 걸림돌은 무엇인지, 무엇을 어떻게 알고 가입해야 수익률 제고에 보탬이 되는지 일반 사람들은 상품내용이 매우 복잡해서 잘 알지 못한다. 전문가들조차도 속속들이 파고들기에는 어떤 상황에서는 역부족인 경우도 있다.

따라서 이 책에서는 장기재테크와 은퇴자금을 동시에 완성할 수 있는 변액보험상품의 내면을 누구나 쉽게 이해하고 저금리시대, 좀 더 높은 수익을 올릴 수 있도록 속속들이 파헤쳐 그에 대한 솔루션을 제시하였다.

고수익 올리는 펀드투자 로드맵 따라 하기

저축과 투자시 가장 중요한 요소는 안전성, 환금성과 더불어 목적자금의 달성 여부를 가름하는 시드머니의 미래가치인 수익성이다. 몇 년 동안 소중히 모은 종잣돈의 가치가 어떻게 불어나고 얼마나 많이 커져 내게 돌아올 수 있는지를 가장 중요하게 여기면서 상품을 골라 가입해야 한다. 실적배당형 상품인 펀드에 투자하는 투자자들의 가장 큰 관심은 당연히 투자수익률이다. 따라서 간접투자상품인 적립식펀드와 변액보험에 투자하는 투자자에게 가장 중요한 투자목표는 수익률이요, 실천지향점은 투자로드맵이다.

내가 가입한 펀드 또는 가입하려고 하는 펀드가 어느 정도 수익을 창출해낼 수 있는지를 가장 먼저 생각하고 투자수익에 방점을 두고 종목을 선택해야 한다. 그러나 아무리 좋은 옷도 자신에게 맞지 않으면 무용지물이듯이 펀드도 다른 사람들이 좋다고 해서 덥석 가입해선 안 된다.

생애재무설계를 토대로 자신의 투자성향 및 재무플래닝과 맞아야 하고 펀드에 대한 전반적인 지식을 습득한 다음 자신에게 적합한 상품을 골라 가입해야 한다. 그렇지 않으면 투자수익에 대한 만

족은커녕 자칫 계륵과 같이 전락하여 실질적인 이익을 얻기 힘들다. 따라서 간접투자상품의 투자수익률을 어떻게 하면 많이 올릴 수 있는지에 대한 정보를 입수하고 상품을 잘 선택하기 위해 발품과 머리품, 손품을 파는 데 수고를 아끼지 않는 것이 투자의 기본 정석이다.

펀드 로드맵과 솔루션 찾아 목적자금 조기달성

이 책은 펀드투자로 고수익을 쑥쑥 올려주는 길라잡이 노릇을 충실히 수행하도록 필자가 나름대로 심도 깊게 분석하고 정리한 펀드 길라잡이다. 따라서 이 책이 간접투자상품인 펀드를 선택하고 운용해 수익률을 높이는 데 도우미 역할을 충실히 해줄 것이다. 그런데 여기서 짚고 넘어갈 것이 있다. 간접투자상품의 특성과 이해, 펀드의 성격과 운용방향, 펀드종목구성방법 등 펀드투자자라면 누구나 알고 있는 간접투자방식에 대한 일반론적이고 상식적인 내용은 어느 책에서나 다루고 있으므로 이 책에서는 다루지 않는다.

목적자금을 좀더 빨리 마련할 수 있도록 고수익 실현 비법을 다각적·집중적으로 제시하는 이 책의 특성상 오로지 펀드투자수익의 극대화에만 초점을 맞추었다.

처음《적립식펀드와 변액유니버설보험으로 고수익 올리기》란 제목으로 책을 세상에 내놓았을 때 수많은 독자분의 격려와 질문, 감사의 마음을 받았는데 지면을 통해 늦게나마 깊은 감사를 드린다. 특히, 시중에 나와 있는 펀드와 변액보험 관련 책들이 펀드 케어를 어떻게 하고 로드맵을 어떻게 찾아야 하는지는 물론이고 솔루션을 따라 실천할 수 있도록 자세히 제시하지 못했다면서 이 책을 통해 속속들이 알게 되었다고 고마움을 표시할 땐 전문작가로서 더없이 기뻤다. 이 책은 새롭게 책을 다시 내달라는 독자들의 요구에 부응하기 위해 새 이름에 맞게 가다듬어 세상에 개정판으로 내놓게 되었다. 출판업계의 어려운 여건에서도 새로이 탄생하도록 흔쾌히 기회를 주신 중앙경제평론사 김용주 대표님께 진심으로 감사의 마음을 전한다.

지금부터 펀드투자를 통해 고수익을 쑥쑥 올리는 확실한 방법을 이 책에서 찾아 투자힌 종잣돈의 미래가치가 눈덩이처럼 불어나 목적자금의 규모화가 확실히 이루어지는 기쁨과 희열을 느껴보자. 펀드투자로 고수익을 실현하려는 강한 목적의식과 열정이 기대수익의 방점을 찍는 미래 일정 시점에서 반드시 현실로 이루어지도록 실전에 적극 응용하여 더욱 큰 만족감과 행복감을 누려보자.

김 동 범

차례

들어가는 글 고수익 쑥쑥 올리는 펀드투자 따라잡기 5

 적립식펀드로 투자수익 올리기 위한 기초 다지기
적립식펀드 투자수익의 종합적인 흐름과 패턴을 알고 투자하라

재테크 초석 적립식펀드 확실히 알고 투자하라 20
펀드의 성격과 운용방법을 정확히 알자 25
펀드운용정보 확인할 수 있는 툴은 꼼꼼히 챙겨라 31
펀드투자시 합리적인 기대수익률을 알고 투자하라 39
시장수익률 초과하는 고수익펀드를 고르자 43
적립식펀드의 묘미인 펀드매입비용 평균화효과 한껏 맛보자 47
거치식투자와 적립식투자의 효과 차이 집중분석 50
① 주가지수가 계속적으로 상승할 경우 53
② 주가지수가 뚝 떨어졌다가 다시 원위치한 경우 58
③ 주가지수가 아주 떨어졌다가 원위치에 다소 밑돌 경우 63

④ 주가지수가 떨어졌다가 또다시 아주 많이 떨어져서 원위치에
　　한참 못 미칠 경우 67
⑤ 주가지수가 급상승했다가 다시 원위치로 온 경우 70
⑥ 주가지수가 급상승했다가 다소 떨어진 경우 73
⑦ 주가지수가 하락했다가 원위치보다 매우 높아진 경우 76
⑧ 주가지수가 하락했다가 원위치보다 다소 높아진 경우 79

적립식펀드 가입시 반드시 알아야 할 투자기술

적립식펀드 투자수익률을 높이기 위해 꼭 숙지해야 할 지식을 알아본다

위험을 즐길 줄 알아야 투자가 영근다 86
수익률만 보지 말고 위험관리지표를 따져라 90
기간수익률과 연환산수익률을 확실히 알아두자 97
펀드기준가 설정을 정확히 알아야 한다 103
펀드기준가 잘 조정해야 투자가 더 영근다 108
변액보험, 펀드의 기준가격과 수익구조 제대로 알자 114
변액보험의 펀드기준가 반영일은 적립식펀드와 다르다 118
펀드수익률을 계산할 줄 알아야 재테크가 영근다 125
간접투자상품에 가입했을 때 투자수익률 계산방법 130

펀드상품 잘 골라 수익률 쑥쑥 올리기
적립식펀드상품, 이런 고수익 보장상품을 선택해 투자하라

장기투자에는 상장지수펀드를 선택하라 134
장기투자에는 주식형펀드보다 인덱스펀드를 선택하라 140
조정장세에서는 배당주펀드를 노려라 147
일석이조의 절세형 비과세펀드에는 무조건 가입하라 152
채권형펀드는 세금우대로 가입하라 158
절세형 실물펀드를 투자성향에 맞게 노려라 161
장기목돈은 세테크 효과 큰 재형펀드, 장기펀드로 167
수익률 저조시 계약이전이 가능한 유일한 연금저축펀드 173
멀티클래스펀드로 펀드수수료를 절약하라 181
펀드변경이 가능한 엄브렐러펀드로 리스크를 줄여라 184
국내주가 조정시 해외펀드로 분산투자하라 190
고수는 인터넷 전용펀드를 활용하라 197
초보자는 펀드오브펀드로 수익을 올려라 200
주가하락기엔 리버스펀드로 위험을 회피하라 203
주가연계상품으로 레버리지효과를 노려라 206

 ## 펀드투자시 고수익 실현의 변수, 펀드수수료 확실히 챙기기
펀드수수료 체계를 정확히 알고 슬기롭게 대처해야 고수익 실현이 가시화된다

펀드수수료 꼼꼼히 따져본 뒤 가입하라 214
펀드수수료 부과방법을 정확히 알라 217

펀드수수료는 복리로 눈덩이처럼 불어난다 222
펀드수수료 부과방법의 함정을 알고 대처하라 226
펀드상품은 수수료만 공제하지 않는다 232

 ## 5장 변액보험투자시 고수익 실현의 변수 정확히 알기
변액보험 투자수익의 종합적인 흐름과 패턴을 알고 투자하라

펀드수익률 꼼꼼히 따지듯이 사업비도 따져라 238
변액보험 사업비 부과방식 일단 알고 들어가자 243
변액보험 펀드수익률 기본을 알고 가자 250
증권거래세는 변액보험 수익률 제고의 변수 255

 ## 6장 적립식펀드와 변액보험 투자수익률 비교분석
적립식펀드와 변액보험의 투자수익률 체계를 정확히 알아야 목표수익률 달성이 매조지된다

정액저축(투자) 상품의 경과기간별 수익률 변화추이 분석 262
수익률 비교표를 볼 때 꼭 알아둘 사항 15가지 264
정액저축(투자) 상품별 수익률 역전 터닝 포인트 시점은? 269
적립식펀드가 변액보험보다 장기투자에 부적합한 이유 275
변액보험 사업비 규모가 더 클까, 적립식펀드 수수료 규모가 더 클까 283

펀드투자시 투자수익률 확실히 올리는 비법
펀드투자수익률을 올릴 수 있는 다양한 변수를 유효적절하게 활용하라

펀드매입시점의 기준가 반영일을 꼭 확인하라 294
펀드환매시점을 잘 선택해야 돈이 더 붙는다 298
환매수수료 체계를 정확히 알아야 손해를 덜 본다 302
벤치마크 초과율이 높은 상품을 골라잡아라 306
펀드변경시점의 타이밍을 적기에 포착하라 310
펀드변경을 독단적으로 하지 마라 316

 ## 변액보험으로 고수익 올리는 특급비법
변액유니버설보험과 변액연금보험의 투자수익률을 높이려면 이렇게 하라

투자수익률 향방을 결정짓는 변수를 예의주시하라 322
동일조건 아래서 수익률이 달라지게 하는 변수 15 327
고수익을 올리려면 반드시 추가납입하라 337
사업비 규모가 가장 작은 회사상품을 선택하라 341
피보험자는 가족 중 나이가 가장 적은 사람으로 하라 345
피보험자를 여자로 해야 수익률이 높아진다 351
한 살이라도 더 젊은 상령월 이전에 가입하라 357
보험료대비 보험가입금액이 적은 상품을 선택하라 360
가능한 한 고액으로 설계해 가입하라 365
변액유니버설보험은 가능한 한 분산투자하지 마라 371
공시이율이 높은 보험사 상품을 선택하라 375

주가하락이 예상되면 3가지 길을 찾아나서라 380

주가하락시 추가납입으로 펀드보유좌수를 늘려라 384

환금성과 수익성을 동시에 해결할 묘책을 찾아라 388

주가하락시 펀드보유좌수 이렇게 보호하라 393

부활 및 상환시점 잘 포착해 펀드매입좌수를 늘려라 397

펀드재테크 처세술을 익혀 고수익을 실현하라 401

변액보험은 인생 재테크를 완결하기 위해 가입하라 406

에필로그 펀드 거울 보면서 부자로 가다듬자 413

1장

적립식펀드로 투자수익 올리기 위한 기초 다지기

적립식펀드 투자수익의 종합적인 흐름과 패턴을 알고 투자하라.

재테크 초석
적립식펀드 확실히 알고 투자하라

'티끌 모아 태산'은 정액저축방식으로

펀드에 투자하는 방식은 크게 ① 가입시 목돈을 한꺼번에 투자하는 방식인 거치식 투자방법, ② 적금을 불입하듯 매월 일정액을 일정기간 납입하는 방식인 적립식 투자방법 두 가지로 구분된다.

적립식펀드는 목돈을 한꺼번에 일시금으로 넣는 대신 ②와 같이 매달 일정액을 적금하듯 투자하는 방식이라 누구나 부담 없이 투자할 수 있어 편리한 실적배당형 중장기 재테크상품이다. 또한 자신의 재무목표에 따라 일정시기 필요한 자금을 마련하기 위해 펀드(수익증권)를 목돈으로 한꺼번에 매입하지 않고 은행적금처럼 매달 일정액을 납입해 주식과 채권, 파생상품(Financial Derivatives)에 투자(펀드매입)하여 운용실적에 따라 수익이 정해지는 간접투자상품이다.

적립식펀드는 정기적립식으로 펀드투자를 하는 정액분할 투자

방식의 재테크기법으로, 영어로는 MIP(Monthly Investment Plan) 또는 RSP(Regular Saving Plan)라고 한다. 이 말을 풀이하면 은행에 정기적금을 들어 매월 불입해 나가는 것처럼 계획을 세워놓고 일정기간 매달 일정액을 정기적으로 불입하여 펀드에 투자하는 정액저축상품이라는 뜻이다.

즉 적립식펀드는 은행적금처럼 일정 금액을 불입하여 납입한 돈의 규모에 맞는 주식을 매월 조금씩 매입해 나가는 투자방식이므로, 목돈을 한꺼번에 넣어 펀드에 모두 투자하는 거치식과는 반대되는 개념이다.

따라서 적립식펀드는 재테크가 가장 큰 화두로 떠오른 시대에 보통 사람들이 반드시 매월 정기적으로 운용해야 할 저축수단이다. 적립식펀드가 활성화되어 있는 미국에서는 대다수 국민이 적립식펀드와 변액보험을 장기저축수단, 특히 노후대책의 하나로 생각한다.

이는 적립식펀드의 특성상 장기투자로 진행하면 할수록 안정적인 수익창출을 실현할 가능성이 높아지기 때문이다. 티끌 모아 태산은 경제적 능력이 다하는 날까지 정액저축으로 계속 실천해 나가야 인생에 아름다운 그림자를 남기면서 확실하게 매듭지을 수 있다.

적립식펀드가 인기를 끄는 비결 5가지

적립식펀드가 인기를 끄는 이유는 여러 가지이지만 중요한 비결은 다음과 같이 5가지로 요약할 수 있다.

1. 인플레 헤지기능이 있다.

저금리 기조현상으로 은행금리는 낮은데 물가는 꾸준히 올라서 물가상승과 세금을 감안한 실질금리는 마이너스가 되는 것이 요즘 경제상황이다.

2. 누구나 활용 가능한 인간친화적인 최고 상품이다.

적립식펀드는 일반인이 누구나 쉽게 접근해 투자의 묘미를 맛볼 수 있는 인간친화적인 재테크 상품이다.

3. 목돈 없이도 주식투자가 가능하다.

매월 일정한 액수를 주식에 투자해 목돈을 만들어가는 상품이므로 샐러리맨과 중산층에게 아주 적합한 재테크 수단이다.

4. 펀드매입좌수당 평균 매입단가를 낮출 수 있다.

주가가 비쌀 때(오를 때)는 주식을 적게 사고, 주가가 쌀 때(떨어질 때)는 많이 사게 돼 평균 매입단가가 낮아져 리스크를 상쇄하는 정액분할투자법의 가장 큰 장점인 코스트 애버리징 효과(Dollar Cost

Averaging Effect)가 있다. 적립식펀드는 매월 정기 정액투자를 지속적으로 할 경우 코스트 애버리징 효과 덕분에 장기적으로 우수한 투자수익을 유지할 수 있다.

5. 고수익을 실현하는 상품 중 안전성이 가장 높다.

고수익을 실현하는 상품 가운데 첫째는 당연히 본인이 직접 실물자산에 투자하는 부동산과 유가증권에 투자하는 주식(파생상품도 포함)이다. 그러나 부동산은 보유세 강화로 실이익 규모가 점점 줄어들고, 주식에 대한 직접투자는 어쩌다가 한꺼번에 많은 이익을 남길 수는 있지만 통계상 개인이 투자에 성공한 예는 5%도 안 된다.

따라서 비전문가는 전문가에게 투자를 맡겨 안전하면서도 고수익을 올리는 길을 찾는 것이 가장 좋은 방법인데, 그 길목에 바로 간접투자상품인 적립식펀드가 있다.

중장기적 관점에 수익을 시현하려는 시뮬레이션

적립식펀드는 투자리스크의 변동성을 줄이고 안정적인 수익을 장기간 추구하는 합리적인 투자방식이다. 주가나 채권, 파생상품, 실물자산의 가격이 하락할 때는 계속 투자하여 펀드의 평균매입단가를 하락시키고, 가격이 상승할 때는 높은 수익률을 획득하려는 재테크 방식이므로, 중장기간 투자하려는 추진 전략을 세워야 한다.

적립식투자는 단기투자일 경우 시장의 변동성으로 위험에 심하게 노출되어 투자리스크가 높아질 개연성이 있는 반면, 장기투자를 하면 분산투자로 상대적으로 위험을 줄여 나가면서 안정적인 수익을 기대할 수 있으므로, 장기투자를 해서 투자의 안정성을 높이는 노력을 지속적으로 해야 만족스러운 결과를 창출할 수 있다.

적립식펀드의 특성은 판매사마다 제각각 다르지만 기본적인 패턴은 주로 주식과 채권, 파생상품, 실물자산 등으로 운용하는 것이므로, 이들을 어떻게 조화롭게 조합하고 무슨 종목을 매입하느냐에 따라 상품성격과 향후 투자전략이 바뀌고 기대수익률이 달라진다.

특히 장기적인 재무계획의 방편으로 펀드를 선택하면 현재시점에서의 작은 수익률 차이가 향후 목적자금 마련 시점에서는 엄청난 차이로 다가올 수 있으므로 더욱 신중을 기하면서 최적의 상품을 선택해 가입해야 한다.

펀드의 성격과 운용방법을 정확히 알자

"길이 아니면 가지를 마라"라는 속담이 있다. 이 말은 어떤 일을 하려면 자신의 정체성을 지켜나가면서 확고한 목적의식을 갖고 임하라는 경구다. 이를 재테크에 빗대면 투자목적을 분명히 한 다음에 재테크의 길로 들어서야 한다는 말이다. 또 펀드에 대한 기초상식도 모르면 아예 펀드에 가입하지 않는 것이 더 낫다는 의미일 것이다.

따라서 간접투자상품인 펀드를 매입해 고수익을 올리려면 먼저 목적의식과 함께 펀드가 무엇인지에 대한 개념 정립부터 확실히 한 다음 펀드투자의 길로 들어서야 한다. 그래야 실수하지 않고 투자리스크도 줄이면서 자신이 목적한 자금마련에 올인할 수 있다.

펀드의 종류와 특징 알기

펀드(fund)는 주식이나 채권, 파생상품 등 유가증권과 실물자산에 투자하기 위해 조성하는 실적배당형 투자자금으로, 일정 금액 이상의 자금운용 단위를 말한다. 투자자 입장에서 본 펀드의 가장 큰 매력은 무려 1만여 개나 되는 다양한 상품 가운데 자신의 투자목적과 투자궁합(투자성향)에 알맞은 상품을 적절히 선택하여 시장수익률을 상회하는 고수익을 올릴 수 있다는 점이다.

펀드는 투자기관의 법률적 조직형태에 따라 수익증권(계약형)과 뮤추얼펀드(회사형)로 나뉘는데, 그 종류는 분류방법에 따라 매우 다양하다.

가장 크게 구분하는 방법은 투자대상에 따른 분류와 투자방법에 따른 분류다. 세부 분류기준은 펀드 평가사마다 조금씩 다르므로 가장 일반적인 분류방법을 알아본다.

먼저 펀드는 투자대상에 따라 주식형펀드, 주식혼합형펀드, 채권형펀드 등 증권펀드로 분류하고, 펀드투자 방법에 따라 주로 채권형펀드, 주식형펀드, 파생상품형펀드, 실물자산형펀드, 현금성자산펀드 등으로 분류한다.

펀드규모의 추가설정 여부에 따라서는 ① 언제든지 추가로 투자규모를 늘릴 수 있는 추가형펀드, ② 처음부터 약정된 금액만 투자하는 단위형펀드로 구분한다. 추가형펀드는 경제활동기에 있는 투자자들이 자산증가에 비례하여 투자하기 적당한 개방형상품이고, 단위형펀드는 가계 금융자산을 계획적으로 빠듯하게 운용하는 사람들에게 적당한 폐쇄형펀드다.

투자방식에 따라서는 ① 매월 정기적으로 일정액을 불입해 나가는 적립식펀드, ② 가입할 때 한꺼번에 목돈을 투자하는 거치식펀드로 나뉜다.

투자방법은 납입시기에 따라 ① 일정하게 정해진 날에 미리 정해진 투자금을 납입하는 정기적립식, ② 납입시기를 정해진 날짜가 아니라 투자자가 형편에 따라 임의로 결정해 납입하는 임의적립식으로 구분한다. 납입액에 따라 구분하면 ① 매월 일정한 금액을 자동이체 방식으로 납입하는 정액적립식, ② 매월 형편에 따라 불입금의 규모를 자유롭게 선택할 수 있는 자유적립식이 있다.

펀드의 환매가능 여부에 따라서는 ① 중도환매가 가능한 개방형펀드, ② 일단 가입하면 만기까지 유지해야 하는 폐쇄형펀드가 있으므로 펀드에 처음 가입할 때 언제까지 운용할지 정확히 따져본 다음 두 가지 가운데 하나를 선택한다.

이밖에 펀드자금을 모집하는 방법에 따라 공모펀드와 사모펀드로, 투자지역에 따라 국내펀드와 해외펀드로 구분할 수 있다.

주식배분비율에 따른 펀드유형 분류방법 알기

투자대상에 따른 펀드상품의 유형은 주식이나 채권, 파생상품, 실물자산 등 투자하는 기초자산이 무엇이고 또 그 비중에서 어떤 투자자산이 더 큰지에 따라 결정된다. 예를 들어 주식에 간접투자하는 경우 주식배분비율에 의거하여 자산운용협회에서는 주식비중이 최

소 60% 이상일 경우 주식형펀드로, 채권비중이 최소 60%를 넘으면 채권형펀드로, 주식 또는 채권에 각각 60% 미만으로 투자하는 상품을 혼합형펀드로 분류한다.

하지만 세부 분류기준은 운용회사마다 약간씩 다르므로 가입하기 전에 자신이 가입하려는 펀드의 주식편입비중이 얼마나 되는지 정확히 살펴봐야 한다. 그럼 좀더 구체적으로 펀드상품의 특징에 대해 알아보자.

주식형펀드는 주로 주식에 투자하는 공격지향적 펀드다. 펀드자산의 60% 이상을 주식과 주식관련 파생상품에 투자하여 높은 위험을 감수하고 고수익을 추구하는 펀드로, 적극적이고 공격지향적인 투자성향을 지닌 투자자에게 적합한 상품이다.

주식형펀드는 주가 변화를 고려해 볼 때 코스트 애버리징 효과를 극대화하려 한다면 최소한 2~3년 이상 중기적으로 투자하는 것이 바람직하다. 주식형펀드에 가입할 때는 먼저 자산배분 전략상 주식과 채권에 대한 투자 비중을 정하고 난 다음 구체적으로 어떤 유형을 선택할지 결정하는 게 좋다.

채권형펀드는 국공채, 회사채 등 선물옵션에 투자하는 펀드로, 보수적인 투자성향을 지닌 사람들이 투자하기에 적합한 안정지향적 펀드다. 단기 채권형펀드는 주식에는 거의 투자하지 않고 채권 등에 주로 투자하는 펀드다.

채권 투자기간은 대개 3개월 이상 6개월 이하로 운용하는 단기채권형펀드, 6개월 이상 1년 미만으로 운용하는 중기채권형펀드, 1년 이상 운용하는 장기채권형펀드로 구분된다. 투자시 기대수익률은 정기예금 이상의 수익률을 목표로 하므로 목돈을 투자하여 주로 3년 이내 단기자금을 마련하려고 할 때 적합한 상품이다. 이때 채권의 신용도와 잔존만기를 반드시 확인한 뒤 매입해야 한다.

혼합형펀드는 주식과 채권을 효율적으로 배분하여 주식의 수익성과 채권의 안정성을 동시에 추구하는 중립적인 투자성향을 나타내는 펀드다. 급변하는 경제·금융환경에 탄력적으로 대처하기 위해 채권과 유동성자산의 비중을 50% 이상으로 설정하고, 주식의 비중을 50% 이하로 설정하여 신축성 있게 조정하는 펀드다.

이와 같이 주식배분비율에 따라 펀드유형이 결정되므로 주가가 상승국면일 때는 주식형펀드의 수익률이 채권형펀드보다 높고, 주가가 하락하는 약세장에서는 채권형펀드가 상대적으로 수익률이 높으므로 시장상황에 따라 펀드운용전략을 잘 짜야 한다.

현금성자산펀드는 단기 유동성자금을 운용함으로써 늘 현금화할 수 있는 유동성펀드를 말한다. 이 중 MMF(Money Market Fund)는 가장 대표적인 단기투자상품으로 입출금이 자유롭고, 단기채권과 콜론(Call Loan), 기업어음(CP), 양도성예금증서(CD) 같은 현금성 단기자산에 투자하므로 초단기 자금운용에 적합하여 간접투자상품 중 단기 유동성자금을 운용하는 데 가장 경쟁력이 있는 펀드상품이다.

또한 투자기간과 금액에 제한이 없으며 은행의 보통예금처럼 자유롭게 입출금이 가능하고 하루만 맡겨도 이자가 지급되므로 은행 보통예금보다 수익률이 높아 단기 여유자금 운용에 적합하다.

실물자산형펀드는 에너지·비철금속·농산물 등 원자재 선물로 구성된 실제로 존재하는 자산에 투자하는 특수펀드를 말한다. 이는 선박펀드, 부동산펀드, 금펀드, 인프라펀드 등 종류가 매우 다양하다. 실물자산펀드는 주로 틈새시장을 공략하는 상품으로 펀드상품 가운데 금리 변동이나 주가 향방에 타격을 가장 적게 받아 수익률이 비교적 안정적이다.

단 투자정보가 일반화되어 있지 않고 매우 한정적이라서 자칫 근시안적으로 투자할 수 있으므로 세밀히 관찰한 다음 신뢰성 있는 운용사에서 운용하는 양질의 펀드상품을 골라 가입해야 한다.

주식형펀드, 채권형펀드, 혼합형펀드, 현금성자산펀드는 모두 무형의 자산에 투자하는 반면 실물자산형펀드는 실물자산에 직접 투자한다는 점이 다르다.

펀드운용정보 확인할 수 있는 툴은 꼼꼼히 챙겨라

펀드내부구조 파악은 투자수익률 제고의 시금석

우리는 흔히 실속 없이 겉만 번지르르하게 차리는 사람한테 "가방 크다고 공부 잘하는 것 아니다"라는 말을 한다. 화투판에서도 이 말을 자주 쓴다고 한다. 그러나 펀드투자를 할 때에는 일단 가방이 커야 한다. 그러나 단지 가방만 커서는 안 된다. 그 가방 안에 재테크를 향한 열정과 정보가 가득 담겨 있어야 한다.

찍어 먹어봐야 장맛을 알 수 있듯이 먼저 펀드 내용을 속속들이 아는 데 도움이 되는 모든 자료를 수집하여 자신이 원하는 목적자금계획과 부합되도록 만들어 가는 과정이 중요하다. 이것이 먼저 이루어져야만 자신에게 가장 적합한 상품을 골라 고수익을 실현할 수 있는 인프라가 구축되기 때문이다.

따라서 펀드투자로 성공하려면 먼저 관련 정보자료를 빠짐없이 수집하고 체크해야 한다. 적립식펀드를 은행창구에서 권유한다고 하여 별 생각 없이 가입하는 사람들이 많은데, 그런 사람들 중 상당수가 나중에 후회하든지 중도에 해지하는 경우가 많다고 한다. 우리나라에서 펀드에 가입하고 나서 만기까지 가는 가입자 수가 그리 많지 않다.

은행적금의 경우 만기까지 가는 가입자가 55% 정도라고 하는데, 적립식펀드는 이보다 훨씬 적을 것으로 추산한다. 변액보험은 만기가 없지만 10년 이상 지속적으로 가입할 고객은 적립식펀드를 만기까지 가입하는 경우보다 훨씬 적을 것으로 보인다(현재 대부분의 적립식펀드가 만기를 5년으로 하고 있지만 펀드는 목적자금 마련 시점의 기준가가 제일 높은 고점에서 적기환매가 중요하므로 만기 개념이 없다). 따라서 중장기 투자를 목적으로 펀드에 가입하기 전에는 신중하게 쿨다운(Cool-Down)하면서 펀드의 내부구조를 확인하고 투자하는 것이 매우 중요하다.

펀드의 내부구조는 상품구성과 내용, 조립형태, 운용방법, 운용현황, 지출비용, 수익구조 등을 말한다. 따라서 펀드 내부구조의 파악이란 주식과 채권, 현금성자산, 실물자산 등에 대한 자산배분비율과 함께 해당 운용사가 어떤 종목을 어떤 비율로 얼마만큼 사들였고 어떻게 운용하며, 그 결과는 현재 어떻게 나타나는지 등 펀드운용과 관련된 제반 정보자료를 상세하고 폭넓게 수집해 나가는 것을 의미한다.

이러한 사항들을 투자 초보자들이 지금 당장 모두 살펴본다는 것은 현실적으로 불가능한데, 그렇다고 마냥 판매자 손에만 맡겨놓고 고수익이 실현되길 기다리는 것도 매우 어리석은 행동이다. 기왕 펀드투자에 나섰다면 펀드상품의 내부구조 파악과 운용방법에 대한 고찰은 고수익을 실현하기 위해 반드시 넘어야 할 벽이므로, 우선 이와 관련된 인프라를 구축한 후 서서히 저변 지식을 닦아 나가는 것이 바람직하다.

펀드의 내부구조에서 가장 먼저 확인할 사항은 자신이 가입하려는 펀드가 보유한 자산내역을 파악하는 일이다. 이는 바로 해당 펀드의 실체를 파악하는 것이며 향후 기대수익률을 가늠하는 바로미터가 되기 때문이다.

투자설명서를 보면 펀드운용방법을 한눈에 알 수 있다

펀드의 자산운용내역을 종합적으로 확인하려 한다면 펀드운용의 얼굴이라 할 수 있는 투자설명서와 신탁약관, 신탁자산명세서, 자산운용보고서 등을 잘 살펴봐야 한다.

투자설명서에는 펀드의 운용회사, 판매회사, 수탁회사, 사무관리회사 등에 관한 일반 정보가 들어 있다. 또한 펀드운용사의 펀드투자 목적과 전략, 펀드선택에 따른 투자리스크 부담 정도 등에 대한 내용이 일목요연하게 나와 있어 좀더 쉽게 자신의 투자성향에 맞는 펀드를 선택할 수 있도록 방향을 제시해준다.

투자설명서의 내용은 법령과 신탁약관, 투자회사의 정관 내용과

반드시 부합해야 하며, 수탁회사 또는 자산보관회사의 확인을 받은 다음 판매회사에 제공하도록 간접투자자산운용업법에 명시해놓고 있다.

또한 판매회사는 투자자에게 간접투자증권 취득을 권유할 때 투자설명서를 제공하고 주요 내용을 설명해야 할 의무가 있으므로 가입시 이러한 설명을 제대로 듣지 못해서 손실을 보았다면 나중에 민원 소재로 유용하게 활용할 수 있다.

참고로 간접투자자산운용업법 제56조에는 투자설명서에 ① 당해 간접투자기구의 운용개념 및 방법, ② 투자원금이 보장되지 아니한다는 사실 등 투자위험에 관한 사항, ③ 당해 간접투자기구의 운용전문인력에 관한 사항, ④ 과거 운용실적이 있는 경우 그 운용실적, ⑤ 그밖에 투자자 보호를 위하여 대통령령이 정하는 사항 등을 기재하도록 명문화했다.

투자약정서인 투자신탁약관은 보험약관처럼 소중하다

투자설명서를 본 다음에는 투자신탁약관을 달라고 요청해 자세히 살펴보는 것이 바람직하다. 신탁약관에는 간접투자자산운용업법에서 정한 투자에 대한 모든 내용이 개괄적으로 기술되어 있다.

예를 들어 신탁약관의 효력발생, 손익의 귀속, 자산운용회사 및 수탁회사의 업무와 책임신탁원본가액 및 총운용좌수, 신탁금의 납입, 신탁계약기간 및 회계기간, 수익권의 분할, 수익증권의 발행 및 양도, 수익증권의 판매 및 환매, 기준가격의 계산 및 공시, 수익증권의 판매가격, 수익증권의 환매가격 및 환매방법, 환매수수료, 수익자총회 구성 및 운영, 투자신탁재산의 운용방법, 투자대상, 투자한도 및 운용제한, 투자신탁의 보수, 투자신탁의 운용비용 내역, 투자신탁의 해지 및 이익분배 방법, 미수금 처리, 투자신탁재산의 회계감사, 신탁약관의 변경, 투자신탁 합병, 수익자에 대한 의무공고 사항, 시행일 등이 총망라되어 있다.

따라서 좀더 세밀하게 펀드에 대한 법적 장치가 어떻게 구비되어 있는지를 알려면 반드시 투자신탁약관을 받아 살펴보고 차후 문제가 생길 때를 대비하여 이를 보관해야 한다.

신탁약관은 보험약관과 마찬가지로 권리·의무를 행사할 때 매우 중요하다.

신탁자산명세서 조회하여 분산투자 여부 확인하라

매월 정기적으로 자산운용 내용을 파악하여 해당 펀드가 분산투자를 잘하고 있는지 여부를 알고 싶다면 신탁자산명세서를 조회하여 살펴보는 것이 가장 바람직하다. 신탁자산명세서에는 총자산규모(펀드보유자산)와 신탁재산 대비 투자종목들의 펀드투자비율(펀드에서 해당종목이 차지하는 비율), 보유종목 등이 표시되어 있으므로 이들을 확인해 분산투자가 잘돼 있는지와 당초 운용전략에 맞는 종목을 가지고 있는지 점검할 수 있으므로 판매사 지점에 요구해 궁금한 사항을 반드시 확인해야 한다.

펀드가 자신이 생각하는 대로 운용성향에 맞는 종목이나 업종을 택하고 있는지도 확인해 봐야 한다. 만약 해당펀드가 한두 종목에 집중투자돼 있다면 그만큼 위험도가 높다고 할 수 있으므로 가능한 한 피하는 것이 좋다.

자산운용보고서는 버리지 말고 꼭 보관하라

펀드에 가입한 뒤 받아보는 자산운용보고서를 보면 펀드별 투자종목이 얼마나 자주 바뀌고 있고, 현재 시점에서 투자수익률은 얼마나 되며 부수비용은 얼마나 지출되었는지 등 자세한 현황을 알 수 있다.

가입한 이후 투자자들에게 대개 1년에 4번, 분기마다 우송되어오는 자산운용보고서는 펀드의 운용현황을 정확하게 확인하고 알 수 있는 매우 소중한 자료다. 자신이 가입한 펀드상품 운용기간의 펀드 매매 사항이 일목요연하게 적혀 있어서 펀드의 매매회전율을 그때 그때 한눈에 파악할 수 있기 때문이다.

자산운용보고서에는 펀드의 자산과 부채, 기준가격, 기간 중 운용결과와 손익상황, 편입자산의 종류별 평가액과 총액에 대한 비율, 운용기간 중 매매한 주식의 총수, 펀드수익률 변화 추이, 각종 비용 지출 내용, 매매금액 등 투자자가 궁금해하는 내용이 상세히 적혀 있으므로 꼼꼼하게 살펴봐야 한다. 앞으로는 펀드투자규모 등 새로운 항목들이 추가되는데, 자산운용보고서에 포함되어 있는 구체적인 내용을 살펴보면 다음과 같다.

자산운용보고서에 기재되어 있는 중요사항

펀드 설정일, 펀드 운용기간, 자산운용사, 판매회사, 수탁회사, 일반사무관리회사, 펀드특징 등을 명시한 펀드개요와 자산총액, 부채총액, 순자산총액, 펀드의 기준가격을 명시한 펀드현황표, 투자대상별 평가액과 평가비율을 명시한 자산구성 현황표, 주식 또는 채권 및 기타 투자증권에 투자한 종목과 단기대출 및 예금, 장내외 파생상품 투자내역, 실물자산 및 특별자산 투자내역, 부동산투자내역, 유가증권투자내역 등을 명시한 자산보유 및 운용현황표, 운용기간 중 매매한 주식의 총수, 매매금액 및 매매회전율, 펀드운용 개요 및 손익현황, 기간별 운용성과 및 수익률 변화 추이, 각종 보수 지급현황, 총보수 및 비용 지출 내용, 펀드운용 전문인력 현황, 주식거래 또는 기타 투자증권거래, 장내외 파생상품 거래에 따른 펀드 중개회사별 거래금액 및 수수료 등 제반 비용, 이해관계인과의 거래에 관한 사항, 의결권 행사 여부, 그밖의 펀드운용과 관련된 중요사항 등

위에 기재한 내용은 펀드운용시 매우 중요한 사항들이다. 이런 툴(Tool)을 자세히 살펴보면 현재 시점에서 해당펀드가 어떤 상황에 놓여 있는지를 소상하게 파악할 수 있다. 분기별로 작성되어 투자자들에게 제공되는 자산운용보고서가 주소지로 도착하면 이를 꼼꼼하게 살펴보면서 궁금하거나 의심이 가는 사항이 있으면 즉시 해당 판매사 또는 운용사에 확인하여 완전히 이해해야 한다.

펀드에 가입하기 전에는 먼저 앞에 제시한 요소들을 반드시 확인한 다음 자신의 투자목적에 부합되는 상품을 골라 가입해야 한다.

마음에 들지 않고 투자목적과 부합되지 않는다고 판단될 경우에는 설령 지금 고수익을 내고 있다 하더라도 곧바로 다른 펀드로 눈을 돌리는 것이 나중에 후회하지 않고 책임 있게 만기까지 끌고 가 목적자금 마련을 완성시키는 비결이다.

펀드투자시 합리적인 기대수익률을 알고 투자하라

합리적인 기대수익률을 정한 뒤 투자하기

펀드에 가입하는 사람들은 직접 주식투자로 발생하는 성과물 정도는 아닐지라도 그에 버금가는 매우 높은 투자수익을 올릴 수 있다고 지레짐작하면서 기대치가 높은 경우가 많다.

그런데 이렇게 기대수익률을 높게 잡으면 만족감보다는 자칫 실망감이 더 크게 다가올 수 있다는 사실을 간과해선 안 된다. 간접투자상품인 적립식펀드의 수익률은 거치식투자와는 달리 코스트 애버리징 효과에 의해 일정기간이 지나면 일부 특정 상품을 제외하고는 대부분 어느 정도 수익률 상한선이 정해지기 때문이다.

적립식펀드 투자는 단기투자가 아니라 중장기간에 걸쳐 재무목표를 달성해 나가는 것이므로 가입한 펀드의 기대수익률을 무한정 높이 잡을 수는 없다. 단기투자는 목표기대치가 확실하여 특정수익

목표를 실현하면 곧바로 자금을 회수하는 특성이 있지만 장기투자의 생명은 일정기간이 경과한 이후 목적자금을 마련할 당시에 안정된 수익을 상대적으로 더 많이 창출할 수 있는지 여부에 달려 있기 때문이다.

따라서 펀드투자를 하기 전에는 일단 합리적인 기대수익률이 얼마나 될지 미리 설정할 필요가 있다. 특히 투자리스크 헤지를 위해서는 무조건 높은 기대수익률을 바라기보다는 중장기간 분산투자를 하기 때문에 장기분산투자가 더 중요하다는 점을 명심하면서 펀드투자의 길로 들어서야 한다.

고수익펀드라 해서 터무니없이 높은 수익률을 기대할 수 없으므로 목적자금 마련이 가능하도록 일정한 목표치를 정하여 그에 합당하다고 판단되는 펀드를 골라 가입한다.

펀드투자시 기대수익률은 연 8%선이 적당

펀드투자를 할 경우 '앞으로 목적한 투자기간에 얼마의 수익이 난다고 가정할 것인가?' 하는 것이 매우 중요하다.

'펀드투자를 할 경우 기대수익률을 얼마로 잡으면 적당할까? 적립식펀드투자를 하여 얻을 수 있는 합리적인 투자수익률은 얼마로 잡으면 적당할까?'

우리나라 전문가들이 적립식펀드의 합리적 수익률을 계산할 때는 '경제성장률+물가상승률+위험프리미엄' 등 제반 요소를 고려하여 산출한다. 미국 등 선진국에서는 펀드투자시 합리적 기대수익률은 일반적으로 '국내총생산(GDP)성장률, 즉 경제성장률+물가상승률+자금의 운용비용+α'의 함수관계가 성립하는 것이 정설이라고 하므로 이를 토대로 계산하는 것이 바람직하다고 할 수 있다.

적립식펀드 투자를 할 경우 이를 토대로 합리적 수익률을 산출하면 펀드투자의 기대수익률은 무위험자산(시중금리)에 투자할 때의 수익률에다 주식시장에 들어가는 리스크 프리미엄을 더하면 된다고 할 수 있다. 즉, 펀드투자시 기대수익률은 여러 방법으로 추산할 수 있는데, 우선 시중금리 추세를 반영하여 설정하고 그 위에 리스크 프리미엄을 더하는 것이 가장 합리적이라고 할 수 있다. 일반적으로 리스크 프리미엄은 명목이자율(nominal interest rate) 정도로 잡으면 적당하다. 따라서 합리적 기대수익률은 실질금리에다가 은행의 명목금리(은행의 실질이자율)에 물가상승률, 즉 예상 인플레이션(Inflation)을 더하는 선에서 잡으면 적당할 것으로 판단된다.

예를 들면 현재 은행의 명목금리가 연 3~4% 정도이고 물가상승률이 연 3% 정도라 한다면 합리적 기대수익률은 연 6~7% 정도다. 여기에 다시 프리미엄으로 은행의 명목금리 정도의 이자율을 더하면 10% 정도가 된다.

위에서 물가상승률, 즉 예상 인플레이션을 적용하는 것은 인플레에 따른 화폐가치의 하락을 미연에 방지하기 위해서이다. 즉, 시드머니의 미래가치 상승을 가져와야 진정한 투자가치가 발생하는 것이기 때문이다. 또한 프리미엄으로 은행의 명목금리 정도의 이자율을 더하는 것은 펀드운용에 따르는 기회비용(Opportunity Cost)과 운용비용(펀드신탁보수, 사업비, 기타 제출비용 등 제반 수수료 비용)을 모두 커버해야 하기 때문이다. 은행의 명목금리는 가구당 연평균 소득증가율분과 맥을 같이한다고 할 수 있다.

　10년 이상의 장기투자를 통해 기대하는 연평균수익률은 생각보다 높지 않다. 미국에서 우량대형주를 가지고 산출하는 S&P500지수는 지난 30년간 연평균 12% 정도의 수익률을 올린 것으로 나타났다고 한다. 이에 따라 경제성장률이 2~3% 수준인 미국 등 선진국에서는 연평균 8% 정도를 펀드투자로 얻을 수 있는 합리적 기대수익률로 보고 있다. 우리나라의 경우 금리가 높고 경제성장률이 높으며 주식시장이 활황국면이었을 때는 연 10% 이상을 목표로 정했으나 현재 저성장 국면에 들어섰음을 감안할 때 펀드투자수익률을 연 8% 정도로 잡고 운용하는 것이 합리적이라 할 수 있다

 **펀드나무 열매 수확 위한 소중한 씨앗 한 톨**

여기서는 적립식펀드 중 공격적인 투자성향이 짙은 주식형펀드를 예로 들어 설명했다. 따라서 똑같은 주식형펀드라 해도 변액보험의 주식형펀드는 적립식펀드보다 상대적으로 특별계정의 자금(펀드)을 보수적으로 운용하므로 10년 이상 장기간 유지할 때 연환산수익률을 6~7% 정도로 잡으면 적당할 것으로 본다.

그러나 이 수익률은 뒤에서 자세히 설명하겠지만 투자한 원금에 대한 수익률이 아니라 펀드에 투입되는 특별계정 부분에 대한 투자수익률임을 알아두어야 한다.

시장수익률 초과하는 고수익펀드를 고르자

목표수익률은 시장수익률을 상회해야

"가입한 펀드의 목표수익률은 어느 정도가 적정선일까? 펀드에 가입할 때 해당 펀드에서 창출할 수 있는 적정수익률(proper valued)은 얼마로 잡으면 적당할까?"

물론 투자수익률이 높으면 높을수록 좋겠지만 모든 것이 다 좋게 귀결되는 상품은 그리 많지 않다. 일단 여유자금에 맞춰 적립금액 규모를 정하고 난 다음 목표수익률을 얼마로 잡을지 설정하는 것이 가장 중요하다. 목표수익률은 바로 내가 노리는 기대수익률이다. 따라서 내가 기대하는 투자수익률이 시장의 평균수익률을 지속적으로 상회할 조건을 두루 갖춘 펀드인지 먼저 살펴보아야 한다.

일시적으로 투자수익률이 시장수익률보다 훨씬 높은 펀드보다 목표수익률은 시장수익률을 약간 상회하는 정도이지만 목적자금을 마련할 때까지 지속적으로 기대수익률을 유지하는 우량펀드가 가장 좋은 상품이라고 할 수 있다.

해당 펀드가 관련기관(판매사 또는 운용사)에서는 수익률이 가장 높다 해도 시장수익률을 상회하지 못하면 좋은 펀드라고 할 수 없다.

펀드투자의 기본적인 어젠다는 시장수익률을 상회하는 수익을 올리는 것이기 때문이다. 따라서 시장수익률을 상회하면서도 기대수익률과 원하는 목표수익률이 같게 나타나야만 좋은 펀드다.

펀드투자 후 목표한 기대수익률을 계산하는 방법에는 ① 과거 몇 년 동안 수익률을 분석해 미래에도 비슷한 기대수익률이 달성될 것이라 예측하는 추세분석 방법, ② 미래의 상황변화를 여러 가지 경우로 나누어 분석하는 시나리오분석 방법, ③ 고위험 자산의 수익률은 저위험 자산보다 위험에 대한 리스크 프리미엄만큼 높아야 한다는 것을 전제로 계산하는 리스크 프리미엄 방법이 있다.

이 가운데 가장 일반적으로 활용하는 방법은 추세분석 방법인데, 과거추세가 미래에 그대로 이어진다는 보장이 없는 것이 약점이다. 시나리오분석 방법은 최악의 경우가 발생했을 때 영향력을 분석하는 데 보완적으로 사용하고, 리스크 프리미엄 방법은 주로 장기투자 시 자산운용전문가들이 사용하는 방법이다.

실질이자율이 기대치가 되도록 해야

펀드투자의 기대수익률을 높이는 방법은 수익률뿐만 아니라 효율적인 비용절감에도 있다. 비슷한 운용방식의 펀드 가운데 펀드수수료, 사업비 등 비용이 낮은 펀드를 선택함으로써 불필요한 비용을 줄일 수 있어 재테크할 때 좋은 방법이다.

적립식펀드투자로 기대수익률을 높이기 위해서는 투자궁합에 맞는 우량펀드를 골라 가입한 다음 목적자금을 마련할 때까지 지속적으로 매입해 나가는 전략이 첫째 조건이다. 채권형펀드는 저평가된 채권과 장기채권을 활용하는 펀드를 선택해야 시장수익률을 상회하는 투자수익률을 올릴 수 있다.

시장수익률을 상회하는 투자수익률이란 해당 금융시장에서 거래되는 상품수익률을 말한다. 펀드의 경우 그 펀드시장의 평균수익률을 의미한다. 펀드투자의 적정 기대수익률은 실질이자율에다 해당 펀드가 안고 있는 약간의 투자리스크 프리미엄을 더한 것이다. 실질이자율은 인플레이션에 따른 물가상승률을 감안한 다음 자신에게 실질적으로 돌아오는 이자 부분이다.

여기서 명심할 것은 실적배당형 상품인 펀드에 가입할 경우 투자리스크 관리에 치중하면서 동시에 투자수익률을 높일 묘책을 강구해야 한다는 점이다.

펀드 선택은 현재진행형과 미래진행형을 동시에 분석해 결정하라

시장수익률을 상회하는 고수익펀드란 앞으로의 펀드투자수익률이 비교적 양호하게 전개될 가능성이 매우 높은 펀드라고 할 수 있다. 이를 펀드 선택시 기준으로 우량펀드를 찾아 가입하고자 할 때에는 다음 사항을 유념해야 한다.

첫째, 현재 고수익펀드라 해도 운용하는 펀드의 주식들이 고평가(Overvalued)되어 있다고 판단되면 가입하지 않아야 한다. 또한 매매회전율이 너무 높거나 일시적으로 고수익을 올리는 상품은 가급적 선택시 신중을 기해야 한다.

둘째, 가입하고자 하는 펀드를 자신의 궁합에 맞춰 선택했다면 비슷한 유형의 펀드 중에서 과거 실적(약 3년 이상 통계치)이 파레토법칙에 입각해 연환산수익률 기준으로 상위 약 20% 안에 들고 있는 펀드를 선택하는 것이 바람직한 펀드투자전략이다.

셋째, 펀드수익률 제고를 위해서는 환매시점의 펀드기준가 형성이 제일 중요한 관건이므로 앞으로 지속적으로 있는 해당 펀드의 투자수익률이 벤치마크 초과수익률(BM excess return)을 무난히 달성할 것으로 판단되는 우량펀드를 골라 가입해야 한다.

넷째, 상기 요건을 두루 달성하면서 우량사에서 판매하고 우량자산운용사의 펀드매니저가 변동 없이 책임지고 운용해 나가면서 펀드판매사가 지속적으로 사후관리를 잘해 줄 안전성 있는 펀드종목을 선택하는 것이 가장 좋은 고수익펀드를 고르는 요령이라 할 수 있다.

적립식펀드의 묘미인 펀드매입비용 평균화효과 한껏 맛보자

투자의 제1원칙은 분산투자효과를 통한 리스크 헤지

투자의 정석은 리스크를 헤지하기 위해 분산투자 효과를 노리는 것이다. 펀드투자할 때 분산투자 효과가 발생해야 투자리스크를 상쇄할 수 있다.

적립식펀드의 가장 큰 장점은 매월 정기적으로 매입하는 펀드매입비용에 대한 분산투자 효과(Diversification Effect)인데, 이는 기본적으로 장기투자를 전제로 가입해야 그 효과가 빛을 발하면서 투자수익률을 제고할 수 있다. 적립식투자는 주가가 떨어져 평균매입단가가 떨어지면 거치식투자보다 더 높은 수익을 올릴 수 있다.

예를 들어보자. 홍길동 씨는 현금 6,000,000원을 거치식으로 '몰빵'투자해서 A주식을 샀다. 그런데 A주식이 4월에는 주당 10,000으로 마감하고, 5월에는 12,000원, 6월에는 8,000원, 7월에는 9,000원, 8월에는 11,000원, 9월에는 10,000원에 마감했다고 하자.

만약 A주식을 4월에 한꺼번에 6,000,000원어치 다 샀다면 홍길동 씨가 매입한 총주식 수는 600주다. 따라서 홍길동 씨가 9월 말 현재 주식을 매매했을 경우 받을 수 있는 돈은 6,000,000원이다. 즉 수수료는 계산하지 않더라도 원금은 건진다.

그런데 홍길동 씨가 A주식을 매월 100만 원씩 나누어 샀다고 가정해 보자. 그럼 홍길동 씨는 매월 100만 원을 투자해서 A주식을 4월에는 100주, 5월에는 83.3주, 6월에는 125주, 7월에는 111.1주, 8월에는 90.9주, 9월에는 100주를 샀을 것이다.

이 경우 홍길동 씨가 매입한 A주식은 모두 610.3주가 된다. 이를 현재 주식가격인 주당 10,000원으로 매매한다면 홍길동 씨는 6,103,000원을 받는다. 한꺼번에 주식을 샀을 때보다 103,000원을 더 받는 것이다. 더구나 매월 투자했으므로 맨 처음 6,000,000원을 은행에 예치해놓았을 때의 기회비용, 즉 이자가 조금이라도 붙었을 것이다. 이중효과를 보는 셈이다.

코스트 애버리징 효과는 적립식펀드만의 최고 장점

이와 같이 적립식펀드투자는 펀드의 기준가격이 하락할수록 펀드의 매입좌수가 증가하고, 반대로 펀드의 기준가격이 상승할수록 펀드의 매입좌수가 줄어드는 수익구조를 지니고 있다. 가격이 하락할 때 매입좌수가 증가되어 전체적으로 펀드의 평균매입단가가 하락하는 효과(펀드 매입비용 평균화효과)가 생기는데, 이를 전문용어로는 코스트 애버리징 효과라고 한다. 약칭하여 DCA(Dollar Cost Averaging)효과라 부른다.

적립식펀드의 묘미는 바로 펀드의 매입비용 평균화효과에 있다고 할 수 있으며, 이것이 거치식투자와 비교할 때 가장 큰 이점이자 최고의 매력 포인트이다.

코스트 애버리징 효과가 발생하려면 투자기간이 일정기간 이상으로 길어야 이익이 더 커진다. 그래서 보통 3년 이상 5년 정도 중장기적으로 길게 투자하라고 전문가들이 조언한다. 또한 적립식투자 금액은 투자자가 마음대로 정할 수 있다.

일반적으로 적립식펀드의 가입금액은 1만 원 이상이면 되기 때문에 자유롭게 정하면 된다. 이 경우 판매사마다 가입기준이 약간씩 다르다. 가능하면 자녀 교육자금이나 결혼자금, 주택마련자금, 자동차 구입자금, 노후생활비처럼 투자목적을 명확하게 설정한 다음 목표로 하는 자금을 충분히 마련하도록 월적립액을 정하는 것이 좋다.

다음에서는 왜 적립식펀드에 투자하는 것이 거치식투자보다 더 좋은지 다양한 모델을 제시하면서 깊이 있게 살펴본다.

거치식투자와
적립식투자의 효과 차이 집중분석

거치식펀드와 적립식펀드 투자수익률 변화 추이 분석

펀드투자시 거치식투자와 적립식투자의 펀드매입비용 평균화효과 차이를 분석해 보면 다음과 같다. 우선 모델을 독자들이 이해하기 쉽도록 주식편입비율이 높은 주식형펀드를 예로 들어 S/P(stock price : 주가)에 따라 동일 조건하에서 경과기간별 수익률 변화추이를 모색해 보았다.

여기에 게시하는 주가 패턴 모델들이 서로 결합되어 이 범주 내에서 향후 주가의 진폭이 똑같은 흐름을 유지해 나가지는 않더라도 어느 정도 엇비슷하게 이루어질 것으로 보므로 적립식펀드 선택과 가입한 펀드의 올바른 관리에 많은 도움이 될 것이라 생각한다.

거치식펀드VS 적립식펀드 투자수익률 변화 추이 비교 분석(예시)

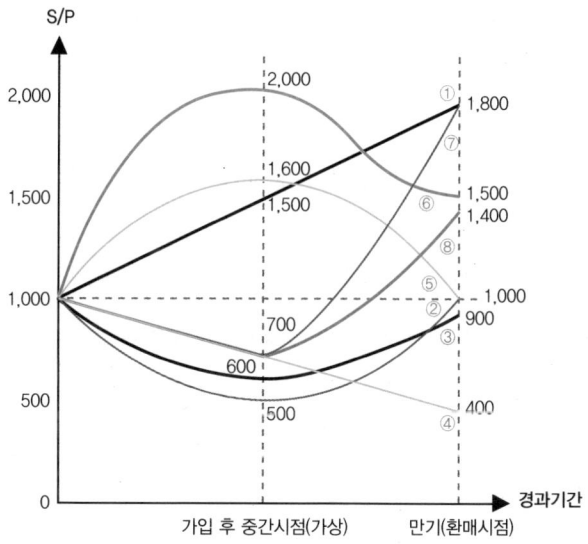

모델기준 예시

예를 들어 주식형펀드에 일정기간 투자한다고 가정하자. 또 계산하기 쉽고 이해가 빠르도록 주가지수를 쫓아가는 펀드상품으로 주가지수와 펀드매입 좌수당 단가가 똑같다고 가정하자.

그럼 주가지수가 1,000일 경우 1,000좌수당 펀드매입단가는 1,000원이 된다.

펀드좌수는 펀드 최초 설정시 1원을 1좌로 하고 그 후에는 매일 좌당 기준가격에 따라 좌단위로 변경된다. 펀드의 최초 기준가격은 1,000좌당 1,000원이며 1,000좌 단위로 원미만 셋째자리에서 반올림하여 원미만 둘째자리까지 계산한다.

이 경우 펀드매입좌수는 1만 원을 투자하면, 10,000좌수, 10만 원을 투자하면 100,000좌수, 100만 원을 투자하면 1,000,000좌수가 된다.

펀드 기준가격 또는 펀드의 매입좌수 변동은 주식시장의 종합주가지수 변동과 유사한 개념이라고 생각하면 된다.

그럼 총 8가지 경우의 수가 발생할 것을 가정하면서 한번 계산해 보자.

물론 이 경우 투자자(계약자) 적립액(펀드평가금액)은 펀드 내 보유 좌수를 기준가격에 따라 금액으로 환산한 것이다.

펀드 평가금액을 구하는 공식은 아래와 같다.

펀드 평가금액(적립금액) =
현재 펀드 보유좌수 × (당일 펀드기준가격 ÷ 1,000)

투자금액은 총 300만 원이다.

거치식은 맨 처음 일시금으로 몰빵투자하고 적립식은 100만 원씩 3번에 나누어 분산투자했다.

참고로 펀드수수료, 사업비, 위험보험료, 환매수수료, 매매수수료, 보증비용 등 제반비용 공제에 따른 수익률 변수는 모두 무시하기로 한다.

① 주가지수가 계속적으로 상승할 경우

주가지수(펀드기준가)가 1,000포인트에서 1,500포인트로 올라갔다가 1,800포인트가 된 경우로, 주가가 앞으로 지속적으로 오르는 경우를 가정한 모델이다.

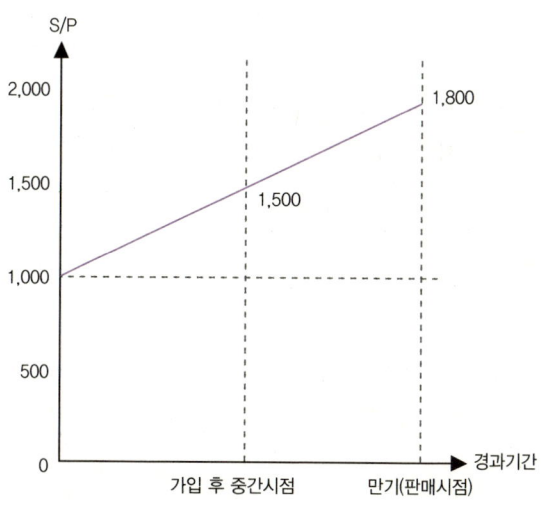

거치식투자 : 투자수익률 80% 이익 발생

1. 펀드 총매입(보유)좌수 =

   3,000,000원 ÷ 1,000원 × 1,000좌 = 3,000,000좌수

2. 환매시점 적립금액 =

   3,000,000좌수 × (1,800원 ÷ 1,000좌) = 5,400,000원

3. 이익규모 =

   5,400,000원 − 3,000,000원 = 2,400,000원 이익 발생

4. 투자수익률 =

   2,4000,000원 ÷ 3,000,000원 = 80%

적립식투자 : 투자수익률 33.33% 이익 발생

1. 펀드 총매입(보유)좌수 =

   1,000,000좌수 + 666,666.67좌수 + 555,555.56좌수 =

   2,222,222.23좌수

   맨 처음에는 펀드기준가가 1,000원 할 때 펀드를 1,000,000좌수 매입했고, 그다음에는 펀드기준가가 1,500원 할 때 펀드를 666,666.67좌수, 마지막 환매시점 전에는 펀드기준가가 1,800원 할 때 펀드를 555,555.56좌수 매입한 것이 된다(펀드를 매입할 때 수식은 같으므로 이 부분은 앞으로 7개 모델을 설명할 때 더 설명하지 않는다).

2. 펀드 평균매입단가 =

   원금 3,000,000원 ÷ 2,222,222.23좌수 × 1,000 = 1,350.00좌수

3. 펀드 환매시점 적립금액 =

(환매 또는 해지 시점에서의 펀드기준가가 1,800원이므로)

2,222,222.23좌수 × (1,800원 ÷ 1,000좌) = 약 4,000,000원

투자수익(원리금), 즉 펀드평가금액은 4,000,000원이다.

4. 이익규모 =

4,000,000원 - 3,000,000원 = 1,000,0000원 이익 발생

5. 투자수익률 =

1,000,0000원 ÷ 3,000,000원 = 33.33%

모델분석 설명

이 유형의 그래프는 장기간 펀드투자시에는 충분히 실현 가능성이 있는 모델이다.

거치식펀드가 적립식펀드보다 더 높은 수익이 발생하는 대표적인 수익모델 케이스이다(투자수익률차 : 46.67%). 물론 이 유형은 직접투자에도 마찬가지로 적용된다. 주가가 똑같이 만기시까지 장기 랠리(rally)를 이어가지만 적립식펀드는 여러 번 나눠서 펀드를 매입하기 때문에 평균매입단가가 상승하여 가입 초기 단 한 번에 펀드를 매입하는 거치식투자방식보다 수익이 다소 떨어지게 된다. 즉 장기간 랠리가 지속될 경우에는 DCA효과가 미미하기 때문에 적립식보다는 거치식이 더 유리하다.

따라서 주가가 지속적으로 상승할 때는 거치식으로 투자하는 것이 적립식보다 훨씬 높은 투자수익률을 낼 수 있다. 적립식펀드가 늘 거치식보다 높은 투자수익률을 가져다주지는 않는다. 적립식투

자를 하면 거치식투자를 할 때보다 시장의 변동성에 노출되는 위험은 낮아지지만 그에 따라 기대수익률도 낮아지게 된다. 이런 경우는 은행예금과 적금에 저축하는 원리와 같다.

예를 들어 1,200만 원이 있다고 하자.

이를 연이자율 5%짜리 예금에 일시납으로 한꺼번에 예치해 놓으면 1년에 600,000원의 이자수익을 얻게 된다(일단 이자소득세 추징분은 제외한다). 그러나 이를 12달로 나누어 월 100만 원씩 연리 5%짜리 적금에 1년 동안 불입해 나간다면 이자수익은 325,000원이 된다. 거치식으로 저축할 때보다 275,000원이 더 줄어든 것이다. 즉 주가가 계속하여 상승하는 추세로 나간다면 거치식펀드보다 적립식펀드가 이 정도 손해를 본다는 계산이다.

따라서 주식시장이 앞으로 지속적으로 상승할 것이라는 확신이 100% 선다면 당연히 거치식으로 투자해야 한다. 그러나 몇 개월 동안은 몰라도 1년 이상 매월 진폭 없이 계속하여 주가가 하락장세 없이 상승곡선만 그려 나가는 경우는 거의 일어나기 힘들다. 아니 현실적으로 불가능하다.

 펀드나무 열매 수확 위한 소중한 씨앗 한 톨

금융상품의 경우 일반적으로 2년 이상 일시금 예치시에는 연 1회 복리법이 사용된다. 위의 경우 1년예치이므로 단리법으로 이자가 계산되는데 공식은 다음과 같다.

$$만기금액 = 예치원금 \times [1 + 이율(i) \times 운용기간(n)]$$

그리고 은행 정기적금에 대한 만기금액은 월단리, 연단리법을 사용하는데 계산방법은 다음과 같다.

$$만기금액 = 월불입액 \times (계약월수 + 총운용적월수 \times 연이율 \times 1/12)$$

※ 계약월수 = 매월 납입하는 횟수(1년이면 12, 3년이면 36, 10년이면 120)
※ 총운용적월수 = 계약월수 × (계약월수+1)/2

복리법으로 자금을 운용하면 단리법으로 자금을 운용하는 것보다 이자수익이 더 많은데, 이는 저축기간이 길어지면 길어질수록 그 차이가 더욱 커지게 되기 때문이다. 일반적으로 이자수익 계산에서 적금식투자는 단리법을 적용하고 거치(예금)식 투자는 복리법을 적용한다.

※ 단리법 계산공식

$$원리합계(S) = 원금(P) \times [1 + 이율(i) \times 운용기간(n)]$$

※ 복리법 계산공식

$$원리합계(S) = 원금(P) \times [1 + 이율(i)]^{운용기간(n)}$$

단, 저축성보험의 경우에는 장기간 운용하고 보험특성상 사업비의 이연상각에 따른 수익률 저하 문제로 적립식으로 가입해도 연복리법을 적용해 환급금을 지급한다. 그러나 변액보험의 특별계정부분(펀드투입금액)도 적립식펀드와 같이 펀드보유 좌수 및 펀드매입단가 여부에 따라 적립금액이 연동하므로 단리 또는 복리의 개념이 아니다. 즉 단리와 복리 부리방식은 실적배당형 상품이 아닌 확정금리를 적용하는 금융상품에만 통용된다.

② 주가지수가 뚝 떨어졌다가 다시 원위치한 경우

주가지수가 1,000포인트에서 500포인트로 뚝 떨어졌다가 다시 1,000포인트로 제자리가 된 경우를 가정한 모델이다. 즉 주가가 맨 처음 펀드를 매입할 때와 환매할 때 같아지는 경우다.

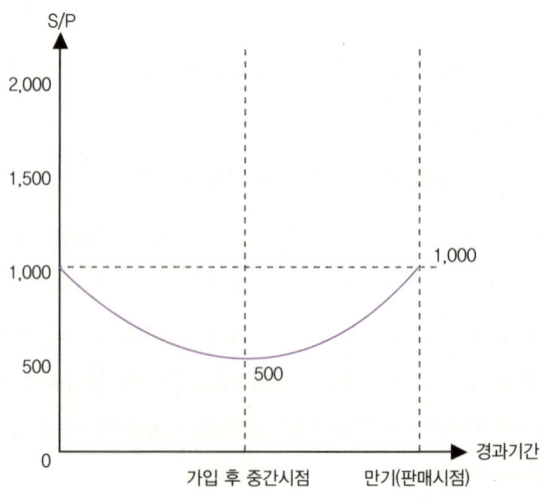

거치식투자 : 투자수익률 0% 본전치기

1. 펀드 총매입(보유)좌수 =

   3,000,000원÷1,000원×1,000좌=3,000,000좌수

2. 환매시점 적립금액 =

   3,000,000좌수×(1,000원÷1,000좌)=3,000,0000원

3. 이익규모 =

   3,000,000원－3,000,000원=0원(이익 없음)

4. 투자수익률 =

   3,0000,000원÷3,000,000원=0%

적립식투자 : 투자수익률 33.33% 이익 발생

1. 펀드 총매입(보유)좌수 =

   1,000,000좌수+2,000,000좌수+1,000,000좌수=4,000,000좌수

2. 펀드 평균매입단가 =

   원금 3,000,000원÷4,000,000좌수×1,000=750원

3. 펀드 환매시점 적립금액 =

   4,000,000좌수×(1,000원÷1,000좌)=약 4,000,000원

4. 이익규모 =

   4,000,000원－3,000,000원=1,000,000원 이익 발생

5. 투자수익률 =

   1,000,000원÷3,000,000원=약 33.33%

모델분석 설명

　주식시장이 하락했다가 다시 원점 이상으로 돌아올 때가 적립식 투자법이 거치식보다 높은 수익률을 얻는 대표적인 경우이다(투자수익률차 : 33.33%). 펀드투자를 할 경우 투자리스크는 줄이고 수익은 높일 수 있는 분할투자 전략을 추진해 나가는 데 벤치마킹이 되는 대표적인 사례이다. 모델 ①과 ②를 비교해 보면 금방 이해가 갈 것이다.

　언뜻 보면 ②보다는 ①의 경우가 당연히 투자수익률이 더 높게 형성될 것 같은데 결과는 희한하게도(?) 동일하게 나타난다. 바로 이러한 것이 적립식펀드투자 방식의 최고 매력 포인트이다.

　이 그래프의 경우 거치식펀드는 펀드 보유좌수에 변화가 없고 맨 처음 펀드기준가와 환매시점의 기준가가 동일하기 때문에 투자원금이 발생하게 된다. 하지만 냉철하게 따져본다면 본전치기가 아니라 손해가 발생하는 모델이다. 펀드수수료와 이자소득세가 붙고 만기시 환매가 아니면 환매수수료가 붙는다. 변액보험의 경우 펀드수수료 이외에 사업비와 위험보험료, 증권거래세가 공제되므로 환매 시 원금을 돌려받을 수 없게 된다.

　그러나 적립식펀드는 이런 모델의 경우 분할투자하면 전체적인 평균 매입단가가 낮아지기 때문에 적립식투자법의 매입단가 하락 효과가 극대화되어 거치식펀드와 비교할 때 가장 많은 이익을 가져오게 하여 적립식투자의 묘미를 만끽하게 해준다.

　분할매입단가가 낮아졌다가 환매시점에서는 평균매입단가보다 높아지고 이로써 발생한 펀드 보유좌수의 추가증가분에 따라 큰 이익을 보게 된다. 가격하락을 오히려 투자의 호기로 삼아 이익을 더 많이 올릴 수 있는 독특한 모델이다.

거치식펀드는 투자 후 시장가격이 무조건 올라가야 하지만 적립식펀드는 시장가격이 오르락내리락 춤을 많이 추면 출수록 거치식펀드보다는 더 많은 이익을 보게 된다. 펀드가격이 하락한 것이 효자노릇을 하여 더 많은 이익을 가져다주는 상품은 모든 금융상품 중에서 오로지 적립식펀드밖에 없다.

동일한 금액을 투자했다 하더라도 주가가 내려가면 펀드기준가 또한 내려가고 그렇게 되면 더 많은 주식을 같은 금액으로 매입할 수 있어서 보유좌수가 늘어난다. 총체적으로는 평균매입단가를 낮추어주는 효과를 가져와 환매시점의 가격이 맨 처음 펀드에 가입할 당시보다 같거나 올라간다면 무조건 이익을 볼 수 있게 만들어주는 수익구조를 갖고 있는 것이다.

바로 이것이 분할투자를 하면 할수록 코스트 애버리징 효과가 발생하여 더 많은 이익을 효과적으로 창출하게 하는 이유이다.

거치식투자와 투자수익률을 비교해 볼 때 적립식투자의 장점인 코스트 애버리징(평균매입단가 하락) 효과가 극대화되는 유형이다.

지속적인 상승장을 제외하고는 기간분산투자가 훨씬 높은 수익을 획득할 수 있는 매력있는 상품이 바로 적립식펀드이다. 이 그래프는 단기간에는 어느 정도 가능한 모델이지만 장기간 투자시에는 IMF 사태 등 특별한 돌발변수가 없는 한 주가가 이와 같이 급속히 하락했다가 원점으로 회귀하는 현상이 나타날 확률은 희박하다.

다시 정리하면 동일한 투자금을 장기투자할 때 주가나 채권가, 파생상품, 실물자산 등 시장가격이 하락세로 접어들 경우에는 거치식보다는 적립식투자가 더 많은 이익을 가져다준다. 주가의 출렁거림이 크면 클수록 적립식투자방식은 그에 비례하여 수익효과가 커지는데, 단 환매시점의 펀드기준가가 맨 처음 가입시점의 펀드기준가보다 높아야 안정된 수익이 보장된다.

따라서 경제전문가가 아니라 향후 시장가격의 변동성을 예측하기 곤란하다고 생각된다면 일시금을 한꺼번에 투자하는 거치식투자방식보다는 매월 일정금액을 분산하여 투자하는 적립식투자방식이 훨씬 더 안정적이라고 할 수 있다.

③ 주가지수가 아주 떨어졌다가 원위치에 다소 밑돌 경우

주가지수가 1,000포인트에서 600포인트로 떨어졌다가 다시 900포인트 선에 머무르는 경우의 모델이다. 즉 맨 처음 펀드를 매입했을 때보다 환매시에는 약간 낮게 형성된 경우다.

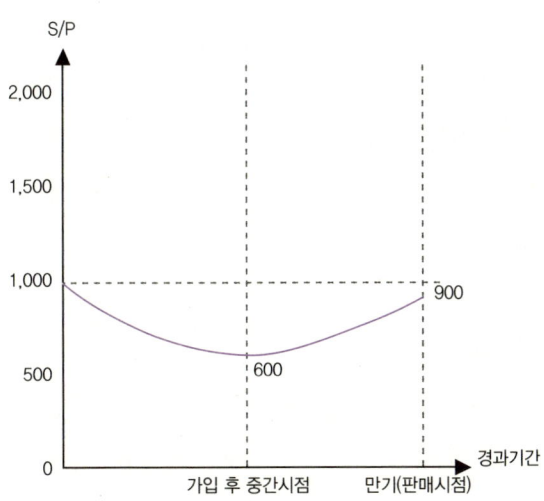

거치식투자 : 투자수익률 −10% 손실

1. 펀드 총매입(보유)좌수 =

   3,000,000원÷1,000원×1,000좌 = 3,000,000좌수

2. 환매시점 적립금액 =

   3,000,000좌수×(900원÷1,000좌) = 2,700,000원

3. 이익규모 =

   2,700,000원−3,000,000원 = 300,000원 손실 발생

4. 투자수익률 =

   −300,000원÷3,000,000원 = −10%

적립식투자 : 투자수익률 13.33% 이익 발생

1. 펀드 총매입(보유)좌수 =

   1,000,000좌수+1,666,666.67좌수+1,111,111.11좌수 =

   3,777,777.78좌수

2. 펀드 평균매입단가 =

   원금 3,000,000원÷3,777,777.78좌수×1,000 = 약 794.12원

3. 펀드 환매시점 적립금액 =

   3,777,777.78좌수×(900원÷1,000좌) = 약 3,400,000원

4. 이익규모 =

   3,400,000원−3,000,000원 = 400,000원 이익 발생

5. 투자수익률 =

   400,000원÷3,000,000원 = 약 13.33%

모델분석 설명

이 그래프는 모델 ①과 ②를 같은 선상에 놓고 볼 때 왜 적립식투자를 해야 하는지 극명하게 보여주는 전형적인 모델이다(투자수익률 차 : 23.33%). 가입시보다 환매시점에서의 펀드기준가가 더 낮게 형성된다면 수익은 나지 않고 원금손실을 볼 것이다.

거치식펀드는 환매시점의 펀드기준가가 매입시점의 기준가보다 하락했기 때문에 당연히 원금 손실이 발생하게 된다. 어떠한 경우에도 맨 처음 가입시 기준가보다 환매시 기준가가 떨어졌다면 거치식투자는 절대로 이익을 볼 수 없다.

그러나 적립식투자는 다르다. 그냥 단순하게 계속하여 주가가 하강곡선을 형성했다면 모르지만 이 모델은 주가가 매우 많이 떨어졌다가 다시 반등한 후 환매시점에서 마감된 케이스이므로 적립식투자를 하면 당연히 이익을 보게 된다.

정기적으로 투자한 펀드의 평균 매입단가가 환매시점에서의 펀드 기준가격보다 낮아 매입한 총펀드보유좌수가 평균치를 웃돌기 때문에 원금손실이 아닌 투자이익을 볼 수 있는 것이다.

여기서 살펴볼 것은 주가가 떨어졌다가 다시 오를 때 적립식 투자자가 상당한 수익을 내려면 주가가 아주 많이 올라줘야만 하고 그렇지 않으면 수익을 그리 크게 내지 못한다는 점이다.

즉 주가가 하락할 경우 그 진폭이 크면 클수록 적립식투자는 더 많은 이익을 볼 수 있게 된다는 것이다. 따라서 펀드를 추가로 매입하여 고수익을 올리려면 바로 주가가 하락한 시점을 적기에 잘 포착하여 매입해야 한다.

단, 아무리 주가의 하락 진폭이 들쭉날쭉하게 전개되어 평균매입단가가 낮아도 마지막 펀드 환매시점에서 주가가 반등을 못하고 가입시점보다 낮게 형성되었다면 절대로 이익을 볼 수 없다는 사실 또한 반드시 명심해야 한다.

이 모델은 우리나라 경제 펀드멘털을 고려해 볼 때 단기간에는 어느 정도 충분히 가능성이 있는 경우이지만 5년 이상 장기간 투자시에는 주가가 이와 같이 나타날 확률은 아주 희박하다.

현실적으로 볼 때 돌발변수가 없는 한 중장기적으로 현재의 주가보다도 낮게 주가가 형성될 것으로 판단하는 전문가는 거의 없다. 그러나 적립식펀드에 단기간 투자시에는 가능성이 있다. 그래서 중장기 투자가 제격이라는 것이다.

④ 주가지수가 떨어졌다가 또다시 아주 많이 떨어져서 원위치에 한참 못 미칠 경우

주가지수가 1,000포인트에서 700포인트로 떨어졌다가 다시 400포인트로 떨어진 경우의 모델이다. 즉 돌발적인 경기변수(예를 들어 IMF, 북한 핵문제 등 심각한 사태 발생)로 주가의 변동성이 매우 심하게 된 경우다.

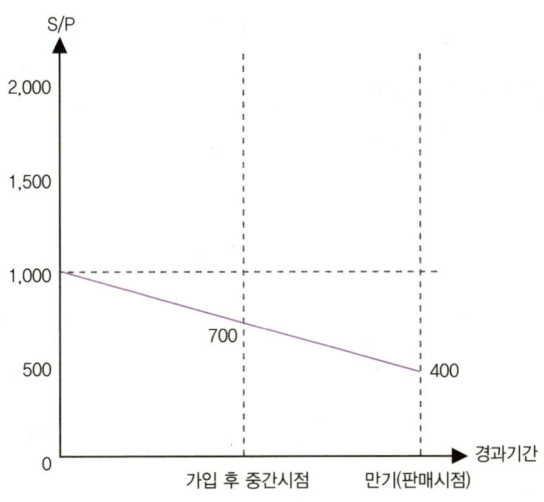

거치식투자 : 투자수익률 −60% 손실

1. 펀드 총매입(보유)좌수 =

    3,000,000원÷1,000원×1,000좌=3,000,000좌수

2. 환매시점 적립금액 =

    3,000,000좌수×(400원÷1,000좌)=1,200,000원

3. 이익규모 =

    1,200,000원−3,000,000원=−1,800,000원 손실 발생

4. 투자수익률 =

    −1,800,000원÷3,000,000원=−60%

적립식투자 : 투자수익률 −34.29% 손실

1. 펀드 총매입(보유)좌수 =

    1,000,000좌수+1,428,571.43좌수+2,500,000좌수=

    4,928,571.43좌수

2. 펀드 평균매입단가 =

    원금 3,000,000원÷4,928,571.43좌수×1,000=608.70원

3. 펀드 환매시점 적립금액 =

    4,928,571.43좌수×(400원÷1,000좌)=1,971,428.57원

4. 이익규모 =

    1,971,428.57원−3,000,000원=약 −1,028,571원 손실 발생

5. 투자수익률 =

    −1,028,571원÷3,000,000원=약 −34.29%

모델분석 설명

이 모델은 주가의 하방강직성이 매우 두드러지고 강하게 나타나는 대표적인 케이스이다. 바로 IMF사태가 발생하였을 때 현실적으로 나타난, 투자시 가장 나쁜 유형의 모델이다.

이런 경우에는 거치식펀드와 적립식펀드가 모두 투자원금에 대해 손실이 발생하게 된다. 거치식펀드는 주가가 떨어진 만큼 손해폭도 같게 나타난다. 그러나 적립식펀드는 주가가 계속 하락할 경우에는 그 시점에서 매입한 펀드의 평균매입단가가 거치식펀드보다 상대적으로 낮기 때문에 손실폭 또한 상대적으로 줄어들게 된다(투자수익률차 : 25.71%).

여기서 꼭 알아둘 사실은 적립식투자는 환매시점에서 평균매입단가가 높아지는가, 낮아지는가에 따라 이익의 폭이 결정된다는 것이다. 따라서 주가가 지속적으로 하락할 경우에도 거치식투자를 할 때와 달리 피부로 느끼는 손해의 체감지수가 다르게 나타나게 된다.

즉 거치식투자는 주가지수의 하락폭과 비슷하게 손해를 보지만 적립식투자는 손해폭이 훨씬 줄어들게 되어 심리적으로 안심할 수 있다는 것이다.

이런 경우의 그래프는 수개월 사이에는 충분히 가능한 모양이지만 전문가들이 분석하는 장기적인 경제전망을 볼 때 3년 이상 투자할 경우에는 나타날 확률이 희박하다.

⑤ 주가지수가 급상승 했다가 다시 원위치로 온 경우

주가지수가 1,000포인트에서 1,600포인트로 올랐다가 다시 1,000 포인트로 떨어진 경우의 모델이다. 즉 가입한 이후 경기호황으로 주가가 계속 올라가다가 환매시점에서 국내경제 또는 국제경제의 불확실성 여파로 경기가 가파르게 하락한 경우다.

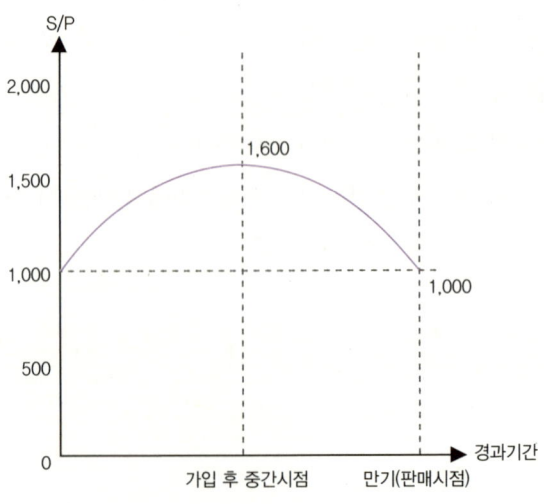

거치식 투자 : 투자수익률 0% 본전치기

1. 펀드 총매입(보유)좌수 =

   3,000,000원÷1,000원×1,000좌=3,000,000좌수

2. 환매시점 적립금액 =

   3,000,000좌수×(1,000원÷1,000좌)=3,000,000원

3. 이익규모 =

   3,000,000원−3,000,000원=0원 발생

4. 투자수익률 =

   3,000,000원÷3,000,000원=0%

적립식투자 : 투자수익률 약 −12.5% 손실

1. 펀드 총매입(보유)좌수 =

   1,000,000좌수+625,000좌수+1,000,000좌수=2,625,000좌수

2. 펀드 평균매입단가 =

   원금 3,000,000원÷2,625,000좌수×1,000=약 1,142.86원

3. 펀드 환매시점 적립금액 =

   2,625,000좌수×(1,000원÷1,000좌)=2,625,000원

4. 이익규모 =

   2,625,000원−3,000,000원=−375,000원 손실 발생

5. 투자수익률 =

   −375,000원÷3,000,000원=−12.5%

모델분석 설명

　적립식펀드에 투자할 경우 투자자들이 가장 불안해하는 위험 요소가 바로 이런 경우다. 이 모델은 거치식투자와 비교할 경우 적립식투자시 제일 나쁜 결과가 발생하는 대표적인 케이스이다(투자수익률차 : 12.5%). 적립식펀드의 최대 약점은 주가가 이러한 유형으로 움직일 때 나타난다.

　이 그래프의 경우 거치식펀드는 투자원금은 그대로 유지되므로 그다지 큰 손해는 발생하지 않는다. 그러나 적립식펀드는 펀드의 매입단가가 계속 상승했기 때문에 막대한 손실을 입게 된다. 따라서 이 그래프처럼 가격이 계속 오르다가 또 속절없이 계속 떨어지는 장세에서는 적립식펀드가 거치식펀드보다 더 큰 손실을 안겨줄 수도 있다는 사실을 반드시 알아두어야 한다.

　물론 맨 처음부터 주가가 계속 떨어지는 것은 당연히 나쁘지만 그럴 경우에는 그래도 거치식투자방식보다는 적립식투자방식을 선택했을 경우 수익률이 더 높게 이루어지므로 적립식펀드에 투자한 투자자로서는 다소 안심할 수 있다. 그러나 이런 경우에는 거치식펀드는 손해가 없지만 유독 적립식펀드만 손해를 입게 되므로 투자자는 속이 매우 상할 것이다.

　판매사에서는 이런 유형보다는 주로 평균매입단가를 하락시키는 유형을 모델로 하여 시뮬레이션을 해주므로 이런 유형이 발생할 경우를 늘 대비해야 투자리스크가 다소라도 헤지될 수 있다. 이 그래프 유형은 급격한 정세변화로 단기간에는 가능한 모양이지만 5년 이상 중장기간 투자시에는 주가가 이와 같이 나타날 확률은 아주 희박하다.

⑥ 주가지수가 급상승했다가 다소 떨어진 경우

주가지수가 1,000포인트에서 2,000포인트가 되었다가 1,500포인트로 떨어진 경우의 모델이다. 즉 주가가 지속적으로 상승하다가 환매 당시에 일시적으로 하락한 경우다.

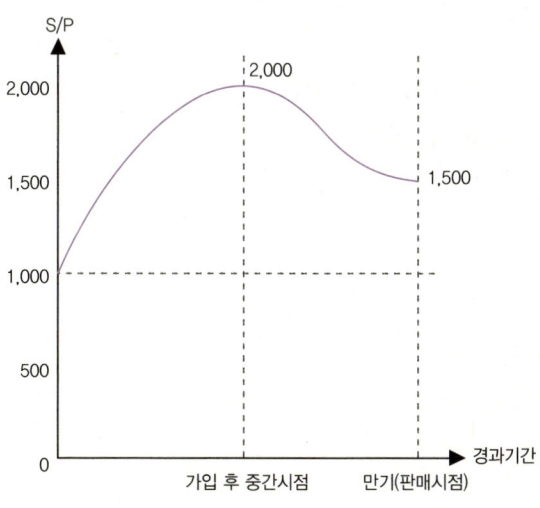

거치식 투자 : 투자수익률 50% 이익 발생

1. 펀드 총매입(보유)좌수 =

    3,000,000원÷1,000원×1,000좌=3,000,000좌수

2. 환매시점 적립금액 =

    3,000,000좌수×(1,500원÷1,000좌)=4,500,000원

3. 이익규모 =

    4,500,000원-3,000,000원=1,500,000원 이익 발생

4. 투자수익률 =

    1,500,000원÷3,000,000원=50%

적립식투자 : 투자수익률 8.33% 이익 발생

1. 펀드 총매입(보유)좌수 =

    1,000,000좌수+500,000좌수+666,666.67좌수=

    2,166,666.67좌수

2. 펀드 평균매입단가 =

    원금 3,000,000원÷2,166,666.67좌수×1,000=약 1,384.62원

3. 펀드 환매시점 적립금액 =

    2,166,666.67좌수×(1,500원÷1,000좌)=3,250,000원

4. 이익규모 =

    3,250,000원-3,000,000원=250,000원 이익 발생

5. 투자수익률 =

    250,000원÷3,000,000원=약 8.33%

모델분석 설명

이 그래프는 ⑤와 같이 적립식투자를 할 경우 손해를 많이 보는 케이스이다(투자수익률차 : 41.67%). 적립식투자 후 환매시점 포착의 중요성과 위험회피수단의 강구가 왜 필요한지를 알려주는 기본적인 모델이다. 주가가 가입 당시보다 올랐는데도 수익률은 떨어지는 상황을 맡게 되므로 거치식펀드와 비교할 경우 적립식투자의 수익모델 중 가장 나쁜 사례라고 할 수 있다. 맨 처음 가입 당시보다 환매시점에서 주가가 많이 올라갔음에도 투자수익률은 오히려 '−'를 나타내는 아이러니컬한 결과치를 보여준다. 거치식투자를 할 경우에는 맨 처음 가입할 때보다 환매 당시 조금이라도 주가가 상승했으면 당연히 투자수익이 발생하게 된다.

그런데 적립식투자는 비록 주가가 펀드 유지기간에 올라간다 하더라도 정작 펀드를 환매할 가장 중요한 시점에서 주가가 그 이전의 가격보다 하락했다면 손실을 가져오게 된다.

이 경우 적립식투자를 하는 사람들이 나중에 거치식투자를 한 것으로 착각하여 수익이 난 것으로 잘못 알 수도 있다. 또한 적립식펀드의 기본개념을 확실히 알지 못하고 덥석 가입한다면 자칫 환매시기를 놓쳐 이런 낭패를 볼 수 있다는 사실도 간과해선 안 된다.

적립식투자를 할 때 이런 유형이 발생하지 않도록 목적자금 마련시기를 고려하여 투자종목 선정과 환매시점 포착에 신중을 기해야 한다. 이 그래프는 5년 정도의 사이엔 어느 정도 가능성이 있는 모델유형이지만 10년 이상 장기간 투자시에는 주가가 이와 같이 나타날 확률은 희박하다.

⑦ 주가지수가 하락했다가 원위치보다 매우 높아진 경우

주가지수가 1,000포인트에서 700포인트로 하락했다가 1,800포인트로 올라간 경우의 모델이다. 즉 펀드 매입 시기에 주가가 올랐다가 그 뒤 주가가 하락한 다음 환매시점에서는 주가가 펀드 매입시점보다 많이 상승한 경우다.

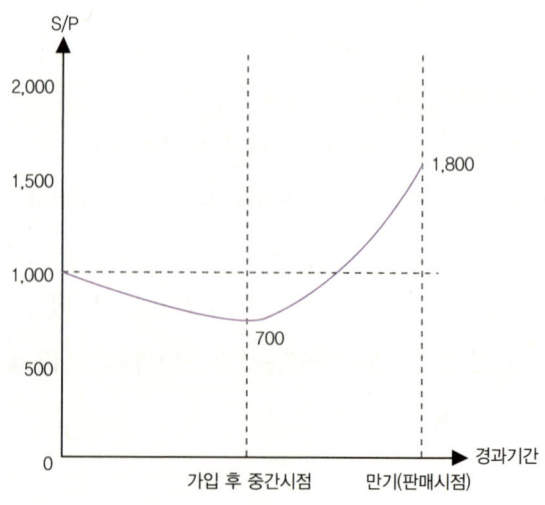

거치식 투자 : 투자수익률 80% 이익 발생

1. 펀드 총매입(보유)좌수 =

   3,000,000원÷1,000원×1,000좌=3,000,000좌수

2. 환매시점 적립금액 =

   3,000,000좌수×(1,800원÷1,000좌)=5,400,000원

3. 이익규모 =

   5,400,000원−3,000,000원=2,400,000원 이익 발생

4. 투자수익률 =

   2,400,000원÷3,000,000원=80%

적립식투자 : 투자수익률 79.05% 이익 발생

1. 펀드 총매입(보유)좌수 =

   1,000,000좌수+1,428,571.43좌수+555,555.56좌수=

   2,984,127.00좌수

2. 펀드 평균매입단가 =

   원금 3,000,000원÷2,984,127.00좌수×1,000=약 1,005.32원

3. 펀드 환매시점 적립금액 =

   2,984,127.00좌수×(1,800원÷1,000좌)=5,371,428.6원

4. 이익규모 =

   5,371,429원−3,000,000원=약 2,371,429원 이익 발생

5. 투자수익률 =

   2,371,429원÷3,000,000원=79.05%

모델분석 설명

이 그래프는 가입 당시보다 주가가 하락했다가 환매시점에서는 많이 상승했으므로 거치식투자와 적립식투자 모두 이익을 많이 창출할 수 있는 바람직한 케이스이다(투자수익률차 : 0.95%).

이는 장기투자를 할 경우 가능한 그래프이다.

그런데 이 경우에는 거치식펀드의 수익률보다는 적립식펀드수익률이 약간 낮게 형성된다. 주가가 하락했다가 다시 올라가면 코스트 애버리징 효과에 따라 다소 이익은 보지만 주가의 상승폭이 커지면 커질수록 적립식투자는 거치식투자를 할 경우보다는 수익률이 조금 낮게 형성된다.

물론 반대로 주가가 많이 하락하면 할수록, 특히 출렁거림이 심하면 심할수록 적립식투자방식의 투자수익률이 약간 더 높아지게 되는데, 주가의 변동성이 현실적으로 매우 심하므로 아무리 전문투자자라 하더라도 그 시기를 정확히 예측하기는 힘들다.

이 그래프는 주가의 변동성이 상대적으로 심한 우리나라의 경우 앞으로 발생할 개연성이 높은 케이스 중 하나라고 할 수 있다. 단기적으로는 이러한 유형이 생기지만 환매시 이를 예측하기 곤란하므로 적립식으로 장기투자할 경우 결과는 이런 형태로 귀결될 가능성이 높다고 할 수 있다.

따라서 어느 정도 목표자금이 달성되는 시점이 도래하면 그때부터 언제 환매하는 것이 가장 효과적인지 시장 트렌드를 살펴보면서 항상 펀드 기준가의 변동사항을 체크해야 한다.

⑧ 주가지수가 하락했다가 원위치보다 다소 높아진 경우

주가지수가 1,000포인트에서 700포인트로 하락했다가 1,400포인트로 올라간 경우의 모델이다. 즉 주가가 맨 처음에는 모델 ⑦과 같이 형성되어 나가다가 환매시점에 와서는 모델 ⑦보다는 약간 떨어지지만 그래도 펀드가입시보다는 많이 상승한 경우다.

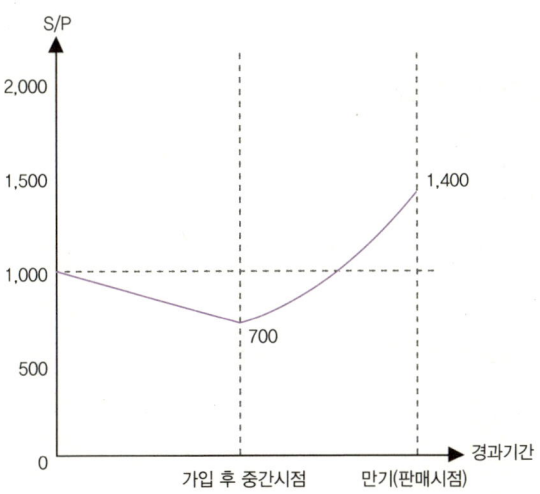

거치식 투자 : 투자수익률 40% 이익 발생

1. 펀드 총매입(보유)좌수 =

   3,000,000원 ÷ 1,000원 × 1,000좌 = 3,000,000좌수

2. 환매시점 적립금액 =

   3,000,000좌수 × (1,400원 ÷ 1,000좌) = 4,200,000원

3. 이익규모 =

   4,200,000원 − 3,000,000원 = 1,200,000원 이익 발생

4. 투자수익률 =

   1,200,000원 ÷ 3,000,000원 = 40%

적립식투자 : 투자수익률 46.67% 이익 발생

1. 펀드 총매입(보유)좌수 =

   1,000,000좌수 + 1,428,571.43좌수 + 714,285.71좌수 =

   3,142,857.14좌수

2. 펀드 평균매입단가 =

   원금 3,000,000원 ÷ 3,142,857.14좌 × 1,000 = 약 954.55원

3. 펀드 환매시점 적립금액 =

   3,142,857.14좌수 × (1,400원 ÷ 1,000좌) = 약 4,400,000원

4. 이익규모 =

   4,400,000원 − 3,000,000원 = 1,400,000원 이익 발생

5. 투자수익률 =

   1,400,000원 ÷ 3,000,000원 = 약 46.67%

모델분석 설명

이 경우에는 ⑦과 같이 거치식펀드와 적립식펀드의 수익률이 모두 높게 형성된다(투자수익률차 : 6.67%).

그러나 거치식보다는 적립식펀드의 수익률이 다소 높게 나타나는데 그 이유는 바로 주가하락폭이 커서 코스트 애버리징 효과에 따라 펀드의 평균매입단가가 거치식투자의 경우보다 적립식투자가 더 낮게 형성되어 상대적으로 펀드의 보유좌수가 더 늘어났기 때문이다.

거치식투자는 가입 당시의 펀드기준가에 비례하여 환매시점의 펀드기준가격이 높으면 높을수록 이익을 많이 가져다주지만 적립식투자는 그보다는 펀드를 정기적으로 또는 추가로 매입해 나가는 과정에서 주가의 하강폭이 커야만 펀드 매입좌수가 늘어나 투자수익이 더 많이 발생하게 된다.

이 그래프의 경우 또한 거치식투자나 적립식투자방식 모두 환매시점의 가격은 똑같지만 펀드매입비용이 주가가 하락했을 경우 적립식펀드가 더 적게 들어가 더 많은 주식을 살 수 있는 까닭에 환매시점에 가서는 더 많은 수익을 창출할 수 있게 되는 것이다.

우리나라의 장기 경제 펀드멘털을 고려해 볼 때 현실적으로 향후 주가가 장기적인 관점에서 바라다볼 경우 5년 이상 장기적으로는 ⑦번, ⑧번과 같은 방향으로 나가다가 목적자금을 마련하기 위해 환매할 경우 또한 비슷한 방향에서 마감될 확률이 가장 높다고 나름대로 판단한다.

거치식투자와 적립식투자에 따른 투자수익률 변화추이 종합분석

필자가 제시한 8가지 유형 그래프를 종합적으로 분석해 볼 때 다음과 같은 결론이 나온다.

1. 적립식투자시 손실이 발생할 경우 : ④, ⑤
2. 거치식투자시 손실이 발생할 경우 : ③, ④
3. 적립식과 거치식 모두 이익이 발생할 경우 : ①, ⑥, ⑦, ⑧
4. 적립식투자시 이익이 발생할 경우 : ①, ②, ③, ⑥, ⑦, ⑧
5. 거치식투자시 이익이 발생할 경우 : ①, ⑥, ⑦, ⑧. 단, ②와 ⑤의 경우에는 수익률이 0%
6. 적립식투자시 제일 나쁜 결과가 발생하는 경우 : ⑤
7. 거치식투자시 제일 나쁜 결과가 발생하는 경우 : ④
8. 거치식투자와 비교할 때 적립식투자가 상대적 수익효과를 더 많이 본 경우 : ②, ⑧

위 8가지 패턴의 그래프들을 종합적으로 놓고 볼 때 주가는 변동성이 매우 심하므로 중장기적으로는 거치식투자보다는 적립식투자가 투자리스크가 덜 발생하는 안전한 투자방식이라는 것을 바로 이 모델들이 반증해 준다고 할 수 있다. 그리고 주가가 주기적 또는 간헐적으로 하락했다가 지속적으로 올라가 환매시 최고 정점에 올랐을 경우에는 펀드의 평균매입단가 하락효과에 따라 적립식과 거치식의 투자수익률이 거의 비슷하게 전개된다는 것을 알 수 있다.

따라서 주가가 떨어질 경우에는 미리 언제, 어떻게 펀드를 추가매입해야 좋은지 그 타이밍을 잘 잡는 지혜와 기술이 필요하다. 기대수익률을 목적자금 규모에 맞추어 맨 처음부터 투자규모를 잡고 이에 따라 펀드투자하는 방법론을 찾아나서는 것이 현명한 투자방법이라 할 수 있다.

필자가 이러한 다양한 모델을 제시한 것은 이러한 모델들이 단기간이든 중기간 또는 장기간이든 앞으로 전개될 우리나라 주가의 트렌드와 엇비슷할 것이라 나름대로 생각하기 때문이다.

펀드에 투자하려면 또는 지금 투자하고 있다면 현재 시점에서 미래의 주가방향을 속단하는 것은 금물이지만 그래도 전문가들의 분석을 토대로 현재의 경제 펀드멘털을 고려해 볼 때 앞으로 5년 이상 경과할 경우 ⑦ 또는 ⑧과 같은 방향으로 주가가 형성되고 환매시에는 이와 비슷한 패턴으로 수익률이 형성될 것이라 여기면서 자신의 궁합에 맞게 고르고 또 고른 최적의 펀드를 잘 관리해 나가는 펀드투자 어젠다를 형성해 나가는 것이 어떨까 생각한다.

필자가 제시한 다양한 모델을 보면서 적립식투자는 무조건 주가가 많이 하락했다가 환매시점에 도달해서는 상승폭이 매우 클 경우 가장 큰 수익을 남긴다는 사실을 이젠 알았을 것이다. 또 거치식투자는 맨 처음 주가보다 조금이라도 주가가 오르면 무조건 이익이 나지만 적립식투자는 설령 주가가 가입 당시보다 올랐다 하더라도 수익이 발생하지 않는 경우가 있다는 사실도 알았을 것이다.

특히 적립식펀드는 환매시점을 잘 포착하는 것이 가장 중요하다는 것을 늘 명심하면서 펀드가 어떻게 운용되는지, 어떤 펀드를 골라 가입해야 이로운지, 펀드 판매사와 운용사는 어디가 좋은지, 펀드수익률을 올리는 데 변수는 무엇인지 그리고 그 펀드가 투자하는 대상은 무엇인지 등을 머리품과 발품, 손품을 팔아가면서 꼼꼼히 살펴보려고 노력해야 한다.

느낀 점을 적어보자

위에 제시한 그래프들을 보고 느낀 점을 빈칸에 적으면서 자신은 어떤 모델을 선호하고 앞으로 언제까지 투자계획을 세워 어떠한 펀드를 선택하여 어느 판매사와 어느 운용사에 가입할지 나름대로 분석해 보자.

2장

적립식펀드 가입시 반드시 알아야 할 투자기술

적립식펀드 투자수익률을 높이기 위해 꼭 숙지해야 할 지식을 알아본다.

위험을 즐길 줄 알아야 투자가 영근다

앞에 네 갈래 길이 있다. 이 가운데 어느 길로 갈지 생각해 보자. 밑도 끝도 없이 웬 길타령이냐고 하는 사람이 있을지 모르지만 문제 아닌 문제를 푼다 생각하고 답을 골라보자. 길마다 위험에 따른 반대급부가 비례적으로 주어진다.

첫 번째 길은 고속도로같이 잘 뚫려 있고 목적지까지 가는 데 걸림돌이 별로 없으며 끝에 도착하면 수고비로 현금 1,000만 원을 준다. 이정표를 볼지 몰라도 누구나 안심하고 안전하게 목적지까지 갈 수 있고 돈도 다 가질 수 있다. 단 중간에 꼭 거쳐야 할 휴게소가 많아 시간이 상대적으로 많이 걸린다는 단점이 있다.

두 번째 길은 국도와 같이 굴곡이 좀 있지만 포장이 잘 되어 있어서 그리 큰 걸림돌은 없다. 목적지에는 현금 2,000만 원이 놓여 있다. 가는 데 시간이 그리 많이 걸리지 않고 이정표를 읽을 줄 아는 사람이면 누구나 쉽게 찾아갈 수 있다.

　세 번째 길은 포장을 안 해서 좀 험한 편이다. 그러나 시야가 어느 정도는 트여 있으므로 차근차근 잘 가면 충분히 목적지까지 갈 수 있다. 목적지에는 5,000만 원이 놓여 있다. 다른 길보다 가는 데 시간이 많이 걸리지만 끝까지 갈 수 있다. 끈기를 갖고 목적지까지 가면 원하는 돈을 어느 정도 얻을 수 있다. 실제로 끝까지 마무리를 잘 한 사람들은 성공 확률이 높다.
　네 번째 길은 무척 험한 산길이다. 목적지가 어디에 있는지 잘 알지 못하고 이정표도 없다. 그래서 많은 사람들이 길을 헤매다 원점으로 돌아왔다. 그러나 목적지에 도착하면 1억 원이 주어진다. 가는데 시간이 얼마 안 걸릴 수도 있지만 아예 길을 잃고 헤맬 수도 있다. 경우에 따라서는 돈도 못 받고 몸만 상할 수도 있다. 성공 확률도 5%가 채 안 된다.
　위에 제시한 길들을 금융상품에 빗대어 설명하면 첫 번째 길은 은행의 예·적금이고, 두 번째 길은 제2금융권의 저축상품이며, 세 번째 길은 간접투자상품인 펀드이고, 네 번째 길은 부동산투자, 주식투자 같은 직접투자상품이라고 할 수 있다.

투자는 '고위험=고수익'

자, 그럼 이제 어떤 길로 가야 할까? 많은 사람들이 힘들더라도 당연히 세 번째나 네 번째 길을 갈 것이다. 아마 여러분도 그렇게 결정하고 길을 나설 것이다. 이는 바로 투자위험이 없이는 고수익을 올릴 수 없다는 평범한 투자진리를 반증해주는 예다.

그런데 네 번째 길은 자칫 복불복의 결과를 가져올 수 있고, 실제로 대부분의 투자자들이 그러한 길을 갔다가 실패의 쓴잔만 마시고 되돌아오곤 한다. 따라서 세 번째 길을 선택하는 것이 모험을 즐기

펀드유형별 기대수익률과 투자위험도의 상관관계 분석

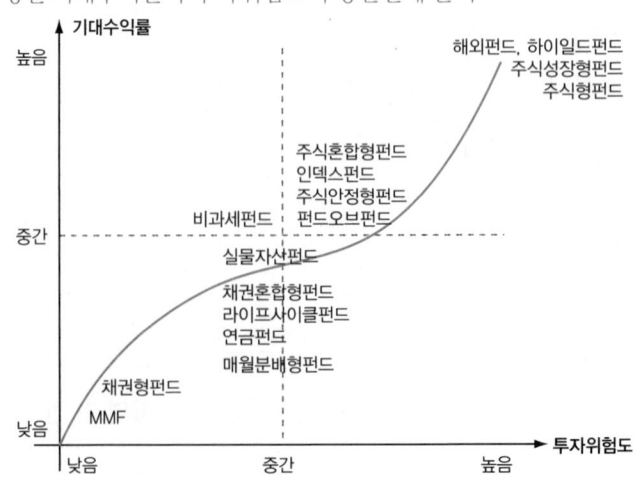

면서도 투자의 묘미도 맛볼 수 있는 가장 바람직한 방법이다.

무릇 투자에는 항상 High Risk, High Return, 즉 '고위험 = 고수익' 이라는 등식이 성립한다. 위험도 감수하지 않고 큰돈을 벌려고 하는 것은 도둑놈 심보 같다고 할 수 있다. 더 많은 수익에는 더 많은 위험이 따른다. 그러나 그 위험은 스스로 감내하면서 나갈 줄 알아야 하며, 무모한 위험이 아니어야 한다. 이것은 가장 기본적인 투자원칙이다. 실질적으로 펀드유형별로 위험도와 투자수익률은 그림과 같이 일반론적으로 일정한 상관관계가 있다.

 펀드나무 열매 수확 위한 소중한 씨앗 한 톨

여기서 위험을 즐기라는 의미는 무조건 고위험 펀드에 투자하라는 것이 아니라 펀드투자시 위험요소에 대해 완전히 파악한 다음 위험의 늪에 빠지지 말고 잘 비껴나가는 기술을 익히라는 것이다. '아는 길도 물어가라'는 옛속담도 있듯이 우선 펀드수익을 올리는 데 변수로 작용하는 각종 위험요소를 사전에 파악하고 대처방법을 강구해야 한다. 펀드투자시 위험을 회피할 수 있는 수단과 방법을 찾아 실천에 옮겨야 펀드투자가 실속있고 재미있게 와닿는 것이다. 이를 늘 가슴에 새기면서 펀드투자의 길로 들어서야 한다.

수익률만 보지 말고 위험관리지표를 따져라

리스크 헤지를 하려면 위험관리지표를 정확히 알아야

펀드투자에서 위험(risk)이란 시장의 변동성을 의미한다. 주식시장이나 채권시장, 장내·외 파생상품시장, 실물자산시장의 가격은 항상 변하기 때문에 펀드의 기준가 또한 지속적으로 가격변동이 일어난다. 이러한 결과로 나타나는 펀드자산의 변동성(volatility)을 위험도라고 한다.

펀드투자시 위험요소를 반영한 위험조정수익률(risk adjusted return)을 나타내주는 지표로는 BM초과수익률, 표준편차, 베타(β)계수, 샤프지수(Sharpe ratio), 트레이너지수(Treynor ratio), 젠센지수(Jensen's ratio) 등이 있는데 이들 지표는 펀드 자산가격의 변동성을 나타내는 대표적인 위험관리지표(risk management index)로, 이 지표들은 위험을 감안하여 펀드를 측정하는 방법으로 활용된다. 위험관리지표를 꼼꼼히 살펴봐야 투자리스크의 헤지가 가능하다.

투자자들에게 투자의 위험을 미리 알려주는 이러한 지표는 펀드수익률이 경제성장률, 주가, 이자율, 환율 등 체계적 위험과 비체계적 위험에 얼마나 민감하게 반응했는지 보여주는 수치로, 펀드수익률과 시장 전체에 영향을 주는 변수들과 밀접히 연관되어 있으므로 잘 살펴봐야 한다.

특히 변동성이 큰 고수익을 기대하는 펀드일수록 수익률의 등락폭도 심하므로 반드시 위험관리지표를 살펴본 뒤 선택해야 한다. 그럼 투자수익률에 영향을 미치는 위험관리지표에 대해 알아보자.

표준편차가 낮을수록 수익률이 안정적인 펀드

표준편차는 개별 펀드의 수익률이 동종의 펀드유형 평균에서 어느 정도 움직이는지 측정한 값으로, 대표적인 위험관리지표로 활용된다. 이는 한 펀드의 수익률이 얼마나 큰 폭으로 오르내리는지 펀드수익률의 총변동성을 나타내주는 지표다.

표준편차가 크면 클수록 수익률이 아래나 위로 많이 움직였다는 뜻이므로 그만큼 해당 펀드의 투자위험도가 높다는 것을 의미한다. 따라서 표준편차가 낮을수록 안정적인 수익률을 유지하는 좋은 펀드다.

표준편차의 값이 크면 해당 펀드의 위험도가 높다는 것을 의미하므로 반드시 다른 펀드의 표준편차와 비교분석한 다음 가입 여부를 판단해야 한다.

샤프지수가 클수록 수익률이 좋은 펀드

샤프지수는 특정 펀드가 투자기간에 1단위의 위험자산에 투자함으로써 획득한 초과수익 정도를 나타내는 지표로, 샤프척도(Sharpe measure)라고도 한다. 수익률을 표준편차로 나눈 값으로 1이라는 위험을 부담하는 대신 얻은 대가인 초과수익이 얼마인지 측정하는 지표다.

샤프지수는 펀드의 위험도와 투자수익률을 동시에 살펴볼 수 있는 대표적인 위험관리지표로, 분산투자가 잘 되어 있지 않은 펀드를 평가할 때 유용한 방법이다.

미국의 경제학자 윌리엄 샤프(William F. Sharpe)가 1954년부터 1963년까지 34개 펀드실적을 분석하여 1996년 개발한 지표로, 뮤추얼펀드가 벤치마크 투자와 비교해 얼마나 잘 운용되었는지를 기준으로 과거의 투자를 평가하기 위한 도구로 활용한다.

샤프지수의 값은 명목수익률에서 무위험수익률을 뺀 뒤 표준편차로 나눈 것으로, 투자수익률 대비 변동성 비율로 나타낸다.

따라서 샤프지수의 값이 크면 클수록 위험을 감안한 후 투자성과의 결과물인 펀드수익률이 우수하다는 것을 의미한다. 즉 변동성이 있지만 펀드운용이 효율적이고 투자성과가 매우 성공적이라고 할 수 있다.

현재 가장 많이 사용하는 것이 샤프지수다.

트레이너지수가 클수록 수익률이 좋은 펀드

트레이너지수는 펀드의 체계적 위험(systematic risk : 시장위험)인 베타계수(β)를 이용하여 펀드성과를 평가하는 지표다. 한 단위당 무위험 초과수익률을 나타내는 지표로 수익률 대 변동성비율이라고도 하며 그 값이 클수록 펀드성과가 우월한 것으로 평가된다.

위험을 측정할 때 샤프지수는 표준편차를 사용하지만, 트레이너지수는 표준편차 대신 베타계수를 사용한다.

즉 샤프지수와 트레이너지수는 모두 투자위험이 수익에 기여한 정도를 측정하는 것이지만, 샤프지수는 분산투자를 고려하지 않고 펀드의 전체적인 투자위험을 측정하고, 트레이너지수는 분산투자를 전제로 체계적 위험만을 고려하여 측정한다.

따라서 샤프지수는 분산투자가 되지 않는 펀드들을 대상으로 하는 데 적합하고, 트레이너지수는 분산투자가 잘 되어 있는 펀드들을 대상으로 하는 데 적합하다.

일반적으로 샤프지수가 큰 펀드는 트레이너지수도 크지만, 이러한 관계가 항상 성립하지는 않는다. 다만 인덱스펀드처럼 분산투자가 완전히 이루어져 펀드의 위험이 시장위험만으로 구성되는 경우에는 샤프지수와 트레이너지수는 거의 같은 값을 나타낸다.

젠센지수가 높은 펀드가 고수익을 낸다

젠센지수는 특정 펀드에 대해 기대하는 수익률과 실제로 달성된 수익률의 차이를 나타내는 지표다. 개별펀드의 실제수익률이 시장 균형을 가정한 경우의 수익률보다 얼마나 높은지를 나타내는 지표로 젠센척도(Jensen's measure) 또는 젠센알파지수(Jensen's Alpha ratio)라고도 한다.

베타계수의 수준이 정해져 있으면 위험도를 고려한 기준수익률을 CAPM(Capital Asset Pricing Model : 자본자산 가격결정모형)에 의거하여 평가한다. 펀드 수익률에서 균형상태에서의 기대수익률을 차감한 값을 의미하므로 지수가 높을수록 펀드의 평가(위험대비 운용성과)가 우수하여 실제 투자가 성공적이었다는 것을 나타낸다.

젠센지수(αp)가 '−'를 나타내면 펀드수익률이 시장수익률보다 못하다는 것을 뜻하고, 젠센지수(αp)가 '+'를 나타내면 해당 펀드의 수익률이 시장수익률보다 우수한 펀드임을 의미한다. 따라서 젠센지수가 높은 펀드를 선택해 가입해야 고수익을 실현할 수 있다.

베타계수로 시장민감도 체크하라

베타계수(Beta Coefficient)는 시장지수상승률(통상 Kospi지수로 칭한다)과 주식형펀드 투자수익률의 상관관계를 나타내는 지표를 말한다.

증권시장 전체의 수익률변동이 발생했을 때 이에 대해 개별기업의 주가수익률이 얼마나 민감하게 반응하는지 개별자산수익률의 민감도를 측정하는 계수다. 즉 시장에서의 펀드수익률 민감도를 나타내는 지표가 베타계수다.

베타계수가 1이면 펀드수익률이 종합주가지수 상승률을 그대로 반영한다는 뜻으로, 펀드수익률이 주식시장과 동일한 흐름을 나냄을 의미한다. 따라서 베타계수가 1보다 높으면(커지면) 그만큼 시장수익률을 상회한다는, 즉 시장평균보다 해당 증권의 위험과 기대수익률이 크다는 의미다.

반대로 1보다 작거나 마이너스(-) 값이면 시장수익률보다 펀드수익률이 떨어지거나 마이너스 수익률을 보인다는 뜻으로, 위험과 기대수익률도 작다는 의미다. 즉 '고수익=고위험, 저수익=저위험'의 등식이 성립하는 것이다.

따라서 베타계수의 합이 1보다 높으면 주가의 탄력성이 좋아 강세장에서는 고수익을 올릴 수 있지만, 반대로 하락장에서는 다른 종목보다 더 많은 손해를 볼 수 있다는 것이므로 선택한 펀드의 시장변동성을 늘 눈여겨봐야 한다.

성공한 투자자들은 위험을 미리 감지하고 대처한다

여기서 알아둘 사실은 펀드투자에 성공한 사람들의 공통점 가운데 하나는 고위험 고수익 상품이라고 무조건 좋아하지 않는다는 것이다. 고위험, 고수익의 펀드 상품을 구매할 때도 리스크 관리를 최

우선으로 생각하면서 배팅하듯 하지 않고 꼼꼼히 살펴본 뒤 은행에 저축하듯이 한다.

그들은 투자리스크가 무엇이고 어느 때 발생하는지 예의주시하면서 먼저 체크한 뒤 자신이 리스크를 충분히 감당할 거라고 판단될 때 투자하고 그때 비로소 수익률을 따진다.

이는 펀드투자시 투자리스크와 수익성의 상관관계를 명확히 인식하고 대처하는 능력을 갖추었다는 것이므로 펀드를 선택할 때 이러한 자세로 임하면서 투자리스크와 수익성의 상관관계를 슬기롭게 조화해 나가야 한다.

펀드투자에 따른 위험의 진폭을 미리 알고 수익률 제고에 걸림돌로 작용하는 위험요소를 파악하면서 위험관리지표를 통해 이에 대처하는 관리기술과 지혜를 발휘해야 한다.

기간수익률과 연환산수익률을 확실히 알아두자

수익률개념을 잘 파악해야 펀드수익률 비교평가가 쉽다

펀드 투자자들의 가장 큰 관심은 투자수익률이다. 내가 가입한 펀드 또는 가입하려는 펀드가 투자수익을 어느 정도 낼지 가장 먼저 생각한다. 그런데 펀드 가입시 운용설명서나 수익증권 또는 인터넷에서 펀드 관련 사이트를 검색해 보면 일반적인 이자율 단위인 단리, 복리와 달리 누적수익률, 연환산수익률, 펀드기준가, 펀드보유 좌수, 펀드매입좌수 같은 낯선 말들이 나온다.

따라서 한 달에 얼마를 부으면 몇 년 뒤 수익을 얼마나 올릴 수 있는지 정확히 예측하면서 준비하기 곤란한 경우도 있다.

펀드수익률을 확인할 때는 먼저 수익률을 어떻게 구분하는지 살펴보면서 용어의 정의와 개념을 확실히 알아두어야 한다. 그리고 수익률이 어떤 기간으로 표시된 것인지, 단순한 기간수익률(운용기간에 거둔 최종수익률)인지 연환산수익률(기간수익률을 1년 단위로 환산한 수치)인지 구분할 수 있어야 한다. 즉 펀드수익률이 단순히 운용기간 중 거둔 최종수익률 개념인지 기간수익률을 1년 단위로 환산한 연환산수익률인지 구분할 수 있어야 한다.

기간수익률과 연환산수익률의 차이점

펀드수익률은 크게 누적수익률과 연환산수익률로 구분하여 공시한다. 누적수익률은 기간수익률이라고도 하며 최초펀드 설정일에서 기준시점까지 수익률을 말한다.

연환산수익률이란 누적수익률 또는 기간수익률을 1년 단위 기준으로 환산한 연간수익률을 말한다. 즉 누적수익률을 1년 단위로 나누어 계산하는 방식이다. 이는 수익률이 일정치 않은 투자상품의 수익률을 사후 공시할 경우 주로 이용한다.

펀드수익률 또한 연수익률이 해마다 다르게 산출되므로 이를 연평균수익률로 환산하여 계산한 것이 연환산수익률이다. 연환산수익률은 다른 금융기관의 펀드상품과 수익률을 비교하기 쉬운 장점이 있다.

그러나 엄밀히 따져볼 때 누적수익률과 기간수익률은 의미가 다르다. 기간수익률은 일정기간의 수익률을 말하고 누적수익률은 펀드 가입 초기부터 현재 시점까지 발생한 총수익률을 의미한다.

일반적으로 펀드수익률을 공시할 경우 판매사에서는 기간수익률을 제시하는 일이 많다. 그런데 예를 들어서 기간수익률이 32%가 된다고 해서 연환산수익률이 32%가 되는 것은 아니다. 펀드설정 기간이 오래되지 않은 상품은 연환산수익률이 10%도 되지 않는 경우도 많이 발생하고, 특히 주가 조정시에는 마이너스를 기록하는 펀드들도 많다는 점을 항상 명심해야 한다.

기간수익률과 연환산수익률 계산공식

기간수익률(%)
① =(매도시 평가금액−매입시 원본 금액)/매입시 평가금액×100
② ={(매도시 기준가−매입시 기준가)/매입시 기준가}×100

연환산수익률(%)
① =(평가금액−원금)÷원금×(12/n)×100
② ={(매도시 기준가−매입시 기준가)/매입시 기준가}×(365/투자일수)×100
③ =기간수익률×(365/경과일수)×100

여기서 평가금액은 펀드매도시 기준가를, 원금은 펀드매입시 기준가를, n은 불입한 개월수를, 투자일수는 가입 후 경과일수와 같은 의미를 내포한다.

계산 예시
① 예를 들어 3월 2일 매입한 펀드의 기준가가 1,050원이고 이듬

해 1월 15일 환매한 펀드의 기준가가 1,250원이라고 하자. 기간수익률은 (1,250−1,050)/1,050 = 19%가 된다.

이 경우 연환산수익률은 0.19×(365/320)≒0.2167, 따라서 약 1.67%가 된다.

② 2013년 1월 15일에 변액유니버설보험 저축형(적립형)에 가입했다고 하자. 적립식펀드 또한 마찬가지다. 2015년 1월 15일 현재 기간수익률, 즉 누적수익률이 30%라 하면 경과일수가 2년, 즉 730일이므로 0.30×(365/730)≒0.15, 즉 연환산수익률은 15%가 된다.

만약 변액유니버설보험의 투자수익률(해약환급금률이 아님)이 15년 후 200%라면 단순히 볼 때 누적수익률은 200%이지만 연환산수익률은 200%÷15년 = 13%가 된다.

③ 원금 1,000만 원을 2년 동안 투자하여 펀드평가금액(적립금)이 1,500만 원이 되었다고 가정할 경우 연환산수익률은 얼마일까? 사후 평가금액을 알고 계산할 경우 공식은 위에 예시한 바와 같이 세 가지인데 그 결과는 모두 같다.

연환산수익률 공식 ①의 방법으로 계산하면 다음과 같다.

1,500만 원−1,000만 원
=500만 원÷1,000만 원
=0.5×12/24=0.25×100=25%

연수익률과 연환산수익률은 다른 개념

일반적으로 연수익률, 즉 연간수익률이란 채권투자에서 산정하는 수익률로, 채권에서 1년에 한 번만 지급되는 금리를 말한다. 연수익률은 수익률 산정의 최초시점과 최종시점이 다르다. 따라서 연간 수익률이 해마다 다르게 나온다.

그러나 연환산수익률, 즉 연평균수익률은 확정이자율 상품에 대해서만 적용되는 것으로, 만기수익률을 연간으로 환산하여 나타낸 수익률을 말한다.

금융기관에서는 투자자들이 펀드투자수익률에 대해 알기 쉽도록 연수익률을 연평균수익률로 나타낸다. 따라서 해마다 일정률로 계산되므로 수익률이 해마다 똑같이 발생한다. 연평균수익률은 일상적으로 정기예금 또는 정기적금 이율을 공시할 때 주로 사용한다.

자산운용협회와 생명보험협회에서는 연환산수익률을 투자자들이 알기 쉽게 만들어 공시한다. 그런데 펀드운용기간이 1년 미만(특히 펀드운용기간이 짧을수록)일 때에는 실제 수익률을 왜곡할 수 있으며, 타사 상품(특히 펀드운용기간이 1년 이상인 펀드)과 수익률을 상대비교할 때 많은 문제가 생긴다.

그래서 자산운용협회나 생명보험협회 등 간접투자상품 운용현황을 공시하는 기관에서는 단기운용성과의 연환산에 따른 오해를 최소화하기 위해 펀드설정일에서부터 1년이 경과하지 않은 펀드의 경우 연환산수익률을 공시하지 못하게 하고 있다.

 펀드나무 열매 수확 위한 소중한 씨앗 한 톨

보험사에서 제시하는 가입설계서상의 예상수익률은 보험특성상 해약시 환급률 개념으로 표기하고 있으므로, 펀드의 투자수익률이나 연환산수익률과 혼동하지 말아야 한다. 그리고 연환산수익률이 적립식펀드가 10%, 변액보험이 10%라고 할 때 불입액에 대해 적립식펀드는 100% 거의 다 적용되지만, 변액보험은 사업비(부가보험료)와 위험보험료를 제외한 나머지 금액만 특별계정에 투입(편입)되어 적용된다.

변액보험의 펀드수익률을 구체적으로 알고 싶다거나 보험사 전체 펀드의 수익률을 비교하고 싶으면 해당사 홈페이지 또는 생명보험협회 홈페이지(www.klia.or.kr) 〈보험상품 비교 공시실〉에서 판매회사 전체 상품비교, 변액보험상품 운영현황, 펀드별 기준가격 및 수익률, 전상품(펀드별)의 누적수익률과 연환산수익률, 기간수익률 등을 찾아볼 수 있으므로 가입하기 전에 미리 확인하는 것이 중요하다.

각 회사의 변액보험상품 운영현황을 확인하고 싶다면 해당사 홈페이지를 일일이 검색하는 수고로움보다 생명보험협회 홈페이지에 접속해 〈변액보험 운영현황〉을 클릭하여 해당사에 접속하면 현재 변액보험을 판매하는 생명보험사들의 펀드운영내역을 한꺼번에 알 수 있다.

펀드기준가 설정을 정확히 알아야 한다

적립식펀드 투자시 가장 먼저 알아둘 사항은 해당펀드의 가치를 나타내는 펀드의 기준가격이다. 펀드기준가를 알아야 향후 투자수익률의 변화추이를 어느 정도 예상할 수 있기 때문이다.

펀드를 처음 매입할 때 펀드기준가가 어떻게 형성되었으며 매월 펀드를 추가 매입할 시점에서는 또 기준가가 어떻게 반영되는지 알아야 현재 시점에서 투자수익률이 얼마나 되는지 어림으로나마 알 수 있다.

펀드에 가입하면 가장 먼저 기준가격이라는 용어를 대하게 되는데, 이는 펀드의 가치를 나타내는 기본적인 수치다. 해당 펀드의 가격으로 어떤 펀드가 설정일 대비 얼마만큼 오르고 내렸는지를 나타내는 지표다. 즉 매매차익, 배당차익, 이자차익 등을 총망라하는 펀드 전체의 손익을 나타내는 기초단위의 수치다.

펀드매입시 최초 기준가는 어떻게 형성될까

모든 펀드는 최초 설정일에 1,000원을 기준으로 시작한다. 간접투자자산운용업법(제60조 1항)에서는 펀드 판매가격에 대해 "판매회사가 투자자를 대상으로 간접투자증권을 판매하는 경우 그 판매가격은 투자자가 간접투자증권의 취득을 위하여 자금 등을 납입한 후 최초로 산출되는 기준가격을 말한다"라고 명시했다. 이를 기초로 하여 대부분의 펀드가 설정 당시(출발일) 1,000원에서 출발한다.

그래서 처음 펀드를 개설하여 운용할 때는 기준가(이를 최초의 기준가격이라고 한다)를 1,000좌당 1,000원으로 환산 적용한다. 즉 펀드는 최초 설정시 1원을 1좌로 하며 그 뒤에는 매일 좌당 기준가격에 따라 좌단위로 이체된다.

펀드를 개설하는 날 종합주가지수가 얼마이든 펀드기준가는 1,000원으로 정하게 되어 있고 그 뒤에는 1,000좌 단위로 원 미만 셋째자리에서 반올림하여 둘째자리까지 계산하여 해당펀드의 기준가격을 매기며, 매일 좌당 기준가격에 따라 좌단위로 수익증권(적립식 펀드) 또는 특별계정(변액보험)에 이체된다.

주식형펀드 중 주식편입 부분은 가입 다음 날부터 일반적으로 주가지수와 연동해서 계산된다. 주가지수가 10% 상승하면 기준가도 10% 상승하고, 10% 하락하면 기준가도 10% 하락한다. 예를 들어 종합주가지수가 펀드 개설일에 1,400이었고 다음 날 1,450으로 상승했다면 지수는 3.571% 상승했으므로 펀드기준가는 1,000원에서 3.571% 상승하여 1,035.71원이 된다.

펀드가입 후 기준가 반영은 어떻게 하나

펀드 가입 뒤 펀드기준가는 펀드를 매입한 당일의 펀드가격을 말한다. 당일 펀드기준가는 펀드를 환매할 때 적용되는 가격이다. 그런데 꼭 알아둘 것은 펀드를 매입하려고 돈을 지불한 날짜에 펀드를 매입하지 않는다는 점이다. 즉 돈을 지불한 날짜와 펀드 매입일이 다른데 이를 잘 알아두어야 한다.

펀드매입일은 자신이 펀드에 가입한 날짜가 아니라 펀드를 입금한 날짜의 다음 날, 즉 제1영업일을 기준으로 하는 경우가 많다. 즉 펀드 매입시기는 펀드 기준가를 반영하는 적용시기라고 할 수 있다. 예를 들어 당일 15시 이전에 펀드에 가입하면 그날의 펀드기준가를 반영한다. 그러나 당일 15시 이후에 가입하면 그 다음 날의 제1영업일의 펀드기준가가 반영된다.

펀드기준가는 전날의 주가를 반영하여 당일 아침에 나온다. 따라서 펀드를 매입하면 당일의 기준가가 아닌 이튿날 기준가로 매입하는 것이므로 펀드매입 당시는 자신이 매입한 펀드를 기준가 얼마로 사는지 알 수 없다. 다만 당일의 펀드기준가와 주가 추세를 살펴보면서 이튿날인 제1영업일의 기준가를 짐작할 수 있을 뿐이다.

적립식펀드를 매입하려면 당일 종가가 제1영업일의 기준가를 결정하므로 당일 15시 이전에 펀드를 매입해야 현 주가와 가장 비슷하다고 할 수 있다. 만약 15시 정각을 넘기면 다음 날 기준가가 적용되기 때문이다(펀드투자시 기준가 반영을 산정하는 영업일은 한국증권선물거래소(Korea Exchange : KRX)의 개장일을 말한다). 펀드 매입시 기준가 반영에 대한 자세한 설명은 뒤에서 다시 한다.

펀드평가금액은 펀드기준가에 대한 총보유좌수의 가치

펀드의 기준가격은 운용사들이 매일매일 펀드에 편입한 주식의 움직임, 즉 주가에 따라 산출되는데, 이때 펀드수수료 등 신탁보수를 모두 차감한 다음 기준가격을 매긴다. 펀드기준가 산정은 운용사가 아닌 일반 사무관리회사가 담당한다.

즉 펀드기준가 산정은 일반 사무관리회사가 수익증권의 기준가격을 매일 산정하여 자산운용사에 통보하는 것이다. 그리고 자산운용사는 이 산정된 기준가격을 운용사 및 판매사의 본사(인터넷 홈페이지 포함) 또는 영업점에 게시하도록 신탁약관에 명시되어 있다. 여기서 알아둘 것은 대부분의 펀드가 원금손실이 발생했더라도 신탁보수는 꼭 지불하게 되어 있다는 점이다.

펀드기준가에는 운용보수, 판매보수, 수탁보수 등 펀드 구입에 들어가는 제반비용은 포함되어 있지만 세금은 포함되어 있지 않다. 펀드기준가는 수요공급의 원칙에 따라 결정되는 것이 아니라 해당 펀드가 소유하는 주식 또는 채권, 파생상품, 실물자산의 가치를 평가해서 책정된다. 펀드기준가는 펀드에 가입한 은행이나 증권사 홈페이지, 포털 사이트의 펀드코너, 펀드평가회사 홈페이지 등에서 확인할 수 있다.

현재시점에서 펀드 가치는 펀드평가금액(적립금액)을 계산해 보면 알 수 있다. 펀드평가금액은 현재시점에서 환매할 경우 기준가에 대한 총보유좌수의 가치를 의미하므로 총보유좌수에 펀드기준가를 곱하면 나온다. 따라서 자신이 가입한 적립식펀드의 정확한 가치를 알고 싶으면 해당 계좌의 펀드 잔고좌수와 당일 펀드기준가를 곱한 금액으로 계산하면 된다. 펀드평가금액을 구하는 공식은 다음과 같다.

펀드평가금액=평가일 현재의 펀드기준가(매매기준가격)×펀드 잔고보유 좌수(보유 수익증권좌수)/1,000

펀드기준가격관리는 시가자산의 지분으로

펀드기준가를 산정할 때 당일 펀드로 유입된 순자산가치를 가지고 평가해 적용한다. 이때 투자자 상호간의 공평성과 형평성을 확보하기 위해 펀드자산은 모두 시가로 관리한다. 그리고 투자자 개인별로 펀드 계약한 수익증권에 대한 평가금액, 즉 총적립금액에 대해서는 시가자산의 지분으로 관리한다.

따라서 투자자 개인이 가입한 펀드의 기준가격은 펀드의 '시가총액÷특정시점에서 펀드보유 총좌수'에 따라 결정된다.

펀드기준가격=해당일 펀드의 순자산가치/(펀드의 총잔존좌수 ÷1,000)

펀드기준가
잘 조정해야 투자가 더 영근다

펀드기준가는 결산시마다 재조정된 후 새로 시작된다

　매입한 펀드는 세금을 부과하기 위해 일반적으로 1년 단위로 운용성과를 평가해 펀드결산을 하고 수익금을 확정한다. 수익금에서 각종 보수나 비용을 공제하고 남은 금액을 투자자의 펀드투자비율에 따라 나눠주는데, 이를 이익분배금이라고 한다. 이익분배금은 현금으로 주는 경우도 있지만 대부분 펀드에 재투자된다.

　따라서 펀드수익률 계산시 고려해야 할 중요한 사항 중 하나가 펀드투자수익에 대한 분배율이다. 적립식펀드에서 분배율이란 펀드가 거둔 수익을 연간결산할 때 투자자에게 수익금을 돌려주는 배분비율을 말한다.

　펀드결산은 통상 매년 이루어진다. 펀드에서 결산은 펀드의 기준가격을 초기 기준가격으로 맞추는 개념이다. 펀드마다 결산주기는 다를 수 있지만 일반적으로 1년에 한 번 이뤄지며 설정초일 기준가에 미달할 경우 결산을 이듬해로 연기할 수도 있다.

이렇게 펀드를 결산하고 나면 펀드기준가격은 다시 1,000원으로 재조정되어 새롭게 시작되는데, 이때 조정된 가격에 맞춰 펀드보유좌수를 늘려주기도 하고 줄여주기도 하지만 평가금액에는 차이가 없다.

결산으로 펀드의 기준가격은 재조정되지만 전체 펀드평가금액에는 아무런 변함이 없게 되는데, 그 이유는 펀드운용결과에 따른 성과(투자수익)만큼 분배율에 따라 투자자에게 좌수로 되돌려주기 때문이다.

즉 결산하고 벌어들인 수익금을 분배하더라도 투자자의 투자결과는 변하지 않고, 다만 펀드좌수가 늘어나며 기준가격이 다시 1,000원으로 재설정되는 것뿐이다.

예를 들어 기준가가 1,500원일 때 1,000좌수를 보유하고 있었다면 기준가를 1,000원으로 조정하고 보유좌수는 1,500좌수로 조정하는 것이다.

좀더 자세하게 설명하면, 1,000좌당 기준가격이 1,000원인 펀드에 1,000,000원을 투자하여 1년 동안 유지했다고 가정하자. 이때 펀드 매입좌수는 1,000,000좌수이다.

1년 후 가입한 펀드결산시 펀드기준가가 1,150원이 되었다고 한다면 현재시점에서 펀드평가금액은 1,150,000원(1,000,000좌수×1,150원/1,000)이 된다(계산방법은 앞에 기재되어 있다).

만약 결산을 통해 펀드기준가격을 1,000원으로 재조정하게 되면, 펀드보유좌수는 1,150,000좌수(1,150,000원/1,000원×1,000)가 되는 것이다. 즉 1년 동안 펀드를 운용한 성과물에 대해 결산하여 150,000좌수를 더 배당받은 것과 같은 셈이 되는 것이다.

그런데 펀드기준가를 1,000원으로 조정할 경우 펀드기준가는 시장상황에 따라 변동하므로 펀드기준가가 무조건 1,000원이 되지는 않는다. 그 이유는 결산시에는 투자수익 중 세금 부분을 제하고 나머지 금액이 재투자되는데, 재투자되는 금액은 세금부분을 제외했으므로 기준가격이 하락하게 되고 이로써 기준가가 다시 정해지기 때문이다.

즉 결산을 통하여 기준가가 조정된 것은 그 해의 투자수익분에 대해서 발생한 세금을 공제하고 난 나머지 적립금액이 재투자되어 잔고보유좌수가 늘어남에 따라서 기준가가 하락하게 되는 것이다. 매달 똑같은 금액을 불입하더라도 투자대상 시장의 형성 방향에 따라 펀드기준가가 바뀌기 때문에 펀드를 매입하여 얻게 되는 펀드의 잔고보유좌수는 당연히 달라지게 된다.

다시 정리하면 결산 후 보통 기준가를 넣는 이유는 펀드의 연간 결산시에 펀드가 거둔 수익률을 연간 결산할 때 투자자에게 현금으로 돌려주기 위해서인데 연간 결산할 때마다 펀드기준가를 대부분 1,000원으로 재조정하므로 결산 후의 펀드기준가가 궁금하다면 해당사에 문의해 알아보는 것이 좋다.

펀드기준가에는 매매기준가와 과표기준가가 있다

펀드기준가에는 매매기준가와 과표기준가 두 종류가 있다.

매매기준가는 수익증권의 가치판단의 기준이 되는 가격으로 1,000좌당 순자산가액을 매 영업일에 계산하여 공고한다. 그런데 펀드를 환매할 때에는 세금을 징수하기 위해서 과세표준금액(과표)을 산정하여야 한다.

이때 펀드운용시 주식거래 매매차익은 비과세대상이지만 채권매매차익, 배당차익, 이자소득 등은 과세대상이므로 과세대상이 되는 수익만을 따로 계산하여 별도의 과표기준가를 산정하여 이를 이용해 과표를 계산한다. 즉 과표기준가는 세금의 과표를 결정하는 기준가를 말한다.

적립식펀드에 대한 과표적용은 펀드기준가 상승에서 얻은 수익금 전체가 아니라 과표로 잡을 수 있는 이익분에 대해서만 과표대상으로 삼는다.

적립식펀드는 주식편입비율에 따라 과표적용 기준이 다른데, 그 이유는 주식의 매매차익에 대해서는 세금을 매기지 않고 채권의 매매차익과 배당소득 그리고 이자소득에 대해서만 세금을 매기기 때문이다.

따라서 투자자가 어떤 유형의 펀드에 가입하는지에 따라 그리고 펀드운용사에서 구체적으로 어떤 종목을 선정하여 펀드운용을 하느냐에 따라 과표기준가가 달라지고 이로써 결산시 또는 환매(또는

해지 : 변액보험의 경우)시 부담해야 할 세금규모 또한 달라진다(펀드 환매시 세금에 대한 자세한 설명은 필자가 지은 《펀드투자, 흥하는 길 망하는 길》에 실려 있다).

펀드에 입금하고 출금할 경우에도 펀드기준가를 적용하는데, 이는 해당 날짜의 정확한 자산가치를 산정하여 그 기준에 의거하여 거래가 이루어지도록 하기 위해서이다. 만일 실제 자산가치보다 높거나 낮게 책정된 기준가격으로 거래하게 되면 운용사나 투자자 중 어느 한쪽은 손해를 볼 수밖에 없으므로 공정성을 기하려는 목적으로 기준가를 시가평가제로 하고 있다.

펀드기준가에 영향을 주는 요소를 파악하라

펀드기준가가 앞으로 어떻게 변동할지 예측해 보려면 거래를 트려는 펀드 내의 투자종목에 어떤 유형의 자산들이 들어 있는지 꼼꼼히 살펴봐야 한다.

일반적으로 MMF형펀드는 단기유동자금을 안정적으로 확보하기 위해 채권(국공채, 우량금융채 등) 및 유동성자산(CP, CD, 콜, 제 예금 등)에 투자한다.

채권형펀드는 주로 채권(국공채, 특수채, 우량채 등)에 투자하고 나머지는 수익증권과 국채선물옵션 및 유동성자산 등에 투자한다. 채권형펀드의 기준가는 보유한 채권의 가격 변동(유통수익률 변동) 및 유입되는 이자에 따라 변한다.

주식형펀드는 주식, 채권, 파생상품, 실물자산 등으로 구성되어 있는데, 이 중 성장형펀드(펀드약관상 주식투자배분비율이 70%를 초과하는 펀드)는 채권에 거의 투자하지 않으므로 기준가가 주로 주식과 파생상품의 가격변동에 따라 영향을 받고, 안정형펀드(주식투자 배분비율이 40% 이하인 펀드)는 주식과 채권의 가격변동에 따라 영향을 받게 된다.

변액보험, 펀드의 기준가격과 수익구조 제대로 알자

적립식펀드와 변액보험은 모두 간접투자상품이지만 상품 내용에는 차이가 상당히 많다. 펀드기준가의 일반적인 원리와 개념은 같지만 용어의 정의는 조금 다르다.

변액보험에서 펀드의 기준가격은 적립식펀드와 마찬가지로 설정하는데, 특별계정 설정시 1원을 1좌로 하며 그 뒤에는 매일 좌당 기준가격에 따라 좌단위로 특별계정에 이체 또는 인출한다.

이는 특별계정에서 운용되는 펀드의 순자산을 특별계정 총좌수(특별계정 전체 계약자의 보유좌수 합계)로 나누고 1,000을 곱해 계산한다. 최초의 기준가격은 1,000좌당 1,000원이며, 1,000좌 단위로 원미만 셋째자리에서 반올림하여 원미만 둘째자리까지 계산한다.

$$당일\ 특별계정\ 기준가격 = \frac{당일\ 특별계정의\ 순자산가치}{특별계정\ 총좌수} \times 1,000$$

여기서 당일 특별계정의 순자산가치는 당일 특별계정의 총자산에서 특별계정을 운용하는 데 들어가는 모든 비용을 차감한 금액을 말한다. 펀드자산평가는 매일 순자산가치를 기준으로 하여 시가평가를 실시한다.

당일 특별계정의 순자산가치 = 당일 특별계정의 총자산 − 특별계정 운용수수료 − 최저사망보험금 보증비용 − 최저연금적립금 보증비용

위 공식에서 최저연금적립금 보증비용은 변액연금보험에만 적용된다.

계약자 보유좌수는 전체 펀드자산 중에서 개별계약자가 보유한 지분을 말한다. 계약자 보유좌수는 기본보험료 납입, 추가보험료 납입 등 펀드로 투입되는 특별계정 투입부분이 많이 발생하면 증가하고, 펀드에서 보험대출, 중도자금인출, 보험료미납 등 일반계정으로 차감되는 사유가 발생하면 감소한다.

계산공식은 특별계정 투입보험료를 당일 펀드기준가격으로 나누어 1,000을 곱하면 된다.

$$\text{계약자 보유좌수} = \frac{\text{특별계정 투입보험료}}{\text{당일 펀드기준가격}} \times 1{,}000$$

계약자 보유좌수를 적립금액(투자평가금액)으로 환산하려면 계약자 보유좌수에 당일 펀드기준가격을 곱한 후 1,000으로 나누면 된

다. 즉 계약자 적립금은 투자평가금액으로 환매(해지)시 가입자에게 실질적으로 돌아오는 투자금액이다. 적립식펀드에서는 투자평가금액이 바로 투자자의 몫인 셈이다.

계약자 적립금(투자평가금액)=계약자 보유좌수(특별계정펀드의 총잔고좌수)×당일 펀드 기준가격(÷1,000)

변액보험은 가입 초기에는 해당 적립금액을 찾으려고 해지하더라도 적립금액이 가입자 본인에게 모두 귀속되지 않는다. 변액보험은 계약초기에는 해약환급금과 실제로 올린 투자수익에 따른 적립금액과는 상당한 차이가 있는데, 그 이유는 바로 사업비 상각기간의 이연 문제 때문이다. 이 부분은 수익률 제고시와 환매시 매우 중요한 요소로 부각되므로 자세한 설명은 뒤에서 다시 한다.

그리고 펀드투자시 현재수익률 개념은 변액보험이나 적립식펀드 모두 최초 펀드설정일에서 현재까지 누적수익률을 말한다. 이를 다른 말로 알기 쉽게 투자수익률이라고 한다.

 펀드나무 열매 수확 위한 소중한 씨앗 한 톨

적립식펀드는 투자자가 불입한 모든 돈이 곧바로 펀드로 투입되어 운용되지만 변액보험상품은 가입자가 보험료를 내면 특별계정과 일반계정으로 분리한 다음 특별계정 부분만 펀드로 운용된다. 따라서 변액보험에 가입하려면 우선 특별계정이

무엇인지부터 확실히 알아야 한다.

특별계정(Separate Account)이란 일반보험 계약과는 구분하여 자산을 분리·운영하는 보험계약을 회계처리하기 위한 계정을 말한다. 보험회사에서 계약자 적립금의 운용실적을 사망보험금이나 해약환급금의 증감에 직접 반영시키기 위해 운용자산을 별도로 구분하여 관리 운영하는 저축보험료 부분이 바로 특별계정이다. 그리고 그 나머지 위험보장을 목적으로 운용하는 위험보험료 부분과 보험사 운영에 필요한 부가보험료 부분이 일반계정이다.

따라서 변액보험은 보험계약시 급부 내용이 확정되며 안전성을 기본원칙으로 하는 정액보험과는 자산의 운용목적 및 방법이 완전히 다르게 된다. 일반계정 부분은 일반보험 형식이지만 특별계정 부분은 펀드와 똑같이 운용되는 이중 복합구조를 갖고 있으므로 상품 내용과 수익구조가 적립식펀드보다 복잡하고 공제대상 비용도 많다. 그리고 자산운용상의 책임소재도 다르다. 특별계정은 판매사인 보험사에서 자산운용사에 투자를 일임하고 펀드에 투입 운용된 결과에 따라 실적배당을 하는 관계로 투자의 책임이 모두 투자자에게 귀속되는데 반해, 일반계정은 보험가입자에 대한 보험금의 안전한 지급이 주목적이므로 보험사에서 자체적으로 채권, 실물자산 등 안전자산에 투자하고 손실이 발생했을 경우에는 보험사에서 전적인 책임을 진다.

변액유니버설보험에 가입한 후 노후자금을 마련하기 위해 연금전환을 신청하게 되면 그 시점에서 특별계정에 편입돼 운용되던 펀드투자금액(적립금)은 자동으로 일반계정으로 이체되면서 해당사 공시이율을 적용하여 부리(附利) 하게 된다.

연금전환 방법은 변액유니버설보험에 가입한 후 일정시점에서 맨 처음 가입할 때 약정한 주계약 보험을 종료 또는 감액한 다음 그 당시 시점에서 특별계정 투입금액(펀드)에서 발생한 적립금(또는 해약환급금)을 일시납보험료로 적용하여 연금지급의 재원으로 활용하는 것이다.

변액보험의 펀드기준가 반영일은 적립식펀드와 다르다

변액보험은 적립식펀드와 달리 펀드이체자금이 다양하다

"적립식펀드는 적금처럼 매달 이체되는 거잖아요. 이체된 금액이 며칠 자 기준가격으로 반영되나요? 만약 오늘 펀드에 돈이 입금되었다면 며칠 기준가격으로 반영되나요? 효력상실이 된 후 부활할 경우 기준가는 언제 반영되나요? 대출받은 후 상환하면 펀드기준가는 언제부터 반영되나요?"

적립식펀드와 변액보험에 가입한 경우 은행 또는 보험사에 이런 질문을 하는 사람들이 많다고 한다. 변액보험에 가입한 가입자들 또한 자신이 낸 보험료가 언제 펀드에 투입되고 기준가 반영일은 언제인지 궁금해하는 사람들이 많다. 펀드기준가 반영시점에 따라 펀드 기준가격이 달라지기 때문이다.

앞에서 설명한 바와 같이 변액보험과 적립식펀드의 기준가에 대한 정의는 같지만 펀드기준가 적용방식은 여러 가지 상황에 따라 각기 달리 적용하는 경우가 많다.

변액보험은 적립식펀드와 달리 맨 처음 일반계정에서 운용한 후 특별계정으로 이체되는 자금의 내역이 매우 다양하다. 은행상품과 투자신탁, 보험이 상호 결합되어 개발된 퓨전형 다목적상품이어서 단순하게 매월 불입하는 돈만 특별계정으로 이체되지 않는다.

그러므로 펀드이체 자금별로 펀드기준가 적용시점을 정확하게 알아야 자금을 적기에 상환하거나 입금할 수 있고, 이에 따라 펀드 매입좌수를 조금이라도 더 많이 늘릴 수 있게 된다. 펀드로 자금이 체할 경우 언제 기준가가 반영되는지 해당사에 확인하고 이를 고수익을 올리는 방향으로 유효적절하게 활용해야 한다.

적립식펀드는 펀드유형별 기준가 반영일이 다르다

불입한 금액의 펀드투입 시기, 즉 기준가 반영일이 변액보험과 적립식펀드가 같은 경우도 있지만 다른 경우도 많으므로 투자시 주의해야 한다.

적립식펀드의 경우 펀드를 신청 매입한 후 MMF는 익일매수제 및 익일환매제의 시행에 따라 2007년 3월부터 익일기준가를 반영하여 입금처리 된다. 즉, 당일 종가를 적용하여 익일 기준가 반영을 한다.

채권형펀드는 또한 당일 산정기준가를 익일, 즉 제1영업일(D+1) 기준가로 반영하므로 익일 기준가로 입금된다. 주식형펀드는 보통

제2영업일(D+2) 기준가를 반영하고, 해외펀드는 제7영업일을 기준으로 기준가를 적용해 반영한다.

펀드기준가를 적용해 반영할 때 모든 펀드는 증권거래소가 운영되지 않는 주말(토요일, 일요일)과 공휴일은 제외하고 계산한다. 펀드 매입시점에 따른 기준가 반영일은 뒤에서 자세히 설명한다.

특별계정 자금이체방법에 따라 기준가적용시점이 다르다

변액보험은 일반계정과 분리되어 특별계정에서 펀드가 운용되지만 보험성격을 기본 바탕으로 하므로 최초 기준가 반영일은 청약철회 기간 경과 후로 적용한다. 즉 초회보험료(첫회 보험료)의 경우 청약철회 기간인 15일이 종료한 당일의 바로 그 다음 날 제1영업일을 기준가격으로 적용해 펀드매입좌수를 산정한다.

예를 들어 계약일자가 7월 10일이라면 15일 후인 7월 25일이 아니라 26일 기준가를 반영해 해당 펀드매입좌수를 산정한다. 그때까지는 일반계정에서 보험료를 운용한다. 그리고 변액보험에 가입한 이후 제2회 보험료부터 지불하는 계속보험료의 경우에는 납입기간에 따라 펀드기준가 반영시점이 서로 다른 회사가 있으므로 잘 살펴봐야 한다.

변액보험상품에 가입한 후 계속보험료를 매월 납입할 때 펀드기준가 반영일은 경과기간 및 납입시기에 따라 다소 차이가 있는데 일반적으로 가입 후 2년 이내에는 기본보험료의 경우 보험료 납입응

당일 기준가를 반영한다.

그런데 응당일 이후에 보험료를 납입한 경우에는 납입일을 기준으로 해 기준가를 반영, 펀드좌수를 산정한다. 가입한 지 2년 이후에는 납입일을 기준으로 기준가를 반영해 펀드좌수를 산정하는데, 이는 기본보험료 의무납입기간과 관련성이 있으므로 의무납입기간에 따라 그 시점이 보험사별로 다르게 나타날 수 있다.

그리고 추가납입보험료는 기본보험료의 기준가 반영시점과는 조금 다르다. 제2회 보험료 이후 기본보험료의 일정한 범위 내에서 추가로 불입이 가능한 추가납입보험료의 경우에는 언제나 납입일 기준가격을 반영한다는 것도 알아두어야 한다.

펀드기준가 적용시점을 잘 알아야 펀드매입좌수 더 늘린다

변액보험을 유지하고 있다가 자신이 가입한 펀드의 투자수익률이 영 신통치 않아 펀드변경을 요청하였을 경우에는 신청시기에 따라 펀드기준가 적용시점이 각각 다르게 반영된다.

해당사를 직접 방문하거나 콜센터 상담원을 통해 신청할 경우 15시 이전에 신청하면 변경요청일에서부터 제2영업일 기준가를 반영한다. 그러나 15시 이후 17시 이전에 신청하면 제3영업일 기준가를 반영한다.

사이버 창구를 이용하게 되면 시간과 관계없이 제2영업일 기준가를 반영한다. 단, 이 경우 또한 공휴일과 토, 일요일은 제외한다. 즉 금요일에 신청하면 토요일과 일요일을 제외한 다음 제1영업일인 월요일 다음의 제2영업일인 화요일에 기준가를 반영하는 것이다.

펀드별 편입비율 설정(Asset Allocation), 보험료 평균분할투자기능(Dollar Cost Averaging), 펀드별 자산배분비율 자동 재조정(Auto Rebalancing) 등 자산운용옵션을 선택해 특별계정 투입자금이 다른 펀드로 이체될 경우 또한 마찬가지로 요청일에서부터 제2영업일 기준가를 반영한다.

그리고 계약의 효력이 상실된 이후 부활할 경우에는 실제 부활승낙일을 기준가 반영일로 한다. 또한 약관대출금을 청구해 활용했다가 적정시기에 약관대출금을 상환할 경우 당일 기준가를 반영한다.

단, 펀드이체시 보험사에 따라 기준가 반영 적용 시점이 약간씩 다를 수도 있으므로 잘 살펴봐야 한다. 펀드투자시 수익률은 펀드의 기준가격의 향방에 따라 좌우되므로 펀드매입 시점에서 기준가가 어떻게 형성되고 있는지 잘 살펴보는 것이 중요하다.

환매 또는 해지신청시 환매(적립)금액에 대한 기준가 반영일

환매 또는 해지를 신청할 경우 환매금액(적립금액)의 크기를 좌우하는 펀드기준가 반영일은 적립식펀드와 변액보험이 서로 다르게 적용된다.

적립식펀드는 기준가 적용일이 대부분 '환매요청일 + 제1~제3영업일'이 된다.

그런데 변액보험은 펀드기준가를 당일 기준가 반영을 한다. 따라서 기준가 반영일이 똑같은 시점에서 적립식펀드와 변액보험에 환매를 신청했을 경우 며칠간 차이가 발생하게 되는데, 이는 주가의 흐름에 따라 펀드매입 기준가가 각기 달라 수익률편차가 심하게 나타나는 주식형펀드의 경우 환매시점에서의 투자수익률 제고에 상당히 많은 변수로 작용하게 된다. 펀드는 마지막 환매시점에서의 펀드 기준가격이 어떻게 형성되는지 그 변화폭의 여부에 따라 최종수익률이 결정되기 때문이다.

또한 이 경우 환매대금 지급일에서도 차이가 발생하는데, 적립식펀드는 환매금액 지급일이 신청일 + 제1~제3영업일 사이에 적용된다. 즉 환매를 신청하고 나서 최소한 하루 이상 지나야 환매대금을 찾을 수 있다.

그러나 변액보험은 해지를 요청하였을 때 해약환급금이 곧바로 당일에 지급된다. 이는 적립식펀드보다 변액보험의 더 좋은 장점 중 하나이기도 하다. 환매시점에서의 적립금액의 적기 수급은 목적자금 운영에 많은 영향을 줄 수 있다.

 펀드나무 열매 수확 위한 소중한 씨앗 한 톨

적립식펀드에서 환매 또는 해지 시점은 기대수익률의 현실화에 가장 많은 영향을 미친다. 특히 변액보험상품에 가입한 후 나중에 해지할 경우에는 반드시 전일종가가 그 이전보다 높을 때 해지해야 펀드기준가가 올라가 수익률 제고가 이루어진다는 점을 유념해야 한다. 따라서 가입 10년 이후 장기목적자금 마련시기가 도래하게 되면 늘 시장의 흐름과 펀드기준가의 변동사항을 주의깊게 관찰해 가면서 펀드기준가가 가장 높은 시점이라고 판단되면 그 이튿날 즉시 해약하여 목적자금의 파이를 키우는 지혜와 투자기술(환매시점 적기 포착)이 필요하다.

펀드수익률을 계산할 줄 알아야 재테크가 영근다

많은 사람들이 적립식펀드에 가입했지만 정작 자신이 어떻게 수익률을 판단할지 감이 잘 오지 않는다고 하소연한다. 어떤 사람은 수익증권에 기재되어 있는 펀드기준가와 보유좌수를 보면서도 수익률 변화추이가 지금 당장은 자신과 아무런 관련이 없는 양 미리 신경 쓸 필요 없다는 듯이 아예 무신경하게 넘어간다.

만약 이런 마음으로 펀드투자를 한다면 투자수익률을 조금이라도 더 올리기는 어렵다. 세상의 모든 이치는 "하늘은 스스로 돕는 자를 돕는다"라는 진리가 통하듯이 펀드투자에도 이 원리가 적용되기 때문이다.

투자수익을 올리기 위해서는 펀드에 가입한 뒤 받은 수익증권통장을 잘 살펴봐야 한다. 판매사마다 고수익을 올릴 수 있다고 선전하고, 그에 대한 호기심으로 투자자들은 해당 상품을 선호하고 투자하지만 정작 가입하고 난 다음에는 이상하게도 자신이 가입한 펀드

의 수익률이 어떻게 조성되는지 국외자처럼 지내는 사람들이 많다.

　일단 펀드에 가입하면 투자수익률이 실제로 그렇게 높은지 확인하는 고객은 그리 많지 않다. 신문지상에 펀드수익률이 높게 나온다고 하면 자신이 가입한 상품도 으레 수익률이 그렇게 나올 거라 지레짐작하면서 섣불리 자가진단하는 사람들도 있다.

　이와 같이 단순하게만 생각한다면 재테크할 마음보다는 잿밥에만 눈이 어두운 사람과 다름없다. 재테크는 상품을 선택하는 것도 중요하지만 관리하는 것이 더 중요하기 때문이다. 그럼 내가 가입한 펀드수익률은 얼마나 될까? 먼저 금융상품 가입시 수익률에 대한 개념을 확실히 알아두자.

　고객이 금융상품 중 저축성상품(또는 투자상품)을 선택하는 가장 기본적인 기준은 투자, 즉 저축에 대한 수익(저축이자)의 크기(만기 또는 환매시 금액)다. 수익의 크기인 만기금액은 해당 상품의 운용수익률이 얼마인지에 따라 사뭇 다르게 결정된다. 따라서 만기시 수익률에 대해서는 고객과 상담할 때 반드시 함께 얘기한다.

수익률(Earnings Ratio)이란 투자의 성과를 측정하는 지표로, 일정한 투자기간에 발생한 수익률을 투자원금으로 나누고 투자기간으로 환산한 것이다. 수익률은 크게 만기수익률(총수익률)과 연간수익률(연이율), 월수익률(월이율) 3가지로 나눈다.

(만기·연간·월)수익률＝투자수익(만기·연간·월)/투자원금×100

현재 시점에서 펀드수익률이 얼마가 되는지 알려면 일단 통장을 확인해 봐야 한다. 일반적으로 판매사들이 광고할 때 공시하는 수익률은 대부분 거치식투자의 수익률이다.

따라서 이를 맹목적으로 믿고 공시되는 수익률이 자신이 가입한 상품수익률에도 그대로 적용되어 나타날 것이라고 지레짐작하면 안 된다. 거치식으로 투자할 때 수익률과 적립식으로 투자할 때 수익률은 편차가 크기 때문이다. 그러므로 통장수익률과 공시되는 펀드수익률은 다르다는 것을 알고 수시로 체크한다.

펀드수익률은 펀드기준일에 따라 격차가 생긴다. 운용사나 판매사들은 대부분 가장 유리한 시점의 펀드수익률을 공시한다. 펀드설정일이 짧은 상품은 연환산수익률이 아니라 기간수익률로 공시하는 일이 많은데, 이는 고객의 눈을 현혹시킬 소지가 있으므로 꼼꼼히 살펴봐야 한다.

펀드별 수익률은 매일 발표되는 기준가격을 이용하여 계산한다.

여기서 기준가격이란 펀드 내 모든 자산의 시장가치를 평가하여 산출한 총자산가치에서 부채가치를 차감하고 남은 순자산을 펀드의 총발행좌수로 나눈 값을 말한다.

펀드수익률은 현재 자신의 펀드통장에 찍히는 평가액과 투자원금을 비교하면 쉽게 계산할 수 있다. 펀드수익률은 다음과 같이 계산한다.

펀드의 현재수익률을 구하는 공식
이 경우 계산 공식은 두 가지인데 적립식펀드는 ②를, 거치식펀드는 ①과 ②를 사용한다.

① 펀드기준가격을 이용하는 방법
현재수익률={(현재 환매시점의 기준가격÷판매개시일의 펀드기준가)-1}
　　　　　×100

② 펀드평가금액을 이용하는 방법
현재수익률={(최종 투자한 펀드평가금액-총투자한 원금)÷총투자한 원금}
　　　　　×100

여기서 최종투자한 펀드평가금액은 현재의 환매시점에서 평가금액, 즉 현재시점의 펀드평가금액을 말한다. 총투자한 원금이란 총투자한 돈의 규모, 즉 총투자액을 말한다.

현재평가액(최종 투자평가금액)은 펀드통장에 기재된 총매입좌수에 현재 펀드의 기준가격을 곱해서 구하는데, 판매회사의 지점, 인터넷 홈페이지에 조회하면 바로 알 수 있다.

여러 펀드에 가입했을 때는 수익률을 어떻게 비교할까? 이런 경우 펀드마다 결산일이 다르기 때문에 현재의 기준가격만으로는 비교할 수 없다. 이익분배금을 고려해 과거 1주일, 1개월, 6개월, 1년 등과 같은 기간의 수익률을 서로 비교해야 하는데 계산절차가 매우 복잡하다.

동일 유형의 몇백 개 펀드별 과거수익률을 계산해야 하고, 펀드전체의 평균수익률과 자산운용사별 평균수익률을 계산해야 한다. 이러한 수익률 계산법에 따라 수익률은 구체적으로 펀드별 수익률, 운용사별 수익률, 종합주가지수처럼 모든 펀드의 수익률을 가중평균한 값인 유형수익률(Category Return) 등으로 나뉜다.

이와 같이 펀드수익률을 계산하는 방법이 매우 복잡하므로 정부는 금융감독위원회에 등록된 펀드평가회사만이 수익률을 비교하는 자료를 산출할 수 있도록 규정했다. 펀드평가회사들은 자산운용협회나 자산운용회사에게서 기준가격, 약관, 투자설명서, 투자종목 같은 정보를 입수해 투자자들에게 객관적이고 전문적인 평가 정보를 제공한다.

자산운용사 한 곳에서 펀드를 여러 개 운용하는 경우 다른 회사의 펀드성과와 비교하려면 회사별 수익률이 필요하다. 이때 자산운용사별로 동일한 유형의 펀드를 모아서 평균수익률을 낸 다음 다른 운용사와 비교하면 손쉽게 펀드수익률을 비교 평가할 수 있다.

간접투자상품에 가입했을 때 투자수익률 계산방법

투자한 펀드의 현재수익률을 앞에서 제시한 두 가지 계산방법으로 직접 계산해 보자. 예를 들어 현재기준가가 1,700원이면 현재수익률, 즉 누적수익률은

①의 경우 1,700÷1,000=1.7−1=0.7×100=70%
②의 경우 1,700−1,000=700÷1,000=0.7×100=70%

따라서 앞에서 제시한 ①과 ②의 계산 결과가 같게 된다. 자신이 가입한 펀드의 수익률을 계산하려면 이 가운데 편리한 방법을 활용하면 된다.

앞에서 '연환산수익률=(기간수익률×365)÷경과일수' 라고 했다. 여기서 기간수익률은 해당 기간만의 수익률이다. 예를 들어 1월 1일부터 1월 31일까지 31일 동안 펀드를 운용했다고 하자. 1월 1일

기준가는 1,100원이고 1월 31일 기준가는 1,150원이었다고 한다면 연환산수익률은 얼마나 될까? 이때 먼저 기간수익률을 계산한다. 기간수익률은 현재의 수익률 계산방법과 같다.

따라서 1,150÷1,100 = 1.045−1 = 0.045×100 = 4.5%이므로 4.5%× 365 = 16,425.5%÷31일(경과일수) = 52.9%가 된다.

특히 변액보험상품의 투자수익률은 보험료 납입규모, 피보험자 연령, 보험료 납입시점, 펀드변경시점, 펀드종류 등에 따라 차이가 많다. 그럼 위에서 설명한 계산공식에 따라 실제로 변액보험상품에 투자한 펀드수익률을 계산해 보자.

먼저 계약자 적립금액이 얼마나 되는지 계산하자. 홍길동 씨가 특별계정에 투입한 보험료가 5,000만 원이고 현재 당일 펀드의 기준가격이 1,500원이라면 계산은 다음과 같다. 먼저 홍길동 씨의 계약자 보유좌수를 구한다.

'계약자 보유좌수=특별계정 투입 보험료/당일 기준가격÷1,000' 이므로 5,000만 원/1,500÷1,000 = 5,000만 원÷1.5 = 33,333,333.33좌수(소수점 셋째자리 미만 반올림)이다.

보유좌수의 기준가격이 일정시점에 1,700원이 되었다고 하면 계약자 적립금은 33,333,333.33좌수×(1,700÷1,000) = 33,333,333.33좌수×1.7 = 56,666,666.66원이 된다. 따라서 현재시점에서 투자수익률은 '[(56,666,666.66÷50,000,000)−1]×100' =1.1333−1 = 0.1333 ×100≒13.33%가 된다.

이제 펀드수익률을 어떻게 계산하는지 알 수 있을 것이다. 여기서부터 펀드수익률 제고를 위한 출발점이 형성된다.

3장

펀드상품 잘 골라 수익률 쑥쑥 올리기

적립식펀드상품, 이런 고수익 보장상품을 선택해 투자하라.

장기투자에는
상장지수펀드를 선택하라

"증권거래소에 상장된 회사는 2,000여 개에 육박할 정도로 많은데 이 중 어떤 회사의 주식을 사야 좋을지 정말 막막하다. 이럴 때 속 시원히 해결해줄 펀드는 없을까?"

"직접 주식에 투자하듯이 수익도 좀 올리되 위험성을 최대한 줄이면서 안정성 있게 간접투자할 수 있는 펀드는 없을까?"

"어떤 종목을 선택해야 좋을지 종목선정에 어려움을 많이 느끼고 있다. 그냥 쉽게 종합주가지수를 따라가도록 펀드수익률에 연동되어 있는 상품은 없을까?"

이런 문제로 고민하고 있다면 특정기업의 가치를 대변하는 주가가 아닌 증시전체(또는 개별업종)의 가치를 대변하는 상장지수펀드를 선택해 가입한다면 효과적인 성과를 볼 수 있다.

상장지수펀드는 파생상품으로, 이에는 주가연계증권(Equity Linked Securities : ELS)과 주식워런트증권(Equity Linked Warrant : ELW)

등이 있다. 파생상품(Financial Derivatives)이란 채권, 주식, 유가증권 거래 등 현물을 응용하여 다양하게 만든 선물, 옵션 같은 간접투자 상품을 말한다.

일반사람들이 직접적으로 주식투자를 하게 되면 자금에 한계가 있어 몇몇 종목에만 집중적으로 투자할 수밖에 없다. 그렇게 되면 투자리스크 분산이 어렵게 되어 위험에 노출될 가능성이 매우 높다.

설령 자금이 많다 해도 분산투자를 하려면 일정액 이상의 투자규모가 돼야 가능하고, 또한 주식투자기법에 해박해야 하므로 이를 모두 충족시키기는 투자가 본업이 아닌 개인으로서는 힘겨운 일이다. 그래서 직접 주식에 투자한 사람들이 이익을 본 경우가 별로 없다.

그러나 상장지수펀드는 펀드를 매입하는 것만으로도 어느 정도 투자리스크가 분산되는 효과를 거둘 수 있다.

상장지수펀드(Exchange Traded Fund : ETF)는 주가지수를 펀드로 만들어 주식처럼 사고파는 펀드를 말한다. 또한 수익률이 주가지수 등락률과 똑같거나 비슷하게 결정되도록 주식을 적절히 편입해 만든 펀드다.

즉 목표주가지수 구성종목들로 만들어진 주식 꾸러미를 현물로 납부해 펀드를 구성하고 이를 바탕으로 발행된 상장지수펀드 주권을 거래소에 상장해 거래소나 코스닥시장에 상장돼 있는 일반주식과 똑같이 손쉽게 거래할 수 있다.

그리고 10주 단위로 매수나 매도 주문을 내면 되므로 펀드 내 포트폴리오 조정에 따른 매매비용이 거의 발생하지 않아 주식형펀드보다 비용이 저렴하다는 장점이 있다.

주식거래 시간이면 언제라도 거래가 가능하기 때문에 그만큼 투자자의 판단에 따라 신속하게 투자결정을 할 수 있어 편리하지만 동시에 직접 투자결정을 함으로써 리스크가 동반된다는 점을 염두에 두어야 한다.

상장지수펀드의 종류는 코스피 200지수(유가증권시장에 상장된 우량기업 주식 200개의 주가를 지수화한 것)를 기초자산으로 하여 이에 따라 수익이 움직이는 KODEX 200과 KOSEF, KRX100(Korea exchange 100)지수를 기초자산으로 하여 움직이는 KODEX ETF, 코스닥 50(코스닥시장에 상장된 우량주식 50개의 주가를 지수화한 것)지수를 추적하는 KODEXQ 등이 있다.

일반펀드와 상장주식펀드 비교

구분	일반펀드(주식형)	상장주식펀드
거래처	증권사, 은행(거래소 거래 불가능)	증권사, 은행, HTS 등 주식거래가 가능한 모든 매체
매매대상	주식형펀드	코스피 200지수 추종 EFT
투자방법	간접투자	직접투자
투자리스크	high risk high return	high risk high return
펀드변동성	큼	해외상품, 파생형 상품은 큼
환매수수료	○	×

* HTS(Home Trading System : 홈 트레이딩 시스템)

인덱스펀드와 상장지수펀드의 차이점은 ① 주식시장 전체를 쫓는 펀드가 인덱스펀드라면 상장지수펀드는 주식시장에 상장되어 거래되는 것이고, ② 상장지수펀드는 상장지수펀드 증권을 만들어 매매하므로 주식 실물거래가 없어 시장에 주는 충격을 최소화할 수 있다는 점이다.

다른 적립식펀드와 비교할 때 상장지수펀드의 장점 5가지

1. 거래상 편의성과 환금성이 뛰어나다.

주식형펀드나 인덱스형펀드는 가입 또는 환매시 일정기일(2~4일)이 필요한 반면, 상장지수펀드는 주식투자와 똑같은 메커니즘을 갖고 있어서 언제든지 현재가격으로 매매할 수 있다(현금화 용이).

2. 다른 펀드들보다 투자비용이 적게 든다.

상장지수펀드는 개별회사의 주식을 구매하는 것이 아니라 주가지수를 추종하는 인덱스형이므로 주식형펀드에 비해 상대적으로 운용비용이 적고, 거래소에 상장되어 거래되기 때문에 환매수수료 등 판매관련 비용이 거의 발생하지 않는다.

평균치로 환산할 때 펀드수수료가 주식형펀드는 약 2.5%, 인덱스펀드는 약 1.5%인데 비해 상장지수펀드는 0.5% 정도로 매우 저렴하다.

3. 투자리스크가 분산되는 효과로 안정적인 수익을 거둘 수 있다.

소자본으로 수십 개 내지 수백 개 종목에 분산투자하는 효과를 거둘 수 있어 개별종목 투자시 나타나는 리스크를 자연스럽게 분산할 수 있다. 특히 증시향방을 가늠하기 어려운 혼조세가 지속된다면 다른 종목에 비해 상대적으로 안정성이 높은 섹터(Sector) 상장지수펀드가 위험손실 최소화 차원에서 효과적인 대안이 될 수 있다.

4. 다른 펀드보다 세제혜택이 많다.

주식시장에 상장돼 있어 상장주식을 거래할 때와 마찬가지로 과세되지 않는다. 특히 주식거래 때 부과되는 0.3%의 증권거래세도 면제된다.

5. 장기투자시 수익률이 더 높아지도록 설계되어 있다.

상장지수펀드는 단기투자보다는 장기투자에 적합한 상품이다. 수익증권이지만 주식처럼 거래되면서도 주식을 사고팔 때 증권회사에 내는 수수료와 국가에 내는 증권거래세 등 각종 세금을 내지 않아도 되고 수수료가 저렴하므로 장기투자시 적합하다.

상장지수펀드의 단점 4가지

① 펀드매니저가 평소 관리해 주지 않으므로 주가가 급락했을 경우 인덱스펀드보다 더 큰 손해를 볼 수 있다.

인덱스펀드가 하락시 방어를 어느 정도 하는데 비해 상장지수펀드는 그렇지 못하며 직접매수이다 보니 매수타이밍도 잘 잡아야 하고 매수주문도 잘 내야 한다.

② 주식과 비슷하게 거래되기 때문에 브로커를 통해 사면 커미션을 지불해야 하므로 투자할 경우 종합적인 경기흐름과 특정산업분석 능력 등 주식시장에 대한 기초지식을 어느 정도 쌓아야 한다.

③ 사이버상에서 거래할 경우 주식투자처럼 단타위주로 할 수 있어 자칫 단기간에 손해를 많이 볼 수 있다.

④ 거래량이 적고 상장폐지 우려가 상존한다. 상장지수펀드 중 현

재 상대적으로 거래량이 많은 KODEX 200의 경우 하루 거래량이 평균 100만 주 내외로 적은 편이어서 적기에 매매가 잘 이루어지지 않을 수 있다.

 투자자들이 많이 활용하지 않으면 거래량이 적기 때문에 매매유동성이 부족하고 상장이 폐지될 위험성도 있다는 점을 염두에 두어야 한다.

장기투자에는 주식형펀드보다 인덱스펀드를 선택하라

장기투자할 때는 수수료가 낮은 펀드에 가입하라

자식들 결혼 또는 나의 장래 노후를 대비하여 점점 시장이 불안한 부동산보다는 안정성이 있고 상대적으로 수익률이 높은 금융상품에 투자하고 싶다. 장기투자할 경우 인덱스펀드가 나을까? 주식형펀드가 나을까?

아마 이 문제로 고민하는 투자자들도 많을 것이다. 장기투자하려면 주식형펀드보다 상대적으로 수수료가 낮고 조정장에서는 좀더 안정적인 수익률을 가져다주는 인덱스펀드를 선택하는 것이 좋다.

전문가들은 주식형펀드보다는 인덱스펀드가 장기투자에 적당하다고 말한다. 특히 보험투자상품인 변액유니버설보험과 변액연금보험을 통해 장기적으로 수익을 올리려면 인덱스펀드에 가입하는 것이 더 유리하다. 그러면 인덱스펀드와 주식형펀드의 장단점을 자세히 알아보자.

주식형펀드는 단중기투자에, 인덱스펀드는 중장기투자에

적립식펀드나 변액유니버설보험 모두 주식형펀드와 인덱스형펀드가 있다. 이 두 상품은 펀드투자금액의 일정 부분을 주식에 투자하여 운용하는 점은 비슷한데 세부적으로 들어가면 펀드성격과 운용방법에 차이가 있다.

주식형펀드는 펀드운용 구성비 가운데 60% 이상이 주식으로 구성되고 나머지는 단기자금에 운용되는 펀드다.

주식편입비율이 높으므로 주가가 상승할 때는 다른 펀드보다 상대적으로 수익률이 높지만 하락장세가 이어지면 더 많이 떨어져 리스크가 크다.

인덱스펀드는 주식시장의 장기적 성장 추세에 맞추어 수익을 얻기 위해 펀드수익률이 종합주가지수와 연동되도록 포트폴리오를 구성한 펀드다.

인덱스펀드는 KOSPI 200, KOSPI 등 인덱스(index)를 목표지수로 삼아 이의 투자성과에 근접되도록 운용하는 펀드로, 넓은 의미에서 볼 때 주식형펀드의 범주에 들어간다. 차이점은 주식형펀드는 우량종목을 선정하여 투자하고, 인덱스펀드는 적립금의 일정부분을 KOSPI 200종목과 상장지수펀드, 파생상품 등에 투자한다는 것이다.

인덱스펀드는 주식시장의 장기적인 성장추세를 전제로 펀드수익률을 특정목표 인덱스에 연동시킴으로써 주가지수의 수익률만큼 펀드수익률을 시현하려는 펀드이므로 시황에 따른 주식과 채권의 포트폴리오 조정이 거의 없다.

따라서 주식편입비중의 변동도 그리 크지 않다. 주식형펀드는 주식변동이 인덱스펀드보다 심한 편이다.

펀드수수료 차이는 곧바로 수익률 격차로 이어진다

단기적으로 운용할 경우 주가트렌드를 면밀히 분석한 다음 선택해 가입해야 투자리스크를 헤지하면서 원하는 수익률을 올릴 수 있다. 그런데 인덱스펀드는 펀드매니저가 종목을 발굴할 필요가 거의 없기 때문에 비용지출 규모가 주식형펀드보다 작다.

펀드상품의 신탁보수는 적립식펀드의 경우 수수료가 대부분 2~2.5%선인데 비해 인덱스펀드는 1.5~2.0% 내외로 상대적으로 저렴하다. 변액보험의 경우 또한 인덱스펀드는 수수료가 0.6~0.8%인데 비해 주식형펀드는 0.8~1.0%선이다.

따라서 비슷한 수익률을 낼 경우 장기적으로 펀드수수료의 갭에 따른 투자수익분 감소로 실질적인 투자수익률이 적게 날 수 있다.

10년 이상 장기적으로 운용해야 하는 변액보험 펀드의 경우가 더욱 그러하다. 예를 들어 홍길동 씨는 매월 100만 원씩 주식형펀드에,

신중한 씨는 인덱스펀드에 가입했다고 하자. 이 100만 원이 모두 펀드에 투입되었고 불입기간은 10년이라고 하자. 그리고 11차연도 이후부터는 불입하지 않고 적립된 금액에서 펀드수익이 발생하는 것으로 하자.

두 상품 모두 10년 후 투자수익률이 150%라 할 때 실질적인 수익률은 어떨까? 이럴 경우 10년이 되는 시점에서 적립금액은 1억 2,000만 원+투자수익 1억 8,000만 원=3억 원이 된다. 11차연도 투자수익률이 일단 0%라고 가정하고 계산해 보자. 이 경우 11차연도 펀드수수료 공제규모는 인덱스펀드가 0.7%이고, 주식형펀드가 1.0%라고 하자. 그럼 인덱스펀드와 주식형펀드의 수수료 차이는 일반적으로 0.3% 정도 발생한다.

변액보험의 펀드수수료는 매일 적립금액(평가금액)에서 차감되는데 여기서는 그냥 알기 쉽게 단순계산으로 연간으로 계산해 본다. 펀드수수료는 투자수익(펀드평가금액 또는 특별계정 투입금액)이 많이 나면 많이 나는 대로, 적게 나면 적게 나는 대로 공제금액이 비례적으로 적용된다.

인덱스펀드는 3억 원×0.7%=210만 원이 11차연도에 적립금에서 공제된다. 주식형펀드는 3억 원×1.0%=300만 원이 공제된다. 따라서 두 펀드의 11차연도 수수료 공제액 차이는 90만 원이다. 당해연도 수익률이 똑같다면 주식형펀드를 선택한 결과로 앉아서 90만 원을 손해보는 셈이다.

그러나 이는 단순 계산한 수치로 11차연도에 당연히 수익률이 올라가면 실제로는 더 큰 차이가 발생한다. 운용수수료는 복리 형식으로 공제되기 때문이다.

따라서 이 공제규모의 차이는 기간이 경과할수록 더 크게 발생한다. 비슷한 수익률을 올렸다고 가정하면 인덱스펀드가 주식형펀드보다 수익률이 높게 나타난다.

특히 10년 이상 장기상품인 변액보험의 경우 수수료 차이는 목표수익률 제고시 매우 중요한 잣대가 될 수 있다. 수수료는 단기간 운용시에는 그리 큰 문제가 되지 않지만 10년 이상 장기로 운용할 때는 매우 큰 문제가 발생한다는 점을 유념하자.

매매회전율이 높은 주식형펀드는 장기투자에 부적합하다

장기적으로 목적자금을 만들기 위해 변액보험이나 적립식펀드에 가입하려면 펀드매니저가 운용하는 주식형펀드보다는 종합주가지수와 비슷하게 움직여서 판매수수료도 상대적으로 적고 매매회전율도 낮은 인덱스펀드가 더 낫다.

처음부터 어느 정도 투자할 주가종목을 선정한 인덱스펀드와 주식시장의 종합적인 상황을 지속적으로 체크하면서 그때그때 주식을 매매하는 주식형펀드와는 운용상 차이가 많다.

특히 펀드매니저의 능력에 따라 격차가 매우 큰 것은 당연하지만 수익률이 어느 정도 엇비슷할 때는 매매회전율이 상대적으로 높은 주식형펀드보다 매매회전율이 낮은 인덱스펀드가 수익률이 높게 나타난다.

이는 가입 초기에는 펀드투자금액이 적어 별로 차이가 나지 않는 것처럼 보이지만 시간이 갈수록 펀드투자금액이 많아지고 주식 가격 변동이 심해지면 그에 따라 주식 매도시 증권거래세도 비례적으로 증가하므로 수익률 격차는 더 발생할 수 있다.

주식형이든 인덱스이든 펀드매니저가 운용하는 상품이므로 처음 가입할 때 신중하게 선택해야 한다. 물론 변액상품은 중간에 얼마든지 펀드변경을 할 수 있지만 적립식펀드는 그렇지 못하므로 더욱 세심하게 운용기간과 주식트렌드를 종합적으로 분석하고 검토해 선택해야 한다. 이것이 수익률을 조금이라도 더 올릴 수 있는 방법이다.

주식형펀드와 비교할 때 인덱스펀드의 장점

1. 인덱스펀드는 주식형펀드에 비해 운용비용이 낮다.

매매회전율이 낮아 편입종목을 연 3~4회 이상씩 매매하는 주식형펀드보다 유지비용[매매수수료, 증권거래세(변액보험에서 주식 매도시 발생), 펀드수수료 등]이 저렴하므로 장기적으로 운용하면 주식형펀드보다 고수익을 낼 수 있다.

2. 장기투자할수록 유리하다.

펀드수수료가 낮은 인덱스펀드는 단기투자시에는 일반펀드와 별 차이가 없으나 장기간 투자할수록 일반 주식형펀드보다 높은 투자성과를 얻을 수 있다.

3. 투자리스크가 상대적으로 적어 안정적 수익을 창출할 수 있다.

시장에 투자(목표지수 추적)하기 때문에 펀드의 수익예측력이 상대적으로 용이하고 펀드 선택의 어려움을 극복할 수 있다.

조정장세에서는 배당주펀드를 노려라

약세장이나 변동성이 큰 장세에서는 배당주펀드가 제격이다

"만약 증시가 앞으로 상당기간 약세나 횡보장세를 지속적으로 보일 것이란 전망이 나온다면 펀드투자전략을 어떻게 세워나가야 할까?"

"2~3년 정도 투자한 후 목돈을 마련하고 싶은데 주가가 자꾸만 출렁거릴 것 같아 걱정이다. 이럴 때 투자하면 상대적으로 안전한 마땅한 펀드 어디 없을까?"

투자자들이 가장 걱정하는 부분이 바로 이런 상황이 연출되어 환매시점에서 목표한 바대로 기대치가 달성되지 못할 거라는 우려감일 것이다.

미래 경제에 대해 낙관할 정도로 또는 미리 점지하듯이 어떻게 잘 풀리게 될 것이라는 섣부른 진단을 하지 못하는 이유는 투자자들이 전문가도 아닐뿐더러 설령 전문가라 하더라도 우리나라 경기동향의 변수는 국내보다는 국제적인 문제에 더 많이 좌우되기 때문에 앞으로 10년 후 경제가 어떻게 변할 것이라는 단정적인 견해를 피력하지 못하고 두루뭉술하게 대답한다.

만약 이러한 상황이 지속된다고 가정할 경우에는 안정적인 투자수익률을 올릴 수 있는 상품 중 하나인 배당주펀드에 가입하는 것도 바람직한 재테크방법의 하나라고 할 수 있다. 비록 국제적인 변수가 많이 있고 콜금리가 오르는 추세이기는 하지만 장기적인 관점에서 볼 때 앞으로 저금리 기조가 지속될 기미를 보인다는 것이 전문가들의 일반적인 견해이기 때문이다.

배당주펀드는 배당성향이 높은 종목에 집중적으로 배당투자를 하여 시세차익과 안정적인 배당수익을 동시에 추구하되 배당수익에 더 중점을 두는 혼합형펀드이다.

배당주펀드는 시장상황에 따라 수익률이 들쭉날쭉한 주식형펀드와 달리 주로 시가배당률이 높은 고배당 우량주를 편입하여 투자하기 때문에 주가등락에 비교적 영향을 덜 받고 주식시장의 상승에 따른 자본이득과 배당에 따른 안정적인 투자수익을 모두 실현해줄 수 있다.

배당주펀드에 가입하면 배당소득에 대해서는 비과세혜택도 주어지고 해마다 배당받을 수 있는데다, 주가가 추가로 오르면 시세차익까지 노릴 수 있어 배당과 투자수익률을 동시에 얻는 게 가장 큰 장점이다. 즉, 배당금의 재투자를 통해 복리효과를 얻을 수 있다는 점이 매력이다.

배당주펀드의 종류는 ① 한국배당지수(KODI)를 복제, 운용해 수익률을 얻는 인덱스(배당지수)형펀드, ② 배당률이 높은 종목으로 구성된 배당지수를 구성종목으로 편입해 주가상승에 따른 고수익률을 추구하는 액티브형펀드, ③ 인덱스형이나 액티브형보다는 상대적으로 증시 변화에 따른 주가하락 위험이 낮고 안정적인 수익을 내기 좋은 안정형펀드, ④ 미국이나 유럽 등 해외 고배당주에 집중투자하는 펀드로, 분산투자로 안정적 수익을 보장할 수 있는 해외형배당주펀드 등으로 구분된다.

배당시기와 종목을 잘 선정해 투자해야 수익효과가 커진다

배당주펀드에 대한 투자는 시가배당률 공시제도가 도입되고 난 이후(증권거래법 시행령, 2003년) 늘어가는 추세다. 시가배당률을 구하는 공식은 '배당금/연말종가×100'이다. 배당수익은 매년 비슷한 수익률을 올린 경우가 많은데 시가배당률이 은행 예금금리 수준 이상이면 양호한 배당주라 할 수 있다.

일반적으로 배당금 지급은 2~3월경에 있는 주주총회에서 배당금 지급결의를 한 후 5월까지 회사에 따라 다른 날짜에 한다. 배당금 지급효과는 배당금 지급이 모두 완료된 5월까지 기다려야 나타나는데 이때 주식배당락은 있지만 현금배당락은 없다. 배당기인 연말이 다가올수록 배당주가 주목을 받고 가격도 덩달아 오르는 경향이 있다. 대부분의 상장기업들이 12월 결산법인으로 연말에 배당을 실시하기 때문이다.

　외국인과 기관투자가들은 배당을 노리고 하반기부터 본격적으로 배당투자에 나서기 때문에 배당수익률이 높은 종목의 하반기 상승률은 대부분 종합주가지수를 웃돌게 된다. 따라서 배당주펀드에 투자하여 배당수익의 효과를 충분히 누리고자 한다면 상반기 이전에 고배당이 예상되는 주식에 투자하는 펀드를 골라 가입하는 것이 좋다. 만약 이 기회를 놓쳤다면 연말 배당기준일을 넘기기 전, 즉 중형 우량주들의 가격이 하락하기 전에 관련 펀드에 가입하는 것이 차선책이라 할 수 있다.
　배당주펀드에 가입할 때 주의해야 할 점은, 해당 기업의 순이익이 줄면 배당수익도 따라서 줄어들게 되므로 반드시 순익규모를 확인해야 한다.

　그리고 고배당종목의 경우 주가변동성이 일반종목보다 작기는 하지만 주가가 너무 올랐을 때 가입한 경우 주가가 떨어지면 배당수익률보다 주가하락분이 커서 자칫 손해를 볼 수도 있다. 즉 미래 기대수익은 주식형펀드보다 다소 떨어질 수 있다.
　배당주펀드에 투자하는 목적은 주가의 시세차익보다는 매년 안정적인 수익을 가져다주는 배당수익을 얻는 것이므로 경기에 민감하지 않으면서 안정적인 영업이익을 실현하는 종목을 많이 발굴하여 편입하는 자산운용사의 펀드를 골라 가입하는 것이 바람직하다.

참고로 일반적으로 배당주에 편입되는 종목들은 대부분 현재 시점에서 배당수익률이 높은 종목이다. 즉, 미래가치가 있지만 변동성이 내재한 IT 분야보다는 전통적인 제조업 분야의 업체들이 많이 편입돼 있다. 제조업 분야는 신규투자가 필요하기보다는 사업이 이미 성숙해 이익이 생기면 배당이 많이 줄어들 개연성이 있는 기업이라서 성장성이라는 측면에서 볼 때에는 미래 기대수익은 다소 떨어질 수 있으므로 안정적인 수익을 꾸준하게 얻기를 원하는 투자자들에게 적당하다고 할 수 있다.

일석이조의 절세형 비과세펀드에는 무조건 가입하라

비과세와 과세는 재테크에서 결정적인 변수

"A와 B가 펀드에 똑같은 금액을 투자했다. 그런데 A는 주식형펀드에 가입했고 B는 채권형펀드에 가입했다. 이때 만기시 수익률이 둘 다 똑같이 발생했다면 누가 만기금액을 더 많이 가져갈까?"

정답은 A다.

이와 같이 적립식펀드에 투자해 투자수익률이 똑같이 발생했어도 환매시 똑같은 수익을 거두어들이지는 못한다. 그 이유는 수익분에 대한 과세 여부에 따라 실질적으로 돌아오는 수익폭이 다르기 때문이다. 표면적인 수익률이 같다고 해서 실수령액이 같아지는 것은 아니므로 세금 공제 후 실질적인 수익률(세후수익률)이 얼마가 되는지 꼼꼼히 따져봐야 한다.

금융상품에 가입할 경우 재테크의 핵심요소 중 하나는 절세다. 이자소득세 또는 배당소득세에 대한 15.4%의 원천징수는 목돈마련에서 매우 큰 걸림돌로 작용한다. 이는 펀드투자시에도 투자수익률 제고에 막대한 영향을 준다. 이러한 요소는 장기투자할 때 특히 더 크게 영향을 미치므로 절세형펀드에 가입해야 재테크 목적을 달성하는 데 훨씬 유리하다.

예를 들어 비슷한 유형의 펀드에 가입하여 똑같은 투자수익률을 냈다고 할 때 이자소득세가 완전히 비과세되는 상품은 투자수익률을 15.4% 더 올린 것과 마찬가지다. 쉽게 말해 이익이 100만 원 발생했다면 비과세상품은 100만 원이 모두 내게 돌아오지만 일반상품은 이 가운데 15.4%를 원천징수한 뒤 나머지 846,000원만 받는다. 특히 장기투자시 투자수익률 15.4%는 매우 크게 작용한다.

10년 이상 장기투자해서 투자수익이 1억 원이라면 이 가운데 15,400,000원을 이자소득세로 내야 한다. 이럴 경우 환매 당시 수익률이 기대치에 못미쳐 심리적·경제적으로 타격을 많이 받을 수 있는데 이 문제를 해결하는 방법이 있다.

비과세펀드로 세(稅)테크 묘미 듬뿍 맛보자

비과세펀드 상품은 절약된 세금만큼 이자수익을 누릴 수 있는 가장 안정적인 재테크상품이다. 적립식펀드 상품 중에는 비과세상품과 세금우대상품 등 절세형상품이 있는데, 이들 상품은 오랫동안 여유를 갖고 투자할 때 적합한 펀드다. 따라서 펀드투자를 처음 하는 사람이라면 최초 가입 때 절세형펀드를 선택해 추가수익을 올려야 한다. 특히 시장변동성이 우려된다면 절세형펀드를 선택하는 것이 가장 바람직한 펀드투자 방법이다.

금융상품에 가입할 경우 발생하는 수익은 이자소득, 배당소득, 매매차익 세 가지로 요약할 수 있다. 본인이 직접 주식이나 채권에 투자할 경우 수익을 올릴 수 있는 대표적인 투자수익원은 채권의 이자소득, 채권의 매매차익, 주식의 배당소득, 주식의 매매차익 네 가지다. 적립식펀드 투자시 발생하는 수익원 또한 직접 주식을 투자할 경우와 마찬가지다.

이 가운데 이자와 배당소득의 경우 과표기준가에 따라 세금이 부과되지만, 주식을 사고팔 때 생기는 매매차익에 대해서는 세금이 전혀 없다.

적립식펀드 또한 직접투자할 때와 마찬가지로 투자수익원가운데 주식의 매매차익에 대해서는 세금이 부과되지 않고 완전비과세 혜택이 주어진다. 그러나 나머지는 과세 대상이다. 즉 채권의 이자소득과 매매차익, 주식의 배당소득에 대해서는 일반 과세가 적용된다는 점을 꼭 알아두자.

펀드의 절세 유무는 매우 중요하다. 적립식펀드는 소득의 발생원천에 따라 다음과 같이 구분해 과세한다.

1. 매매차익이 생겼을 때

펀드에서 주식매매로 생긴 이익은 비과세가 적용되지만, 펀드에서 채권매매로 생긴 이익에는 일반과세를 적용하여 15.4%의 세금을 부과한다.

2. 배당소득이 생겼을 때

펀드 내 보유주식에서 발생하는 모든 배당금에 대해서는 배당소득세를 부과한다.

3. 이자소득이 생겼을 때

펀드투자시 발생하는 이자소득은 채권에서 발생하는 수익으로, 이 경우 이자소득분에 대해서는 일반과세를 적용하여 15.4%의 세금을 부과한다.

조건이 된다면 생계형 비과세펀드는 꼭 가입하라

생계형 비과세펀드는 1인당 저축원금이 3,000만 원 이하에서 발생하는 이자소득과 배당소득에 관해 투자기간에 관계없이 모두 비과세혜택이 주어진다. 가입대상은 만 60세 이상(여성은 55세)이거나 장애인과 상이용사자, 생활보호대상자, 독립유공자 등이다.

생계형 비과세펀드는 1년 이내에 단기투자할 때도 비과세혜택이 주어지므로 자격만 된다면 최대한도까지 생계형 비과세로 투자하는 것이 바람직하다.

비과세펀드 가운데 투자기간 등 일정 조건이 없이 무조건 비과세혜택이 주어지는 펀드는 생계형펀드밖에 없다. 따라서 가입할 기본적인 조건이 구비되어 있다면 생계형 비과세펀드에는 무조건 가입하는 것이 좋다.

단, 정부의 비과세 상품 축소정책에 따라 2014년 말 가입분까지만 비과세혜택이 부여되므로 55세 이상의 여성 또는 60세 이상의 남성은 펀드투자를 할 경우 먼저 기본으로 생계형 비과세펀드를 선택하고 난 다음 나머지 여윳돈으로 다른 고수익 펀드를 고르는 것이 지혜로운 재테크방법일 것이다.

절세형펀드는 투자기간과 자금계획을 고려해 선택해야

주가, 금리, 환율 등의 방향을 종잡을 수 없어 위험에 대한 변동성이 확대될 때 절세형펀드는 수익률을 높이는 가장 좋은 수단이다. 이때 비과세펀드, 세금우대펀드, 일반펀드 순으로 가입하는 것이 좋다. 특히 연말정산시 소득공제 혜택을 받을 수 있는 펀드 가입을 적극 검토한다.

펀드수익률을 따질 때 반드시 짚어봐야 할 것이 세전, 세후 수익률이다.

펀드판매사들은 영업전략상 될 수 있으면 세후수익률은 감추고 대부분 세전수익률을 공시하는 경향이 있으므로 투자자들은 자신에게 돌아오는 실질적인 수익률인 세후수익률을 반드시 알아본 다음 가입해야 한다.

절세형펀드에는 어떤 것이 있는지 정보를 수집해놓았다가 적기에 가입해 수익을 올리는 것이 좋은 재테크 방법이다. 단, 주의할 점은 절세형펀드는 대부분 장기투자를 전제로 하기 때문에 세제혜택을 받을 수 있는 일정기간 불입, 연금수령 등 해당 신탁약관에 명시한 충족요건을 채우지 못하고 중도에 해지하면 절세혜택이 물거품이 된다는 것이다.

또한 투자기간과 세제혜택 조건이 다소 복잡한 만큼 자신의 수입규모나 투자기간, 자금계획과 지속적인 투자 가능 여부 등을 꼼꼼히 따져본 다음 신중히 가입해야 한다. 절세형 상품은 정부에서 세수부족을 이유로 혜택규모를 줄이거나 폐지하는 추세이므로 때를 놓치지 않고 가입하는 것이 현명한 재테크 방법이다.

채권형펀드는 세금우대로 가입하라

　자금을 안정적으로 운용하면서 고정수익을 올리려면 세제혜택을 받는 범위가 넓은 채권형펀드를 선택한 후 세금우대로 가입하는 것이 좋다. 채권형펀드는 특별한 경우가 발생하지 않는 한 일반적으로 투자수익률(연환산수익률)이 한 자리 숫자로 나타나므로 이자를 제외하고 물가상승률을 감안하면 실질적인 수익률이 저조해 세금우대를 먼저 고려해야 한다.

　채권형펀드를 세금우대종합저축으로 가입할 경우 해당 저축에서 발생하는 이자소득과 배당소득에 대해 9.5%의 원천징수세율이 적용되고 종합소득세 계산 때 해당 저축액은 과세표준에서 제외되므로 재테크에서 여러모로 유리하다.

　배당소득과 이자소득이 발생하였을 경우 일반상품에는 세금이 15.4%(주민세 포함) 부과되지만 세금우대로 가입한 펀드에는 9.5% 부과되어 원천징수되는 세금추징분에 대해 5.9%(15.4−9.5)를 환급받

는 것과 마찬가지이므로 그만큼 더 실질적인 수익을 올릴 수 있다.

그럼 15.4%와 9.5%의 수익률 차이는 얼마나 될까? 원금 1,000만 원을 투자했을 때 1년 수익률이 10%라면 이자는 100만 원이다. 이 경우 정상이자소득세 15.4%가 원천징수되면 실제 이익은 846,000원 이지만 세금우대형펀드에 가입하면 세전이자 100만 원 중 95,000원을 제외한 905,000원이 실제로 받을 수 있는 이자다. 쉽게 설명하면 해마다 0.59%의 수익률이 차이 나는 것이다.

이 수익률이 작다고 생각하면 안 된다. 변액유니버설보험의 채권형펀드의 경우 총운용보수가 대부분 0.3~0.5% 정도이고, 적립식펀드의 경우 채권형펀드수수료 또한 1.3~1.5% 정도인 점을 고려할 때 0.59%의 수익률을 덤으로 올린다는 것은 수익률 제고에서 매우 중요한 디딤돌이다.

채권형펀드를 세금우대로 가입하려면 은행을 비롯한 모든 금융기관의 세금우대상품 가입금액이 일반인 1인당 2,000만 원 이내여야 한다(2,000만 원 이상은 일반과세율을 적용해 부과한다). 60세 이상 남성과 55세 이상 여성은 세금우대적용금액이 2,000만 원 더 늘어나 4,000만 원까지 가입할 수 있다. 따라서 가족수에 맞게 최대한 수익증권(펀드)통장을 만들어 활용한다면 좀더 실속있는 재테크가 이루어질 것이다.

조세특례제한법 제89조에서는 세금우대상품에 대해 계약기간이 1년 이상일 것이라고 명시했으므로 채권형펀드 투자시 세금우대를 받기 위해서는 반드시 1년 이상 펀드에 가입해야 한다.

가계의 장단기 재무설계를 토대로 언제까지 얼마의 목적자금을 만들어야 할지 일단 정하고 난 다음 최단기목적자금과 장기목적자금을 제외하고 1년 이상 단기자금을 목표로 해당금액 범위 안에서 세금우대펀드에 가입하는 것이 유리하다.

절세형 실물펀드를 투자성향에 맞게 노려라

장기투자시 상대적 고수익을 가져다주는 비과세 실물펀드

날이 갈수록 실물펀드에 대한 투자자들의 관심이 많아지고 있다. 주식시장이 예전과 같이 장기적으로 가파른 상승국면으로는 접어들지 않을 것이라는 전망이 나오면서 간접투자상품 중 어느 정도 안정적인 수익을 내는 실물펀드에 대한 관심이 높아지는 것이다.

이는 주가나 채권 값이 떨어져도 수익을 낼 수 있기 때문에 주가가 주춤한 틈을 타 인기를 얻고 있다. 지난 5년 동안 세계적으로 높은 투자수익률을 기록한 적립식펀드들은 주식형펀드나 채권형펀드가 아니라 실물자산에 투자하는 실물투자펀드였는데, 이는 그만큼 실물펀드가 인기를 끌고 있다는 것을 의미한다.

실물펀드(Commodity Fund)는 원유, 천연가스 또는 금이나 구리 등과 같은 광물금속과 부동산, 선박, 가축, 커피, 설탕, 곡물 등 원자재, 영화 같은 유무형의 실물자산에 투자하는 펀드다. 실물펀드는 주식, 채권 파생상품 등 무형의 유가증권에 투자하는 일반펀드와 달리 장기적으로 상품선물지수인 실물자산에 투자하므로 변동성이 크지 않다는 이점이 있다.

특히 대부분의 실물펀드가 원금보장과 함께 명목금리 이상의 기대수익률을 제시하므로 다른 펀드에 비해 비교적 안정적으로 수익을 창출할 수 있다. 만기가 지났을 때 채권에서 발생한 이자로 원금이 보전되고 레버리지 효과가 강한 옵션을 통해 추가수익을 낼 수도 있다.

대표적인 실물펀드로는 부동산펀드, 선박펀드, 유전개발펀드 등을 들 수 있다. 실물펀드를 선택할 때는 세제혜택 여부에 따라 수익률에 차이가 있으므로, 상품의 수익성과 안정성 못지않게 세제혜택도 꼼꼼히 살펴봐야 한다. 실물펀드 중 대표적인 비과세펀드는 선박펀드와 부동산펀드다.

현재 출시되는 실물펀드 상품들은 대부분 실물을 직접 매입하기보다는 일반인이 쉽게 투자할 수 있도록 관련 지수에 간접투자할 수 있게 설계되어 있다. 보통 상품 관련 인덱스에 간접투자하거나 원자재 관련 해외기업에 투자하는 펀드로 설계되어 있어 상품구조가 주가연계증권(Equity Linked Securities : ELS)에 가깝다. 그리고 자산을 대부분 채권에 투자하고 나머지는 워런트(Warrant : 일정주식을 일정가격에 매수할 권한을 갖는 옵션)에 투자하는 원금보존 추구형이므로 원자재 가격하락의 영향을 크게 받지 않는다.

실물펀드는 단기변동성은 크지만 장기적으로는 실물자산시장이

밝을 것으로 전망되므로 증시가 불안정할 때 분산투자의 일환으로 선택하면 실물투자를 통한 투자리스크 헤지 효과를 볼 수 있으므로 장기투자수단으로 적합한 상품이다. 실물펀드에 투자할 경우 주의해야 할 점은 다음과 같다.

실물펀드 투자시 주의할 점
① 실물펀드는 장기투자를 전제로 하므로 대부분 환매가 불가능하다는 약점이 있다. 만기 전에 환매하면 대부분 가입금액의 약 3% 정도를 중도해지 수수료로 내야 하므로 환매할 때 조심해야 한다.
② 해외 원자재펀드를 대부분 재판매하거나 원금의 대부분을 채권에 투자하고 일부만 선물에 직접투자하므로 원자재가격의 상승추세 여부에 따른 가격 변동성이 심해 수익률편차가 많이 나타난다. 따라서 실물펀드도 엄연한 해외펀드로 환율변동에 따른 리스크가 큰 상품이기 때문에 이에 대한 헤지방안을 마련해야 한다.
③ 상품 운용방법과 상품별 기대수익률이 매우 다르게 나타나고, 일반펀드와 달리 시장정보가 많지 않으므로 반드시 전문가의 도움을 받아 간접투자처를 신중히 선택해 투자해야 한다.

유전개발펀드

유전개발펀드는 최근 출시된 신종 실물펀드로 석유, 가스뿐 아니라 해외자원개발 기본계획상 6대 전략광종인 유연탄, 우라늄, 철광, 구리, 희토류 등 일반광물 개발사업에도 투자할 수 있게 되면서 유연탄, 우라늄, 철광, 구리 등 이와 관련된 해외자원개발에 주로 투자하는 펀드다. 선박펀드와 마찬가지로 2008년 말까지 투자금 3억 원까지 배당소득세를 과세하지 않고 3억 원 초과분에 대해서는 배당소득에 15.4%(주민세포함) 세율로 분리과세한다.

2008년 이후에도 2009~2011년까지 3억 원 이하 투자자에게는 5.5%의 저율로 배당소득에 과세하고, 3억 원 이상 투자자에게는 15.4%의 분리과세를 그대로 유지할 방침이다. 일반적으로 인프라펀드와 선박펀드 등과 비교할 때 리스크 부담이 크다는 단점이 있다.

부동산펀드

부동산펀드(Real Estate Fund)는 투자자들에게 자금을 모아 아파트 등 부동산개발사업, 매입, 빌딩 임대, 시행사 대출, 프로젝트 파이낸싱 등에 투자해 얻은 수익을 분배하는 간접투자상품이다(프로젝트 파이낸싱이란 금융기관들이 프로젝트사업을 담보로 대출해주고 추진사업에서 얻는 수익금으로 자금을 되돌려 받는 금융거래 방식이다). 운용기간이 길어 투자수익률을 높일 수 있고 대출채권 외에 임대나 개발사업 투자가 자유롭다.

부동산매매에 대한 투기억제 일환으로 부동산펀드에 대해 세제혜택을 준다. 부동산펀드가 매입한 건물에 대해 취득세와 등록세가 감면되며, 2개 이상 건물을 산 펀드에 대해 종합부동산세를 분리과세하고 양도차익에 대해 세금을 매기지 않는다. 그 대신 15.4%의 배당소득세만 내면 되는 등 수혜폭이 넓기 때문에 수익률이 높아질 수 있다. 특히 정부 차원에서의 임대주택공급을 늘리기 위해 일정 수준의 수익률을 보장(장기국고채 수준)하는 부동산펀드를 조성함에 따라 많이 활성화될 것으로 보인다.

투자대상 부동산의 매입, 매도 시점에 따라서 높은 수익을 얻을 수 있는 장점이 있는 반면, 경기하락 때는 원금손실에 중도환매가 거의 불가능하고 부동산 하나에 집중투자하므로 투자위험이 증대하는 단점이 있다.

인프라펀드

인프라펀드(Infrastructure Fund)는 자산운용사가 해당 프로젝트에 대출이나 지분투자를 통해 참여하고 통행료 수입, 이자, 배당수입 등으로 수익을 올리는 상품이다. 도로나 항만, 건설 등 사회간접자본(Social Overhead Capital : SOC)에 투자하는 인프라펀드는 3억 원 이하는 5.5%의 배당소득세를 내고, 3억 원 초과는 선박펀드와 동일하다.

인프라펀드는 대부분 기관투자가 중심으로만 투자가 이루어지는데, 특정 투자주체자만을 대상으로 하는 사모방식으로도 펀드가 조성된다. 인프라펀드는 투자할 대상사업이 확정되면 그 후 금융기관이 각 투자 한도별로 출자비율에 따라 자금을 투입(출자)하는 캐피털콜(Capital Call)방식으로 이루어지고 공공기관의 수익보장 장치가 어느 정도 마련되어 있어서 상대적으로 투자리스크가 적다. 인프라펀드의 만기는 주로 20년 이상 장기간이지만 주식시장에 상장되어 있어 필요시 환매해 현금화할 수 있다.

선박펀드

선박펀드(Ship Fund)는 펀드를 모아 배를 사거나 만들어 해운회사에 임대해주고 여기서 받는 용선료, 임대료 등 배당수익을 투자자들에게 나눠주는 실물투자펀드다. 선박펀드가 보통 3개월마다 배당금을 지급하므로 만기시(만기는 3~15년 정도로 다양) 투자수익을 거둘 수 있는 다른 펀드들과 달리 실질적인 미래가치가 높아질 수 있다.

선박펀드는 액면가(투자금액) 3억 원 이하 보유분에 대해서는 배당소득을 비과세하고, 3억 원을 초과할 경우 초과하는 부분의 배당금에 대해 일반과세의 세율(15.4%)로 원천징수한 뒤 분리과세를 적용해 처리하므로 종합과세에 신경쓰이는 자산가들에게 안성맞춤이다.

선박펀드나 부동산펀드는 수익증권을 거래소에 상장하므로 급전이 필요하면 해지하는 대신 수익증권을 매각해 현금을 확보할 수 있는 이점도 있다. 일반공모는 청약자격제한 등이 없어 소액투자자들도 자유롭게 청약에 참여할 수 있다.

그러나 선박펀드는 추가형펀드가 아니라 단위형펀드로, 한시적으로 펀드를 설정운용하는 투자의 제한성이 있고, 펀드별로 3억 원 한도 내에서 한시적으로(현행법상 2008년 말까지) 세제혜택이 부여된다는 단점이 있다.

선박펀드의 일반공모는 청약자격에 제한이 없어 소액투자자들도 자유롭게 청약에 참여할 수 있으므로 선박펀드에 공모하려면 수시로 손품과 발품을 팔아 증권사 문을 두드려야 한다.

장기목돈은 세테크 효과 큰 재형펀드, 장기펀드로

"직장에 다닌 지 얼마 안 되는 신출내기다. 10년 후 내 집 마련을 목표로 장기저축이나 투자를 하고 싶다. 또 자식들의 결혼자금과 대학등록금으로도 활용하고 싶다. 아무래도 은행의 일반 저축상품보다는 펀드상품이 수익률이 더 높을 텐데 펀드상품 중 내 집 마련의 꿈과 재테크 효과를 동시에 만족시켜줄 상품은 없을까?"

이런 장기 재테크 문제로 고민하는 새내기 직장인이라면 직장인, 자영업자 등 서민과 중산층의 재산형성에 도움을 주고자 18년 만에 새롭게 출시된 정기예금 성격이 강한 재형저축과 증시 상황에 따라 수익성이 변동되는 장기펀드가 제격이다. 재형저축은 적립식 저축 상품으로 이자와 배당소득에 대해 비과세되며, 저축(재형저축) 또는 펀드(재형펀드)로 판매된다.

장기펀드(장기세제혜택펀드)는 장기주택마련펀드의 일몰, 즉 소득공제와 비과세 혜택이 2012년 종료됨에 따라 대체상품으로 새로 출시된 장기금융 세테크상품이다. 이 두 상품은 가입 자격 때문에 고액 자산가가 가입하기는 어렵지만 자녀명의로는 가능하므로 자산 분산과 상속효과를 누릴 수 있어 고액 자산가들에게도 도움이 되는 상품이다. 단, 10년 이상 유지해야 하므로 가계재무 변화에 대한 장기적인 수입·지출 계획 등을 세운 후 잘 따져보고 가입하는 지혜가 필요하다.

이자소득세 전액 비과세되는 재형저축, 재형펀드

재형펀드는 가입기간이 만기 10년 이상이며 가입 후 15년 동안 납입한 금액의 이자에 대해 이자소득세(15.4%)에 대한 세금이 전액 면제된다. 분기별로 300만 원까지만 납입할 수 있다. 예를 들어 재형저축상품에 가입하여 월 100만 원씩 15년간 불입할 경우 해당 상품의 금리가 월복리방식을 적용하며 연 4%라 한다면 총원금은 1억 8,000만 원, 이자는 이자소득세가 완전비과세되므로 6,691만 원이 된다. 따라서 실질 수령액은 2억 4,691만 원이 된다.

동일한 조건으로 일반 저축상품에 가입한다면 명목이자는 6,691만 원으로 동일하지만 이자소득세(주민세 포함) 15.4%가 부과되므로 실질이자는 5,561만 원(6,691만 원-세금 1,030만 원)이 된다. 따라서 실질 수령액은 2억 3,561만 원이 된다. 즉, 일반저축 상품에 가입하면 재형저축상품에 가입한 것보다 이자소득세(15.4%)만큼 실질수령액 1,030만 원이 줄어드는 것이다. 그만큼 재형저축이 유리하다. 따라서 총급여 5,000만 원 이하 근로자, 종합소득금액 3,500만 원 이하 사업자는 10년 이상 매월 정기적으로 저축 또는 투자를 할 경우 재형저축이나 재형펀드를 활용하는 것이 제일 바람직하다고 할 수 있다.

소득공제 혜택이 큰 장기펀드

장기투자를 목표로 펀드를 매입하려고 한다면 투자수익과 함께 소득공제 혜택도 받는 장기펀드를 활용하는 것이 바람직하다. 장기펀드는 장기주택마련펀드의 일몰시한 경과로 출시되었는데 소득공제 혜택이 부여되는 대표적 장기세테크 상품이다. 만기 10년 이상의 상품으로서 가입대상은 재형저축과 동일하다.

장기펀드에 10년 이상 투자하면 가입 후 10년간 매년 납입금액의 40%를 연간 240만 원(600만 원×40%)의 한도 내에서 소득공제 혜택을 받을 수 있다. 연간 600만 원까지 납입이 가능하므로 매월 50만 원씩 투자한다면 소득공제 상한선(240만 원)까지 세금혜택을 받을 수 있다.

소득공제 상한선(240만 원)까지 공제받을 경우의 실질적인 이익을 계산해 보자. 예를 들어 연봉 5,000만 원의 근로소득자의 종합소득금액이 2,000만 원이라고 한다면 매월 50만 원씩 장기펀드에 가입할 경우 매년 39만 6,000원(240만 원×16.5%)을 연말정산시 환급받게 된다. 이는 연수익률로 환산할 경우 6.6%[(396,000÷6,000,000)×100]가 된다. 즉, 기본수익률 연 6.6%를 미리 안고 가는 것이다.

만약 인덱스펀드를 선택할 경우 수수료가 1%라고 한다면 연

5.6%의 수익률은 보장되는 셈이다. 현재 시중에서 출시되고 있는 적금식 상품 중 연수익률이 5.6% 이상인 상품은 거의 없음을 감안할 때 장기펀드는 매우 매력적인 상품이라 할 수 있다.

　물론 과표가 위에 제시한 금액 구간보다 높을 경우에는 환급받는 세금액도 커질 것이며 연수익률 또한 당연히 높아지게 된다. 장기펀드는 많은 소득공제 혜택이 제공되고 일반펀드보다 수수료가 평균 30% 낮아지므로 향후 증시 여건이 좋아지면 높은 수익률을 기대할 수 있기 때문에 투자자들이 관심을 많이 가질 것으로 보인다.

　국내 주식형펀드에 투자한다면 재형펀드나 다른 유형의 펀드보다는 장기펀드가 유리하다. 국내 주식형펀드의 경우 매매차익은 과세하지 않고 채권이자와 배당소득에 대해서는 이자소득세가 부과되므로 주식 비중이 높은 주식형펀드의 경우 비과세혜택보다는 소득공제를 받을 수 있는 장기펀드가 훨씬 유리하다. 혼합형펀드의 경우에도 장기펀드가 다소 유리하다. 단, 해외 주식형펀드의 경우 매매차익을 배당소득으로 간주하여 과세하므로 재형저축이 더 좋은 투자수단이 될 수 있다. 국내 채권형펀드를 선택할 경우 채권의 비중이 상대적으로 높을수록 세금 비중 또한 비례하여 과중되므로 이 경우에도 재형저축펀드가 유리하다고 할 수 있다.

재형펀드와 장기펀드 내용 비교 분석

구분	재형펀드	장기펀드
가입대상	총급여 5,000만 원 이하 근로자, 종합소득금액 3,500만 원 이하 사업자	
운용대상	모든 금융회사가 취급하는 적립식저축(적립식펀드)	자산총액 40% 이상을 투자하는 장기적립식펀드
세제지원	이자 및 배당소득 비과세	10년간 연납입금액의 40% 소득공제(최대 240만 원), 일반펀드보다 수수료 30% 인하
납입한도	분기별 300만 원 (연간 1,200만 원 이하)	연 600만 원
저축기간	만기 10+5년(※)	10년 이상
사후관리	10년 이내 중도 인출 또는 해지시 이자 및 배당소득 감면 세액 추징	의무 부유기한(5년)을 정하고 같은 기간 내 중도인출 또는 해지시 총 납입금액의 5% 추징(실제 소득공제로 감면받은 세액이 이에 미달하는 경우 해당 감면세액 상당액 추징). 5년 이후 중도해지시 소득금액은 추징하지 않고 중도인출 또는 해지 이후부터 소득공제 혜택 불인정
가입적합자	투자성향이 안정적인 사람, 국내 채권형 및 해외 주식형펀드 투자자, 10년 이상 장기투자자	투자성향이 안정적인 사람, 국내 주식형펀드 및 혼합형펀드 투자자, 5년 이상 중장기투자자

1) 만기 10년 도래시 1회에 한하여 5년 이내의 범위에서 추가 연장 가능
2) 장기 세제혜택을 받는 대상펀드는 주식편입비중이 40% 이상이어야 함(일반채권형 펀드 선택시 세제혜택 곤란)
3) 재형펀드와 장기펀드는 2015. 12. 31 가입분까지 적용

가입시 알아둘 사항

　부득이한 사유로 의무 보유기한인 5년 이내에 자금을 중도인출하거나 해지할 경우에는 총납입금액의 5%를 추징당하므로 유념해야 한다. 단, 이 경우 실제 소득공제로 감면받은 세액이 이에 미달할 때에는 해당 감면세액 상당액을 추징한다.
　그리고 5년 이후 중도해지시에 소득금액은 추징하지 않고 중도인출 또는 해지 이후부터의 불입분에 대해서만 소득공제 혜택을 불인정한다. 즉, 가입 5년 이후에 인출해도 이미 소득공제를 받은 금액은 추징하지 않으므로 실질적으로 만기는 5년이라 해도 무방하다고 할 수 있다.
　단, 국내 주식에 5년 이상 의무적으로 40% 이상을 투자해야 하는 조건이 있으므로 좀더 높은 고수익 실현을 위한 상품의 다양성에 다소 걸림돌로 작용한다는 것이 단점이다.
　그리고 한 가지 유의할 점은 재형저축과 장기펀드 모두 연봉이 5,000만 원을 초과하게 되면 비록 가입 유지기간이라 해도 해당 세제혜택은 그 시점 이후 없어진다는 점이다.
　예를 들어 가입 이후 6년째까지는 연봉이 5,000만 원 미만이었는데 7년째부터 6,000만 원으로 인상되었다면 6년째 불입금액까지는 소득공제 혜택을 받고, 7년째 불입금액부터는 불입해도 대상조건을 충족하지 못하므로 소득공제 혜택을 적용받지 못한다. 또한 2015년 12월 31일까지만 한시적으로 판매하므로 적기에 가입하는 것이 중요하다.

수익률 저조시 계약이전이 가능한 유일한 연금저축펀드

연금저축펀드는 장수시대 대표적인 노후준비 펀드상품

재테크의 목적은 미래에 더 나은 삶을 살기 위한 것인데 그 미래 중 가장 길게 다가오는 노후를 위한 노(老)테크는 재테크의 필수적인 어젠다다. 앞으로 20년 뒤에는 적어도 인생의 3분의 1 이상을 경제력이 없는 황혼기로 보내야 하는 서드 에이지, 장수시대가 온다. 따라서 황금인생을 살기 위해서는 지금부터 미리 장기재테크를 해야 황혼의 그림자를 아름답게 드리울 수 있다.

그럼 노후생활을 우아하게 만들어주는 데 가장 적합한 장기투자상품은 무엇일까? 현재 10년 이상 장기간 운용할 수 있는 장기금융상품은 연금상품 말고는 별로 없다. 따라서 펀드 중 연금기능이 있는 연금저축펀드와 변액연금보험, 그리고 라이프사이클펀드 및 매월 분배형펀드가 우리 경제가 저금리 기저로 갈 때 가장 적합한 노테크 상품이다. 연금저축펀드는 투자기간이 10년 이상으로 매월 100만 원(분기별 300만 원) 내에서 자유롭게 투자하는 장기상품이다. 소득공제혜택은 연금저축상품과 마찬가지로 퇴직연금을 포함하여 해마다 400만 원 한도 내(불입액의 100%까지)에서 받을 수 있다. 소득공제가 되는 대신 비과세혜택은 적용되지 않는다(조세특례제한법 시행령 제80조와 제80조의 제2).

연금저축펀드는 노후자금을 마련하기 위한 개인연금이므로 10년 이상 불입해야 하고, 만 55세가 되는 시점부터 5년 이상 연단위로 연금을 받아야 한다는 조건이 충족되어야 세제혜택이 주어진다. 만 55세 이후 연금수령액에 대해 과세하는데, 이 경우 5.5%(소득세 5%, 주민세 0.5%)의 우대세율이 적용된다. 그러나 소득공제를 받은 뒤 중도해지하게 되면 그간 소득공제받은 금액에 대해 패널티(penalty)가 적용되어 해지 가산세와 소득세 과세가 별도로 부과된다.

해지 가산세로는 가입자가 가입일로부터 5년 이내에 계약을 중도해지할 경우 매년 400만 원 이내 적립원금 누계금액에 대해 2.2%를, 소득세 과세로는 가입자가 계약기간 만료 전에 중도해지 또는 만기 시 연금으로 수령하지 않고 일시금으로 수령할 경우 해지금 또는 수령액에 대해 기타소득으로 간주, 계약자의 다른 소득금액과 합산 과세하여 22%의 세율로 추징되므로 신중히 가입해야 한다.

연금저축펀드 상품은 주로 국·공채, 채권형, 주식형, 혼합형 상품 네 가지로 구성되며 1년에 두 번에 걸쳐 펀드변경이 가능하다. 연금저축에 가입했다면 가입연도에 따라 연금저축펀드로 전환할 수 있는 제도도 있으므로 10년 이상 장기간 노후를 대비해 수익을 더 올리고 싶다면 한 번쯤 해당 금융사와 전환문제를 상담해 보는 것도 괜찮다.

연금저축펀드는 소득공제효과가 매우 큰 상품

예를 들어 매월 연금저축펀드에 334,000원씩 연 4,008,000원을 불입한 홍길동 씨의 연소득이 8,000만 원이고 종합과세표준금액이 5,000만 원이었다면 해마다 자그마치 1,056,000원을 연말정산 또는 사업소득 신고시 환급받게 된다. 이러한 절세액수는 매우 큰 것이다. 왜냐하면 4,008,000원을 단순히 1년 동안 예치할 때 연이자율이 무려 26.35%나 되기 때문이다.

이는 순수한 세후수익률과 동일하므로 이 금액을 세전이자율로 환산하면 약 31.15%나 되는 매우 큰 이자율이다. 연금저축펀드에 가입했다는 사실만으로 펀드평가액은 별도로 하고 소득공제효과로만 연환산수익률을 약 31.15% 올리는 고수익 효과를 누리는 셈이다. 여기에 펀드수익률까지 더하면 매우 높은 수익을 창출할 수 있다.

구체적으로 연금저축펀드를 연간 400만 원 불입했을 경우 종합과세 과세표준에 따라서 세율별로 소득공제되는 금액은 다음에 있는 표와 같다. 다만 연금저축펀드는 주식형펀드와 달리 주식투자로 발생한 이익에 대해서는 과세하기 때문에 주식형의 세제절감 효과를 누릴 수 없는 단점이 있으므로 신중히 결정해야 한다.

연금저축펀드 가입시 연간소득공제 효과 (기준 : 연간 400만 원 이상 불입시)

종합소득 과세표준액	세율			세금경감액
	소득세	주민세	계	
1,200만 원 이하	6%	소득세의 10%	6.6%	264,000원
1,200만 원 초과~ 4,600만 원 이하	15%		16.5%	660,000원
4,600만 원 초과~ 8,800만 원 이하	24%		26.4%	1,056,000원
8,800만 원 초과~ 3억 원 이하	35%		38.5%	1,540,000원
3억 원 초과	38%		41.8%	1,672,000원

    연금저축 계약이전제도는 연금저축을 취급하는 기관을 통째로 바꾸는 것을 의미한다. 연금저축은 은행, 증권사, 보험사에서 모두 판매하는데 각각 연금저축신탁, 연금저축펀드, 연금저축보험으로 불린다. 은행에서 증권사로, 증권사에서 보험사로, 보험사에서 은행으로 연금저축을 이전하고 싶다면 계약이전제도를 통해 가입기관을 자유롭게 변경할 수 있는 것이다. 해약하지 않고 연금상품만 바꾸려 한다면 계약이전제도가 매우 요긴하다.

    실제 연금저축상품은 중도해약시 해약금액 가운데 실제 소득공제를 받은 납입원금 누계액과 총이자 부분에 대해 기타소득세 20%를 과세한다. 하지만 계약이전제도를 통하면 연금저축상품 해약에 따른 과세가 없다.

펀드수익률 저조시
계약이전이 가능한 유일한 펀드

　제목에서 볼 수 있듯이 연금저축펀드는 다른 펀드와는 달리 3가지 매력이 있는 유익한 펀드이다.

　연금저축펀드의 장점 중 두 가지는 위에서 설명한 바와 같이 ① 장수시대 대표적인 노후준비 펀드상품이라는 것, ② 소득공제효과가 매우 큰 상품이라는 것이다. 그리고 세 번째 장점은 바로 ③ 다른 금융기관과의 펀드간 계약이전 혜택 적용제도다. 즉 펀드수익률이 저조하게 나타날 경우 언제든지 다른 금융기관의 상품으로 계약이전이 가능한 유일한 펀드라는 점이다.

　가입한 펀드 자체에 대한 계약이전이 가능한 펀드는 연금저축펀드 말고는 없다. 변액보험이나 엄브렐러펀드는 해당 펀드 내에 있는 펀드 안에서 펀드변경은 가능하지만 펀드 자체를 몽땅 다른 금융기관의 펀드로 옮기는 기능은 없다.

　연금저축펀드는 상품의 특성상 현재 가입한 펀드의 수익률이 저조할 경우 계약을 이전하여 다른 금융기관의 상품으로 옮겨갈 수도 있는데, 이 경우 해지에 따른 세제상 불이익이 없는 점 또한 매우 큰 장점이다.

　그냥 해약하면 지금까지 소득공제받았던 금액과 이익을 다시 세금으로 모두 토해내야 하지만 펀드계약을 이전하면 중도해지에 따른 해지수수료나 그동안 세금우대적용 및 소득공제받은 금액에 대한 세금을 추징당하지 않게 되므로 장기목적자금 마련에 매우 긍정적인 영향을 미치게 된다.

따라서 가입한 연금저축펀드의 수익률이 저조하게 나타날 때에는 펀드를 무작정 환매하려고 하지 말고 펀드 갈아타기를 적극적으로 고려해 보는 것도 고수익을 올릴 수 있는 비결이다.

연금저축펀드 투자시 이런 점에 유의하라

연금저축펀드는 장기주택마련저축펀드와 같이 절세효과는 높지만 앞에서 설명한 바와 같이 세금혜택을 받기 위한 조건이 까다롭다. 따라서 가입 후 주의할 사항은 다음과 같다.

첫째, 연금저축펀드의 경우 노후자금을 마련하기 위한 개인연금 성격이기 때문에 조건을 충족시켜야 세제혜택이 주어진다.

반드시 10년 이상 불입해야 한다는 것과 노후대비용 연금상품이므로 55세 이후에 연금형태로 돈을 받을 수 있으며, 일시금으로 찾을 경우 일반 연금상품과는 달리 상당한 세금 추징을 감수해야 한다는 것을 반드시 유념해두어야 한다.

둘째, 연금저축펀드는 주식형펀드와 달리 주식투자로 발생한 이익에 대해서도 과세하기 때문에 주식형의 세제절감 효과를 누릴 수 없다는 단점이 있다는 사실도 알아두어야 한다.

다른 주식형상품은 국내 주식에 투자한 시세차익에 대해서는 세금을 징수하지 않지만 연금저축펀드는 주식매매로 얻는 차익은 연금소득으로 받아들여 '주식 매매차익을 통한 수익은 비과세한다'는 현행 소득세법 시행령 제23조의 특례규정을 적용받지 못하므로 주식시세차익에 대해서도 세금이 징수된다는 단점이 있다. 이는 다른 주식형펀드에 비해 불리한 점이라 할 수 있다.

셋째, 가입한 연금저축펀드를 계약이전하려면 가입한 펀드가 계좌개설일에서부터 계약이전 요청시까지 5년 이상이 경과되지 않아야 하고, 이전했을 경우에는 환매수수료를 내야 하므로 가입기간을 고려해야 한다.

단기적인 수익률만을 감안해 수시로 금융기관을 변경하는 것보다는 이전할 금융기관에서 취급하는 연금저축펀드의 특성과 장기적인 투자수익률 등을 전망하고 취급기관의 재무상태 등을 검토해 신중하게 결정하는 자세가 필요하다.

넷째, 현재 출시된 연금저축펀드는 채권형펀드, 주식혼합형펀드, 주식형펀드 등 운용사에서 취급하는 펀드유형(종목)과 펀드종류가 그리 많지 않으므로 가입 선택에 약간 제한이 따른다.

다섯째, 노후자금마련을 목적으로 가입하는 장기투자상품이므로 운용사나 펀드에 따라 수익률 차이가 클 수 있으므로 펀드스타일과 과거 운용성과(연환산수익률 등)를 잘 살펴보고 가입하는 것이 바람직하다.

연금저축펀드는 도래하는 100세 장수시대 가장 확실한 장기재테크 상품 중 하나라는 사실과 노후준비를 위한 펀드상품으로는 변액연금보험과 같이 가장 대표적인 노(老)테크 상품인 점, 소득공제 폭이 매우 넓고 세금우대를 적용한다는 점 그리고 펀드수익률 저하시에는 5년 경과 후 언제든지 계약이전을 해도 해지에 따른 일체의 불이익을 당하지 않는다는 매우 큰 장점이 있으므로 장기재테크를 위해서는 매력적인 상품이라 할 수 있다.

동범쪽지 펀드나무 열매 수확 위한 소중한 씨앗 한 톨

계약이전이란 가입자가 본인의 개인연금계좌를 세제상의 불이익을 받지 않고 다른 금융기관으로 이전하여 계속 거래할 수 있도록 한 것으로 연금저축에만 적용되는 독특한 제도다. 2000년 12월 조세특례제한법의 개정으로 계약자는 가입기간 중 회사의 다른 연금저축 또는 다른 금융회사의 연금저축으로 계좌이체를 통하여 계약을 이전할 수 있다.

계약이전은 원칙적으로 연금저축상품의 취급기관 사이에 서로 자유롭게 할 수 있는데 이 경우 2001년 1월부터 판매중지된 종전의 개인연금저축과 2001년 1월 도입된 연금저축 사이에는 소득세 부과기준 등이 다르므로 상호이전이 불가능하다는 점을 알아둘 필요가 있다. 계약이전시 이전되는 금액은 이전시의 적립잔액에서 계약이전수수료를 공제한 금액이다. 그런데 연금저축보험의 경우에는 해약환급금과 미경과보험료 적립금 등 제지급금에서 계약이전 수수료를 공제한 다음 그 나머지 금액을 계좌이체해 주므로 잘 살펴보고 추진하는 것이 유익하다.

미경과보험료 적립금(Unearned Premium Reserve)이란 수입보험료 중에서 아직 보험회사의 책임이 남아 있는 기간에 대한 부분의 보험료를 말한다. 즉 결산시점 현재 책임이 경과되지 않은 보험료를 산출하여 적립하는 금액으로 회계상 미경과보험료는 책임준비금으로 처리된다.

연금저축상품에 대한 계약이전 절차는 아래와 같이 진행된다. 예를 들어 A금융회사에 가입한 연금저축을 B금융회사로 계약이전할 경우
① 고객이 B금융회사를 방문하여 신규계좌 개설 → ② 고객이 A금융회사를 방문하여 B금융회사로 계약이전 신청 → ③ 고객이 B금융회사를 방문하여 계약이전 완료 여부 확인 순으로 진행된다.

멀티클래스펀드로 펀드수수료를 절약하라

"더 안전하게 장기투자할 수 있는 펀드상품은 없을까?"

"경과기간이 지날수록, 즉 장기투자할수록 펀드수수료가 다운되는 상품은 없을까?"

"대부분 장기고객에게나 주거래로 이용하는 경우 우대해주는데 펀드에는 그런 것이 없을까?"

이 문제로 고민하는 사람은 멀티클래스펀드(Multiclass Fund)를 선택하면 어느 정도 해결할 수 있다. 펀드의 투자기간과 투자금액 등에 따라 수수료를 차등 부과하여 장기투자자에게 안성맞춤인 펀드가 바로 멀티클래스펀드이기 때문이다.

적립식펀드가 보편적 투자수단으로 자리 잡은 미국의 경우 다양한 수수료 체계를 갖추고 장기투자할수록 수수료가 낮아지는 멀티클래스펀드의 비중이 60%를 넘는다고 한다. 그만큼 멀티클래스펀드가 앞으로 펀드의 장기투자 문화를 이끌어나갈 매우 좋은 펀드라는 것이다.

멀티클래스펀드란 한 종류의 펀드 안에 투자기관과 투자금액 등에 따라 보수와 수수료 체계가 다른 여러 투자자그룹(Class)이 존재하는 상품을 말한다.

2004년에 도입된 멀티클래스펀드는 하나의 펀드에 가입한 투자자들에 대해 투자자그룹별로 동일한 펀드수수료 체계가 아닌 서로 다른 다양한 수수료 체계를 적용하는 장기투자상품이다.

장기투자시에는 펀드수수료의 차이가 수익률 달성에 변수로 작용하게 되는데, 멀티클래스펀드는 투자금액과 투자기간 등에 비례하여 펀드수수료와 서비스를 차별화해 제공하므로 장기투자자와 자산가에게 적합한 펀드라 할 수 있다.

펀드수수료율 체계는 투자기간마다 다르게 책정한 후 투자기간이 길어지면 길어질수록 펀드수수료가 상대적으로 낮아지도록 상품을 설계해 운용하고 있다. 주식형펀드의 경우 펀드 유지기간에 따라 최초 2.5%의 펀드수수료는 1% 안팎까지 떨어지도록 설계되어 있어서 그만큼 실질수익률이 높아지게 되는 매력이 있는데, 이는 장기투자시 매우 중요한 요소다.

멀티클래스펀드는 투자성향에 맞는 판매보수와 수수료 체계를 선택할 수 있고, 장기투자할 경우 판매보수가 낮은 클래스를 자유롭게 선택할 수 있다는 장점이 있다.

예를 들어 멀티클래스펀드별로 펀드비용의 경우 A클래스가 선취수수료 1%를 차감하는 대신 후취수수료를 연 1.8% 부과한다고 한다면, B클래스는 납입금액의 1.5%를 선취보수료로 차감하고 후취수수료는 연 1.5%씩 부과하며, C클래스는 선취수수료가 없는 대신 펀드보수(후취수수료)로 연 2.5%를 적용하는 것이다. 이 경우 환매수수료는 대부분 C클래스에만 적용되는데, 이때 징수금액은 일반적으로 해지시 90일 미만 이익금의 70%이다.

고액투자자들에게는 일정 수수료를 할인해주는데, 할인비율은 판매사마다 각기 다르므로 잘 살펴봐야 한다.

멀티클래스펀드의 운용체제는 적립식펀드와 같은데 다른 점은 투자자가 보수체계별로 가입하고 운용수수료가 차등 적용됨에 따라 펀드운용수익률이 서로 다르게 발생한다는 점이다.

멀티클래스펀드는 5년 이상 중장기상품으로, 3년 이내에 환매하면 대부분의 펀드상품이 수익금의 70% 정도를 해지수수료로 공제하므로 펀드의 특성을 정확히 파악해 가면서 자신의 투자성향이나 투자목적, 투자기간 등을 고려한 다음 적합한 펀드를 신중히 선택해 가입해야 한다.

펀드변경이 가능한 엄브렐러펀드로 리스크를 줄여라

비가 올 때 밖에 나가려면 누구나 우산을 들고 나간다. 이는 비를 맞지 않기 위해서이다. 비를 맞지 않으려고 하는 이유는 옷도 젖게 되지만 자칫 몸에 이상에 생겨 건강을 해칠지도 모르기 때문이다. 이런 원리로 우리는 일상생활에 우산이라는 보호막을 치고 살아갈 필요가 있다.

보험도 그러한 원리로 보장자산이라는 보호막 우산을 늘 쓰고 다니기 위해 가입하는 것인데 간접투자하는 경우 또한 마찬가지다. 펀드투자에 따른 리스크를 조금이라도 상쇄해 나가는 안전장치가 반드시 필요하다. 그래야만 안정된 투자수익률을 올릴 수 있기 때문이다.

그런데 적립식펀드에 가입할 경우 자신이 선정한 펀드종목이 주가의 영향을 받아 수익률이 계속 하락하는 추세로 가고 있다면 이는 참으로 난감할 것이다.

그럼 이럴 땐 어떻게 대처해야 할까?

　이럴 때에는 펀드우산을 사용해야 한다. 즉 우산속의 빗살과 같이 다양한 펀드종목을 언제나 선택할 수 있는 펀드에 가입하는 것이 최상책이다. 그러면 주가가 하락한다 하더라도 위험손실의 폭을 최소한으로 줄일 수 있다. 즉 펀드에 가입한 이후에도 변액보험과 같이 펀드변경이 가능한 적립식펀드에 가입하면 되는데, 그 펀드가 바로 다기능 일체형 옵션상품인 엄브렐러펀드(Umbrella Fund)이다.
　엄브렐러펀드는 하나의 모(母)펀드 아래 성격이 다른 여러 개의 하위(子) 펀드(Sub-Fund)들이 구성되어 있는 다기능 전환형 펀드이다. 엄브렐러펀드는 투자자의 장세판단에 따라 환매수수료에 대한 부담없이 시장변화에 따라 탄력적으로 자유롭게 펀드를 전환할 수 있도록 설계된 상품이다.
　한편 엄브렐러펀드는 모양이 우산 같다고 하여 붙여진 이름인데,

하위펀드 사이의 자유로운 펀드 교환이 카멜레온이 몸 색깔을 바꾸는 것과 비슷하다고 하여 카멜레온형펀드라고도 한다.

엄브렐러펀드는 일반펀드에 비해 변동성이 큰 장에서 상대적으로 고수익률을 올릴 수 있도록 내재가치우량주에 집중투자하는 가치투자펀드이다(가치투자펀드는 주식시장의 흐름과는 관계없이 실제 가치보다 낮은 가격에 거래되는 저평가된 우량주에 투자해 안정적인 수익을 추구해 나가는 펀드를 말한다).

또한 상승장은 물론 조정 및 하락장에서도 수익추구가 가능한 양방향 투자펀드이다. 상품구성은 MMF(Money Market Funds)형, 인덱스형, 채권형, 성장주식형, 공모주형, 코스닥주식형, 인덱스혼합형 등 매우 다양하다.

엄브렐러펀드는 다음과 같은 장점이 있어 매력적이다.

첫째, 시장변화에 탄력적으로 대응함으로써 능동적인 투자가 가능하다.

펀드간 이동 횟수의 제한 없이 수시전환이 가능하여 장세를 지켜보면서 주식시장의 상승은 물론 하락에도 이익을 취할 수 있는 등 시장상황에 따라 펀드간 자산배분과 투자시점을 탄력적으로 자유롭게 조절할 수 있다.

둘째, 일반펀드에 비해 상대적으로 안정된 고수익을 올릴 수 있다.

여러 유형의 하위펀드들로 구성되어 있기 때문에 시장상황이나 테마에 따라 펀드변경이 가능해 투자리스크를 투자자 스스로 줄여 나갈 수 있다.

주가가 오를 것 같으면 인덱스펀드로, 하락할 것 같으면 리버스펀드로 갈아탈 수 있다. 주가지수가 오를지 내릴지 불투명해 투자를 잠시 미루고 싶다면 MMF로 전환해 증시가 분명한 방향을 보일 때까지 기다리면 된다. 따라서 펀드에 대한 전문지식을 갖춘 다음 펀드를 선택하고 그 시점부터 늘 시장변화를 예의주시하며 관심을 기울인다면 일반펀드에 비해 상대적으로 높은 수익을 올릴 수 있다.

셋째, 펀드변경시 환매수수료를 부과하지 않는다.

일반 적립식펀드는 일정기간이 경과하지 않은 상태에서 펀드를 환매하면 패널티 성격의 환매수수료를 부과하는 데 반해 엄브렐러펀드는 다른 여러 개 하위펀드를 두고 이 펀드들 사이에서는 자금이 이동되더라도 환매수수료를 별도로 부과하지 않는다. 하위펀드간 전환청구시 징구하는 해당 수수료 전액은 다시 펀드(신탁재산)에 재편입되는 것으로 간주하므로 실질적으로는 수수료가 없는 것과 마찬가지다. 펀드를 갈아타기해도 환매가 아닌 전환으로 보아 환매수수료를 부과하지 않으므로 시장 트렌드에 발맞춰 운용하기 용이한 상품이라 할 수 있다. 그러나 펀드 운용사별로 해당 펀드에 대해 전환수수료가 있는 경우도 있으므로 잘 살펴봐야 한다.

그러나 다음과 같은 단점과 주의할 점이 있으므로 잘 살펴봐야 한다.

첫째, 시장움직임에 적절히 대응하지 못할 경우 일반펀드보다 투자리스크가 크게 발생할 개연성도 상존한다.

둘째, 일반 간접투자상품처럼 펀드매니저가 전적으로 운용하는 것이 아니다.

펀드전환 타이밍은 변액보험의 펀드변경시와 마찬가지로 투자자 스스로 판단해야 하므로 자칫 실기할 수 있다는 점을 유념해야 한다. 즉 펀드전환은 직접투자방식과 같은 원리이므로 펀드변경시 신중을 기해야 한다는 말이다.

셋째, 전환청구일과 실제 전환일까지 시차가 일반펀드의 환매방식과 다르다.

펀드간 전환을 할 경우 전환환매시 펀드기준가 적용일이 어떻게 전환하느냐에 따라 다르다. 전환시 타이밍을 제대로 못 맞춘다면 오히려 더 큰 투자손실을 볼 수도 있다는 사실을 간과해선 안 된다.

일반적으로 MMF→채권형, MMF→주식형으로의 펀드전환일 경우에 기준가 적용일은 전환청구일 제2영업일이 된다. 채권형→MMF, 채권형→주식형으로의 전환일 경우에는 전환청구일 제3영업일이 되고, 주식형→MMF, 주식형→채권형일 경우에는 주로 전환청구일 제4영업일이 된다. 단, 회사마다 다소 차이가 있으므로 잘 살펴봐야 한다.

넷째, 펀드전환 횟수가 상품마다 각기 다르다.

대부분 연 12회까지 펀드전환이 가능하지만 모든 엄브렐러펀드가 연간 하위펀드로 갈아타는 횟수를 동일하게 적용하는 게 아니므로 무작정 갈아타다가는 정작 중요한 순간에 실기할 수도 있다.

엄브렐러펀드에 가입한 뒤에는 항상 시장의 변동성에 관심을 가지고, 금융환경의 변화에 대응할 수 있는 적절한 전환시점 포착이 고수익 획득의 관건임을 유념해야 한다. 변액보험 또한 엄브렐러펀드와 마찬가지이므로 펀드변경시 신중을 기해서 해야 한다.

즉 직접 투자자가 선택하여 변경하는 펀드변경은 직접투자방식이므로 항상 양면성이 상존한다는 점을 명심해야 한다. 비전문가인 투자자들이 잘만 운용한다면 약이 되어 고수익을 실현해주지만 잘못 운용하면 독이 되어 이익은커녕 오히려 손실폭을 더욱 늘리는 나쁜 결과를 초래할 수도 있기 때문이다.

국내주가 조정시 해외펀드로 분산투자하라

국내주가 조정시 분산투자 최적의 대안은 해외펀드

"어, 이거 큰일이네. 왜 내가 가입한 주식형펀드 수익률이 계속 뒷걸음 질치지? 지금은 주식시장이 불안하고 그렇다고 채권형펀드는 가입해야 실질수익률이 높지 않은데…. 이럴 때 어떤 펀드에 가입해야 고수익을 올릴 수 있을까? 펀드투자대상 중에서 투자자들이 가장 선호하는 상품은 주식형펀드인데, 국내주식시장이 지지부진하면 어떻게 하지?"

고수익을 올리고 싶다면, 그러면서 비체계적 위험(개별종목위험 : Unsystematic Risk)뿐만 아니라 체계적 위험(시장위험)도 회피하고 싶다면 다른 나라의 주식이나 채권 등 해외시장에 투자하는 펀드에도 관심을 기울일 필요가 있다. 국내 주식시장으로 편중된 투자보다는 성장성이 좋은 국가에 투자하는 해외펀드(외국형펀드)가 나중에 좀

더 좋은 투자수익률을 기대할 수 있기 때문이다.

해외펀드는 어느 특정국가, 특정지역에 있는 나라들을 대상으로 그 나라(또는 그 지역)의 주식, 부동산 같은 실물자산, 파생상품 등에 투자하여 자산을 운용하는 펀드다. 또 국내 금융시장이 장기 침체되었을 때 가교 기능을 수행하여 이에 따른 리스크를 최소화하면서 안정적인 수익(자산배분 효과)을 올리기 위해 미국, 일본, 유럽 등 금융선진국의 주식에 일정부분을 투자하는 펀드다.

해외펀드에 투자하는 가장 큰 목적은 ① 국제적인 분산투자로 국내펀드와 분산투자효과를 극대화하여 국내시장 불안에 따른 투자리스크를 상쇄하고, ② 저금리에 따른 투자 대안으로 특정 지역이나 국가별로 시장 환경 차이를 적극 이용하여 국내 시장보다는 높은 수익률을 올리기 위해서이다. 이 경우 국내 채권이나 유동성자산에 50% 이상을, 외국의 개별상장주식과 인덱스펀드, 상장지수펀드 등에 50% 이하를 투자하도록 설정되어 있는 것이 일반적인 시스템이다.

해외펀드의 유형은 투자대상에 따라 종류가 매우 다양하다. 투자종목에 따라서는 주식 비중이 높은 주식형펀드, 채권에 주로 투자하는 채권형펀드, 주식과 채권뿐만 아니라 부동산 등 여러 종류의 자산에 투자하는 혼합형펀드 그리고 국내에 설립된 운용사들이 해외 자산운용사의 상품들을 판매하는 재간접펀드인 펀드오브펀드(Fund of Funds)가 있다.

투자지역에 따라 여러 국가의 증시 시가총액 비중대로 투자하는 글로벌형, 미국과 유럽 등 선진국에 투자하는 선진국형, 브릭스(BRICS : 브라질, 러시아, 인도, 중국 등 인구가 많고 나라가 큰 신흥공업국가)나 친디아(Chindia : 중국과 인도의 경제권역)펀드처럼 성장성이 높은 아시아, 중남미, 동유럽 등 신흥공업국가에 투자하는 이머징마켓형 펀드, 특정국가 증시에 자산을 대부분 투자하는 특정국가형으로 나뉘는데, 명칭은 펀드운용사마다 다르다.

주식비중이 높을수록 선진국형보다는 신흥시장(Emerging Market)에 투자하는 펀드의 수익률이 상대적으로 높다.

그리고 펀드설정지역에 따라서는 ① 국내 간접투자자산투자업법에 따라 설립된 국내자산운용사(또는 투신운용사) 또는 외국 투신사의 국내 설립된 현지법인이 해외에 투자 운용하는 역내펀드(On-Shore Fund)와 ② 해외에서 설립된 해외자산운용사가 해외에 투자운용하는 역외펀드(Off-Shore Fund) 등 2가지로 구분된다.

역내펀드와 역외펀드는 펀드투자종목이 거의 비슷한데 다른 점은 투자대상과 지역이 세계적인 투자신탁회사들이 운용하는 역외펀드가 역내펀드보다 훨씬 더 다양하다는 점이다. 또 하나는 역내펀드의 경우 국내펀드와 같이 인정하여 투자종목의 주식매매시 양도차익에 대해서는 전액 비과세를 하지만, 역외펀드는 양도차익에 대해 무조건 전액 정상과세를 한다는 점이다.

또 국내 간접투자자산운용업법에 따라 설립 인가를 받아 운용하지만 여러 개의 역외펀드를 편입시켜 운용되는 재간접펀드(Fund of Funds)도 정상과세를 한다. 역내펀드의 경우 비과세혜택은 국내펀드처럼 주식양도(평가)차익에만 주어진다. 따라서 가입 전 신탁약관을 점검해 환매수수료 부과 여부 등을 면밀히 파악한 다음 환매시점을 잘 포착해야 더 수익을 올릴 수 있다.

해외펀드 투자시 장점 5가지

1. 국내 주식시장의 변동성에 능동적으로 대처할 수 있다.

펀드투자 시장을 여러 나라로 분산함으로써 국내시장의 지나친 변동성과 지정학적 리스크 등을 피해 위험을 분산할 수 있다. 변액보험상품 중 2012년 1년 동안 기간수익률 10% 이상 발생한 펀드유형은 대부분이 선진국 또는 이머징마켓 등에 투자한 해외펀드였다. 적립식펀드 또한 같은 기간에 투자수익률이 20% 이상 발생한 펀드 상당수가 해외펀드였다. 따라서 국내펀드와 해외펀드의 포트폴리오 조정은 위험회피 차원에서 반드시 필요하다.

2. 펀드분산투자 효과를 극대화할 수 있다.

다양한 국가에 투자할 수 있으므로 국내 투자에 한정되어 발생할 수 있는 비체계적위험(개별종목위험)뿐만 아니라 체계적위험(시장위험)도 상대적으로 줄여주는 분산투자 효과가 있다. 국내에 투자하건 해외에 투자하건 한 국가에만 투자하는 것보다 다양한 국가와 지역에 충분히 분산해서 투자하는 것이 위험을 줄이는 방법이다.

3. 기대수익률을 상대적으로 올릴 수 있다.

국내주식 또는 채권에 투자했을 때 기대수익률보다 상대적으로 더 높은 투자수익을 올릴 수 있다.

4. 다양한 펀드상품을 입맛대로 고를 수 있다.

국내에 존재하지 않는 다양한 유형의 유가증권에 투자하므로 투자자가 선택할 수 있는 펀드수익과 투자위험에 따른 펀드상품의 선택폭이 매우 넓다.

5. 고수익과 더불어 환차익도 기대할 수 있다.

덤으로 환차익까지 바라볼 수 있다. 국내 주식시장보다 성장가능성이 더 높은 국가에 투자하므로 고수익을 실현할 수 있고, 환율이 오르면 환차익도 기대할 수 있으므로 초과수익을 얻으려는 투자 대안으로 적합한 펀드상품이다.

해외펀드 투자시 단점 7가지

1. 전문지식이 없으면 가입하기 곤란하다.

해외펀드는 국내펀드와 달리 어느 정도 전문지식을 쌓고 난 뒤 가입해야 투자리스크가 덜 발생한다. 해외시장에 대한 이해도가 낮고 정보도 부족하며 트렌드를 따라가는 투자에 의존하면서 투자자들이 꼭짓점에 몰리는 경향이 있다.

2. 환율리스크가 상시 존재하는 고위험펀드다.

펀드의 투자리스크 외에 환율변동에 따른 환율리스크가 상시 존재한다. 환율이 오르면 환차익도 기대할 수 있지만 환매시점의 펀드 기준 통화가치가 신규 가입시점에 비해 상승하면 환차익이 발생할 수 있다. 반대로 환율이 하락하면 펀드운용에서 이익을 남겨도 환율에서 손해 봐 원금손실을 가져올 위험성도 있다.

3. 펀드수익에 과세한다.

국내펀드는 발생한 수익 중 주식매매에 따른 수익 부분에 대해서는 세금(이자소득세)을 과세하지 않는다. 해외펀드의 경우에는 이원화하여 역내펀드는 국내펀드와 같이 주식양도차익에 대해 비과세혜택을 한시적으로 부여한다. 그러나 역외펀드의 경우에는 주식양도차익에 대해서 정상과세(소득세 및 주민세 15.4%)가 이루어진다. 역외펀드에 투자하는 펀드오브펀드 또한 마찬가지로 정상과세를 한다. 매매차익에 대한 15.4%의 세금부과는 매우 큰 금액이므로 가입 시 이를 감안하여 신중히 결정해야 한다.

4. 국내펀드보다 변동성이 매우 크다.

외국 경제동향, 환리스크 등 눈으로 볼 수 없는 많은 투자리스크가 뒤따른다.

5. 단기투자하면 더 손해본다.

가입 초년도에는 일정 부분 선취수수료 체계여서 단기투자하면 국내펀드에 투자할 때보다 손해를 더 많이 볼 수 있다. 1년 미만 단기투자할 경우 공제되는 총신탁보수는 연 약 3.5% 이상이 된다.

6. 펀드수수료가 상대적으로 비싸다.

투자수익률이 높은 반면 펀드수수료 또한 비싸다. 사무수탁비용은 비슷하나 판매운용보수가 고위험펀드라 매우 높고 일반 펀드에 들어가는 수수료뿐만 아니라 환 관련비용도 들어가므로 펀드수수료가 상대적으로 비싸다. 주식형펀드의 경우 국내 주식형펀드는 2.5% 정도인데 비해 해외펀드는 2.7~3.5%선에 머물고 있다(이 경우 상품에 따라 매년 연 1.5~2%의 선취수수료를 떼고 그에 덧붙여 연 1.7% 정도의 후취수수료를 공제하는 상품, 3% 정도의 선취수수료를 뗀 후 연 1.5% 정도의 후취수수료를 공제하는 상품 등 다양하다).

7. 환매시 결제기간이 길어 수익률편차가 날 수 있다.

국내펀드는 환매기준일이 환매신청 다음 날이 되지만 해외펀드는 환매를 신청하고 제4영업일 뒤에야 환매기준 금액이 결정되므로 총 결제기간이 1주일 정도 걸린다. 따라서 약 제4영업일 정도가 주가의 변동성에 노출되는 셈이므로 환매시점의 적기포착이 어렵다.

해외펀드 투자시 이런 점 주의하며 신중히 선택하라

해외펀드는 대부분 특정한 집단만을 대상으로 운용하는 벤치마크가 뚜렷한 전문화된 투자상품이므로 먼저 가계 유동성자금의 재무설계를 통해 자산배분을 하고 난 다음 펀드를 선택하는 것이 중요하다. 특히 변동성 리스크가 크고 외화자산 투자에 따른 환리스크가 발생하므로 선물환계약을 체결하고 어느 특정국가가 아닌 여러 국가에 분산투자하는 것이 바람직하다.

해외펀드는 펀드의 기본구조뿐만 아니라 세금과세 부분과 환율 개입 여부, 환매방법, 환매시 펀드기준가 결정시점(펀드수익률 확정기준임) 등이 국내펀드와 차이점이 많아서 사전지식 없이 수익률만 보고 투자했다가는 자칫 낭패를 볼 수 있으므로 유의해야 한다.

또한 운용사에서 취급하는 해외펀드상품별로 투자수익률에 많은 편차를 보이므로 자신이 투자하고자 하는 해외펀드의 수익률이 어떻게 형성되고 있는지 그 흐름을 펀드평가사의 사이트에 들어가 확인하면서 현재 시점에서 볼 때 과거부터 지속적으로 펀드성과가 양호한 펀드운용사의 펀드를 골라 가입해야 한다.

고수는 인터넷 전용펀드를 활용하라

"현명한 씨는 지금 어느 정도 여윳돈이 있어서 펀드에 약 7년 정도 장기투자하려고 한다. 그 시기에 꼭 목돈이 필요하기 때문이다. 그런데 일반적인 펀드는 5년 이상 장기적으로 가입하기는 후취수수료의 과다적용 문제로 쉽지 않다. 그렇다고 변액보험을 선택하려니 10년 이내에는 이자소득세도 부과될뿐더러 적립식펀드와 비교시 사업비 공제 부분이 또한 많아 그리 큰 수익효과도 볼 수 없는 것 같다. 단기간이야 은행 적금을 가입하면 되는데 5년 이상은 어떤 상품을 선택해야 좋을지 참으로 아리송하다. 한 5~6년 정도 정액투자를 해나갈 마땅한 펀드상품이 어디 없을까?"

이런 문제로 고민하고 있다면 그리고 어느 정도 펀드에 대해 지식이 있다면 과감하게 인터넷 전용펀드 문을 두드려 보는 것도 좋을 것이다. 미국의 경우 판매수수료가 없는 '노로드(no-load)펀드'가 전체 펀드 판매의 약 45%를 차지할 정도로 인기리에 판매되고 있다고 한다. 특히 장기투자를 생각하고 있다면 저금리시대 펀드수수료 차이는 매우 크게 다가오므로 펀드에 대해 해박한 지식을 갖춘 고수라면 수수료가 조금이라도 낮은 인터넷 전용펀드를 적극 활용하는 것도 좋은 투자전략이다. 펀드도 인터넷으로 가입하면 괜찮을까?

펀드수수료가 저렴한 인터넷펀드는 중장기상품으로 적합하다

인터넷 전용펀드는 은행이나 증권사 지점을 찾지 않고도 인터넷 사이트를 통해서만 가입이 가능한 온라인 전용펀드이다. 인터넷 전용펀드의 장점은 판매사 창구를 직접 이용하지 않고 온라인을 통해 거래되는 만큼 기존 인터넷 뱅킹이나 사이버 트레이딩에 가입한 투자자라면 별다른 절차 없이 인터넷 통장 만들 듯 펀드에 들 수 있고 또 번거롭게 은행이나 증권사 또는 보험사에 찾아갈 필요도 없어 편리하다. 특히 자동차보험을 인터넷으로 가입하는 것과 같이 수수료가 상대적으로 매우 저렴하다는 이점이 있다.

현재 출시되고 있는 대부분의 인터넷 전용펀드의 총보수는 판매사 지점 또는 컨설팅하는 설계사들이 판매하는 펀드보다 수수료도 매우 낮다. 펀드수수료 규모가 펀드평가금액의 연 1.0% 이하이다.

금융기관지점에서 판매하는 주식형펀드 수수료보다 무려 60% 이상이 더 저렴한데, 이는 장기 투자시 펀드수익률 제고에 상당한 영향과 효과를 발생하게 하는 주요인이 된다.

인터넷 전용펀드는 창구직원의 설명 없이 쉽게 가입할 수 있도록 하기 위해 취급상품이 아직은 인덱스펀드와 MMF(Money Market Fund) 등으로 폭넓은 상품선택에 제한이 약간 있다.

중도 환매수수료나 펀드간 전환수수료가 없는 경우도 있다. 따라서 가입 전 미리 펀드가 어떤 위험성이 있는지, 어떤 식으로 운용되는지, 수수료는 얼마인지, 승인을 받은 펀드인지(금융감독원 확인 필요) 등 상품에 대한 세부 내용을 투자설명서나 신탁약관을 꼼꼼히 살펴 확인해야 한다.

인터넷 전용펀드가 아니더라도 은행 인터넷 사이트나 증권사 HTS(Home Trading System)를 통해서도 펀드에 가입할 수 있는데 이 경우 펀드수수료 규모는 꼭 확인해 볼 필요가 있다. 인터넷 펀드는 펀드를 스스로 관리할 수 있을 정도로 역량이 구축된 고수만 이용하는 것이 바람직하다.

초보자는 펀드오브펀드로 수익을 올려라

펀드오브펀드는 상대적으로 위험분산이 용이하다

여행을 떠난다고 하자. 생전 처음 가는 길이라 잘 모른다고 할 때 당신은 어떻게 목적지까지 갈 생각인가? 이정표를 보고 가는 사람, 지도를 보고 가는 사람, 요즘 같으면 내비게이션을 보면서 가는 사람도 있을 것이다. 그런데 가는 길이 첩첩산중 험해 지도에도 도로가 나와 있지 않고 내비게이션에도 자세히 표기되어 있지 않다면 차선의 방법을 선택해야 할 것이다. 즉 셰르파를 고용하든지 아니면 길을 물어물어 찾아가야 할 것이다.

펀드투자 또한 마찬가지다. 초보자는 펀드의 길을 잘 알지 못한다. 그런데 펀드투자의 길은 멀고 험하다. 잘 물어가면서 가도 목적지까지 잘 가려면 그리 쉽지 않다. 고수익을 향해 가는 길이 녹록하지 않다는 말이다.

펀드수익률의 위험을 피할 수 있는 방법이 없을까?

이럴 때에는 안전한 방법을 선택해야 한다. 보험회사가 향후 대형사고가 발생하였을 때 보험금 지급에 많은 어려움이 뒤따를 것을 대비해 재보험(거액의 보험계약을 체결했을 경우 위험분산이 불충분하다고 판단할 때 보험사가 리스크 헤지를 위해 보험계약상의 책임의 전부 또는 일부를 다른 보험자에게 인수시키는 보험)에 가입하듯이 펀드를 재가입하는 방향으로 간다면 위험은 줄어들게 될 것이다. 바로 펀드오브펀드에 가입하여 위험을 조금이라도 분산시키라는 말이다.

증시 변동성이 커져서 장래 펀드수익률에 대해 불안한 투자자라면 펀드오브펀드 가입을 고려해 보는 것도 괜찮을 것이다.

단기투자로는 안정성이 좋은 펀드오브펀드가 유리하다

펀드오브펀드(Fund of Funds)는 이미 설정된 다양한 펀드에 투자하는 간접투자펀드(재간접펀드)로 주식이나 채권에 투자하는 펀드에 투자하는 재간접투자 상품을 말한다.

직접 주식이나 채권, 파생상품, 부동산 등에 투자하는 대신 우수한 운용사들이 운용 중인 검증된 펀드에 재투자하는 펀드이므로 안정성과 수익성을 동시에 얻을 수 있다. 한 펀드에 가입해 성과가 좋은 여러 펀드에 동시에 가입하는 이중효과를 얻을 수 있는 매력적인 상품이다.

펀드오브펀드는 뮤추얼펀드와 헤지펀드로 구분할 수 있는데, 주로 해외투자 펀드운용 경험이 있는 국내 운용사들이 해외의 주식이나 채권 등에 직접 투자하는 대신 세계적인 운용사들이 운용 중인 펀드들에 재투자하는 형식으로 설계 운용된다.

펀드오브펀드의 장점은 대부분 선진국과 신흥시장, 남미와 유럽 등 다양한 지역에 투자하는 다양한 펀드들을 골라 투자하기 때문에 특정 지역이나 국가의 증시 급변동에 따른 위험을 최소화할 수 있고 펀드 스타일별로 골라 투자할 수 있다는 것이다.

단, 펀드오브펀드는 수익률이 상대적으로 안정적이지만 기대수익률이 낮고 또 펀드에 이중으로 가입하는 셈이어서 운용보수 또한 이중으로 빠져나가 일반펀드보다 비용부담이 크다는 것이 가장 큰 단점이다. 상대적으로 수수료가 비싼 편이므로 중단기투자 대상으로는 적합하지만 장기투자 대상으로는 부적합하다고 할 수 있다.

그리고 펀드오브펀드가 간접투자자산운용업법에 따라 설립 인가를 받아 국내에서 운용되는 펀드인 점은 국내의 다른 펀드들과 같지만 여러 개의 역외펀드를 편입시켜 운용한다는 점이 다르므로 역외펀드로 분류된다. 따라서 역외펀드와 마찬가지로 비과세혜택이 주어지지 않으므로 투자시 이를 유념해야 한다.

펀드오브펀드에 대해 더 많이 알고 싶다면 펀드판매사(은행, 증권사, 운용사)의 콜센터를 활용하는 것이 제일 효과적이다.

주가하락기엔 리버스펀드로 위험을 회피하라

주가가 떨어져야 펀드수익률이 좋아지는 펀드

"펀드는 환매시점에서 당연히 주가가 올라가야만 투자수익이 발생하게 되는데 그와 정반대로 주가가 떨어져야 수익이 나는 펀드가 있다고? 아니 정말 세상에 주가가 떨어져도 수익이 나는 펀드도 있을까?"

그런 상품이 있다. 물론 늘 주가가 오르기만 하면 오죽 좋으련만 주가는 등락을 반복하는 것이 경제 트렌드상 기본 생리이므로 주가가 하락할 경우를 적극 대비할 필요성이 있는데 그렇게 설계 운용되는 펀드가 리버스펀드(Reverse Fund)이다.

주가가 하락세를 보이면서 일정기간 떨어질 기미를 보이면 오히려 이럴 때 수익이 발생하는 하락형 펀드상품이다. 주가와 펀드투자수익률이 대척점을 이루며 거꾸로(reverse) 반영되는, 주가가 하락할 때만 해당 펀드가 이익을 보는 구조로 특화된 특이한 펀드이다.

이에 따라 주식형펀드의 경우 매입한 주가가 상승할 때는 이익을 볼 수 있지만 주가가 하락할 경우에는 당연히 펀드수익률도 떨어져 손해를 보게 된다.

대부분의 운용사들이 투자자가 시장변화에 맞춰 일반 주식형에서 리버스펀드로 손쉽게 갈아탈 수 있게 하기 위해서 리버스펀드를 인덱스, 리버스, 채권형, 채권혼합형, 주식형, 혼합형, MMF 등 여러 가지 하위펀드(sub-fund)로 조립된 엄브렐러펀드의 하위펀드로 구성하여 운용한다.

인덱스펀드와 리버스펀드 등 여러 개의 하위 펀드로 구성된 엄브렐러펀드에 가입한 투자자라면 주가가 하락장세로 접어들 때를 잘 포착해 리버스펀드로 갈아타는 전략을 취해 리밸런싱(rebalancing) 효과를 발생하게 하여 펀드의 투자위험을 최대한 회피하는 방법으로 활용하기 안성맞춤인 펀드이다.

반드시 펀드 내공을 쌓은 후 전문가의 도움을 구하면서 갈아타야

시장 상황에 따라 적절히 대응해 펀드 교체 타이밍을 잘 잡으면 주가가 하락할 경우뿐만 아니라 주가상승시에도 수익을 올려 일정 기간 유지해 나갈 수도 있는데, 다음과 같은 단점도 있으므로 가입시 주의해서 결정해야 한다.

첫째, 개별종목에 모두 투자할 수 있는 것이 아니라 현재는 KOSPI

200지수라는 한 지수에만 투자할 수 있도록 투자대상이 제한돼 있고 펀드멘털이 점점 탄탄해지고 있어서 장기적으로는 투자수익률이 저조하다.

둘째, 장세판단에 실패한다면 주가가 오름세로 돌아설 때 상승형 펀드로 갈아타지 못하고 오히려 상승장에서 혼자 손해를 보는 낭패를 당할 수도 있다.

셋째, 수익률 하락에 따른 손실뿐만 아니라 주가상승에서의 국외자로 전락해 많은 손해도 볼 수 있다.

넷째, 펀드변경을 할 경우 펀드투자 금액의 일부 조정이 안 되고 펀드평가액 전부를 다른 펀드로 전환해야 한다. 이 경우 환매 후 재가입하는 형태를 취하게 되는데, 이때 펀드간 전환수수료를 부과하므로 자주 이용하면 많은 비용부담이 뒤따른다.

다섯째, 주가가 계속적으로 하락할 때에만 효과를 보는 펀드 구조상 투자성과의 지속성을 얻기 곤란하므로 장기투자 대상으로는 부적합하다.

따라서 단기투자할 요량으로 펀드를 선택하고자 한다면 한번쯤 고려해볼 만한 상품이다. 그러나 전문투자자가 아닌 일반투자자들이 고수익을 시현하기는 그리 쉽지 않으므로 반드시 펀드 내공을 우선 쌓은 후 전문가의 도움을 구하면서 갈아타는 것이 성패의 관건이라 할 수 있다.

주가연계상품으로 레버리지효과를 노려라

안정적 수익을 추구하는 주가연계상품에 눈을 돌리자

"주식투자를 하고 싶은데 변동성이 심해 투자 위험이 많을 것 같다. 좀 더 안정적으로 투자할 무슨 묘안이 없을까?"

"주식투자를 해 현재 기간수익률이 마이너스이다. 이 경우 이 손해를 고스란히 안고 싶은가? 아니면 손해를 안 보고 원금이라도 회수하고 싶은가?"

"펀드 또한 주가가 하락하면 환매할 경우 손해를 많이 보는데 주가가 하락해도 손해 안 보는 투자상품이 없을까?"

있다!

바로 재테크의 한 방편으로 자리 잡아가는 AI(Alternative Investment)형 투자상품인 주가지수연동상품이 그것이다. 주식을 전혀 모르는 사람도 주식에 연계된 상품에 투자하면 투자리스크는 줄이면서 안정적으로 수익을 얻을 수 있다. 주식에 직접투자하는 것보다 적은 금액으로 높은 수익을 거둘 수 있는 레버리지(Leverage)효과가 있으므로 자산 포트폴리오에 일정한 비중을 두는 것도 바람직한 재테크 방법이다.

주가연계상품은 은행상품의 안전성을 상징하는 원금보장과 펀드의 수익성을 동시에 추구하려는, 즉 주식형펀드의 투자리스크를 꺼리면서도 채권형펀드 수익률에는 만족하지 못하는 안정지향적 성향의 투자자들에게 안성맞춤이다.

주가지수연동상품이란 자금의 일정부분을 주식 또는 관련 파생상품에 투자한 후 주가지수등락에 따른 수익을 추구하는 구조화 증권(structured securities)을 말한다. 이에는 증권사에서 판매하는 주가지수 연계증권(Equity Linked Securies : ELS)과 주식워런트증권(Equity linked Warrant : ELW), 자산운용사에서 판매하는 주가지수연계펀드(Equity Linked Fund : ELF), 은행에서 판매하는 주가지수연동예금(Equity Linked Deposit : ELD), 보험사에서 판매하는 주가지수연동보험(Equity Linked Insurance : ELI 또는 Equity Linked Annuity : ELA) 등이 있다.

원금보전과 높은 기대수익률을 동시에 추구하는 상품

주가지수연동상품의 공통점은 주가의 변동과 연계(Equity Linked)해 시장금리(Interest Rate) 수준 이상을 시현해주는 투자형상품이라는 점이다.

주가지수 연계상품의 상품구조 비교 분석

상품명	발행사	판매사	투자대상	주요 특징	원금보장	가입기간
ELD(주가연계예금)	은행	은행	정기예금, 파생상품	정기금리 이상 추가수익 기대, 원금 100% 보장	원금보장, 5,000만 원까지 예금자보호	거치식, 1~3년
ELS(주가연계증권)	증권사	증권사	유가증권 매입(채권, 주식, 파생상품)	목표주가에 도달하면 원금과 수익률 조기상환하는 유가증권, 사전 제시한 일정비율 내 원금보장	원금보장형, 증권사 파산시 원금보장 불능	2~3년, 최소 100만 원 이상
ELF(주가연계증권)	운용사	운용사, 증권사	수익증권 매입	ELS상품 편입 운용, 운용실적에 따라 수익률 제공하는 투자신탁상품	원금보장 추구 (운용성과에 따라 원금보장 여부 결정)	2~3년
ELI(주가연계보험)	보험사	보험사	채권, 주식, 파생상품	최저 보장이율 적용(주가하락시 주계약보험료 보장 지급), 보험혜택	5,000만 원까지 예금자보호	5~10년 (ELA형으로 판매)
ELS펀드	운용사	증권사, 운용사	ELS를 펀드 내에 편입	기준가 이상 상승시 조기상환, 지수 변동에 따라 제시한 수익률 제공	기준주가 대비 수익률 하락하지 않을 경우 만기원금보장	2~3년
ELW (주식워런트증권)	증권사	증권사	워런트(선물, 옵션 등)	특정 종목의 주가지수를 미리 정한 가격에 사고팔 수 있는 권리가 부여된 주가지수 옵션 상품	원칙적으로 원금보장 안 됨	3개월~3년

원금을 안전한 자산에 운용해 만기시 원금을 보장하고 원금에서 발생하는 이자를 주가지수옵션 상품에 투자해 주가지수가 약정된 수준 이상으로 오르면 추가수익을 지급해 투자원금의 안전성과 주가상승에 따른 실적배당을 동시에 기대하는 안정적 수익추구형 파생상품(Financial Derivatives)이다.

옵션(Option)을 이용하면 보유주식의 가치하락위험을 제한시킴으로써 이익 상승효과를 가져올 수 있으므로 직접 주식에 투자하는 것보다 수익을 안정적으로 창출할 수 있게 된다. 대부분 조건부 원금보장상품으로 기준주가 대비 일정조건 이하(대개 30~40% 이하)로만 수익률이 떨어지지 않으면 해당수익(약정이자 지급)을 보장해주는 녹아웃(Knock-out)형과 불 스프레드(Bull spread)형의 복합 형태로 운용된다.

목표기준가 이상 상승시 기간단위로 조기상환이 가능하다는 장점도 있다. 시장전망이 불투명한 상황에서는 다른 예금상품보다 높은 수익률을 시현해주므로 재테크 투자전략 차원에서 선택해봄직하다.

펀드와 주가지수 연계상품의 차이점

펀드와 주가지수 연계상품은 둘 다 간접투자상품이지만 아래와 같은 차이점이 있다.

1. 펀드는 고수익을 추구하는 실적배당형 투자상품이지만 주가연계상품은 대부분 수익의 배분형태가 확정금리형이다.

2. 펀드와 주가지수연계상품의 차이점은 펀드는 주가가 하락하든 하지 않든 매년 평가금액(평잔기준)의 약 2.5%에 대해 펀드수수료가 부과되지만 주가지수연계상품은 부과되는 수수료가 없다.

3. 펀드는 거치식과 적립식으로 구분되는 데 반해 주가지수연계상품은 거의 거치식이다.

4. 주가지수연계상품은 대부분 원금이 보장되지만 펀드는 원금이 보장되지 않는다.

5. 펀드보다는 주가지수연계상품이 투자리스크 측면에서 상대적으로 작다. 그러나 주가가 급상승할 때에는 주식형펀드보다 수익률이 낮게 형성된다.

6. 펀드는 코스트 애버리징 효과가 있어 장기간 투자하면 안정적인 고수익의 실현이 가능한 상품이다. 주가지수연계상품은 대부분 확정금리형이어서 중도해지시 불이익이 많이 따르므로 만기까지 유지하는 게 유리하다.

원금보장 여부와 수익의 안정성 등을 고려해 선택하라

주가연계상품 대부분이 원금보장형 상품이지만 원금비보장형 상품도 있다. 원금보장형이라도 ELD 이외에는 대부분 상품이 원금보장을 추구할 뿐 원금보장이 100% 다 되지 않는다. 중도해지와 환매는 ELD, ELF, ELI는 가능하지만 ELS, ELS펀드, ELW 등은 약간 제한적이며 환매수수료가 부과된다. ELS 연계상품을 선택할 때에는 발행사의 상품과 조기상환율(조기상환형의 경우)이 중요한 선택기준이 된다.

조기상환율이 높으면 높을수록 투자자는 투자한 자금은 물론 수익금까지도 조기에 회수할 수 있지만 조기상환율이 낮게 되면 투자원리금에 대한 회수 지연과 주가하락시 위험부담이 커질 수 있다.

상품구조가 여러 가지 조건을 복합적으로 조합해 매우 복잡하고 상품유형에 따라 수익률 구조도 매우 달라진다. 특히 ELW는 주가지수 옵션과 흡사해 주가하락시 원금손실 가능성이 높다.

따라서 가입할 때에는 전문지식을 어느 정도 갖춘 후 기초자산(Underlying Asset)의 비중과 파생상품의 구조를 종합적으로 살펴보고 이의 변동성과 원금보장 여부를 체크해 보면서 발행사의 신용도와 능력을 고려해 반드시 전문가의 도움을 받는 것이 바람직하다.

4장

펀드투자시 고수익 실현의 변수, 펀드수수료 확실히 챙기기

펀드수수료 체계를 정확히 알고 슬기롭게 대처해야 고수익 실현이 가시화된다.

펀드수수료 꼼꼼히 따져본 뒤 가입하라

재테크는 투자한 돈의 지불비용을 정확히 파악하는 데서 출발한다

적립식펀드가 보편화되어 있는 미국에서는 펀드투자자들이 펀드에 가입할 때 가장 먼저 고려하는 요소가 바로 보수와 수수료 등 자기 돈에서 지불되는 비용이다. 그런데 우리나라에서는 아직도 이를 깊이 생각하지 않고 투자자들 또한 판매사나 운용사에게 너무(?) 너그럽게 대한다. 내 돈에서 얼마가 보수로 공제되나보다는 그냥 앞으로 수익을 얼마나 올릴 수 있는지에만 더 관심이 있다.

판매사나 판매자들이 투자자들에게 신탁보수(Trust Fee)에 대해 충분히 설명하지 않고 또한 투자자들도 이를 간과하면서 깊이 생각하지 않고 단지 그 당시 수익률만 보고 상품에 가입하는 경향이 있는데, 이는 펀드투자시 매우 위험한 행동이다.

자신이 재테크하는 목적과 투자한 돈에서 지불되는 비용을 정확히 따져 실질적인 수익이 얼마나 날지 판단하고 투자종목을 선택해야 한다. 새어나가는 돈은 없는지, 있으면 얼마나 되는지 정확히 계산하고 판단할 줄 알아야 내가 기대하는 펀드수익의 규모가 얼마나 될지 가시적으로 알 수 있다.

따라서 적립식펀드에 가입할 때는 반드시 신탁보수체계를 살펴보고 신탁보수와 판매보수, 환매수수료 등 지불되는 비용이 가장 적은 펀드를 선택하는 것이 수익률을 제고할 때 바람직한 방법이다. 수수료는 펀드이익금에서 차감되기 때문에 수수료의 많고 적음이 수익률 제고에 영향을 크게 미치는 것은 당연하다.

펀드에 가입하면 처음뿐만 아니라 운용기간 내내 그리고 결산할 때도 수수료를 낸다. 또한 배당금에서도 수수료, 즉 운용보수를 공제한다. 환매할 때에는 또 환매수수료를 낸다. 따라서 가입한 다음부터 환매(해지)하는 그날까지 자신이 투자한 돈에서 보수비용이 빠져나간다는 사실을 잊어서는 안 된다.

신탁보수는 펀드유형별로 차이가 많은데, 펀드에 투자하는 주식투자 비중이 크면 클수록 투자비용 또한 비례하여 늘어난다고 생각하면 된다. 따라서 주식형펀드가 가장 높고 그 다음 혼합형펀드, 채권형펀드, MMF 순으로 낮아진다.

현재 적립식펀드의 연평균 수수료는 주식형펀드가 2.6% 정도이고, 혼합형펀드는 1.5%, 채권형펀드는 0.5% 안팎이다.

수익률 제고의 첫 관문은 펀드비용과 성적

펀드 가입이 보편화되어 있는 미국에서는 펀드를 어떻게 고를까? 그리고 무엇을 가장 먼저 고려하면서 선택할까? 미국 투자자들은 펀드수수료와 비용, 펀드의 과거 운용실적 등을 가장 먼저 본다.

미국의 펀드투자자들이 펀드를 선택할 때 우리나라 사람들과는 달리 과거수익률보다 펀드 비용과 보수체계에 관심을 더 많이 두고 가입할 때 중요한 잣대로 삼으면서 꼼꼼하게 따져보는 까닭은 바로 펀드비용, 즉 운용수수료가 장기적으로 펀드를 운용할 때 펀드투자 수익률에 영향을 많이 미치기 때문이다.

펀드에 가입하는 목표기간은 중장기간이라는 사실을 유념하면서 펀드수수료 부과 규모를 반드시 확인한 뒤 자신의 성향과 재테크 궁합에 맞는 최적의 펀드를 골라 가입해야 한다.

펀드수익률제고 학습

가입한 펀드상품들의 상품유형과 펀드수수료를 다시 한 번 확인하자.

....

....

가입할 펀드상품의 펀드수수료 규모를 확인한 후 비슷한 다른 펀드상품들과 비교 분석해 보자.

....

....

펀드수수료 부과방법을 정확히 알라

신탁보수의 운용체계 정확히 알기

직접투자할 때는 내 돈 중 일부를 남에게 주지 않고도 투자수익을 거의 고스란히 내 것으로 거두어들일 수 있지만 간접투자할 때는 공짜인 게 전혀 없다. 남에게 내 대신 투자해달라고 돈을 맡기는 것이 간접투자이므로 그에 따른 대가를 반드시 지불해야 한다. 즉 펀드투자는 투자한 돈의 운용과 관리에 대한 심부름값을 상대방에게 꼭 주어야만 거래가 성사될 수 있다. 따라서 펀드투자에서 보수와 수수료는 간접투자하는 대가로 지불되는 필수적 경비. 이런 기본인식을 일단 갖고 난 다음 펀드투자의 길로 들어서야 한다.

그럼 신탁보수와 펀드수수료는 얼마나 되고 또 어떻게 지불할까? 펀드투자에서 보수와 수수료가 만만찮은데 우선 펀드수수료 개념부터 정확히 알아둘 필요가 있다. 투자자들은 펀드에 가입하면서부터 자금을 찾을 때까지 펀드비용을 지불한다.

펀드비용은 가입하는 시점부터 환매하는 시점, 즉 해지하여 적립금을 받을 때까지 지불하는 보수와 수수료를 말한다. 투자할 때 내야 할 펀드비용에는 수수료와 신탁보수가 있다. 흔히 일반인들이 수수료라고 뭉뚱그려 이야기하지만 두 개념은 서로 다르다.

보수(fee)는 펀드가 만들어져 운용되고 청산될 때까지 펀드운용에 대한 노력의 대가로 지불하는 모든 비용으로, 환매수수료도 이에 포함된다. 수수료(commission)는 펀드에 가입할 때 판매에 대한 일을 맡아 처리해준 대가로 판매사(은행, 증권사, 보험사)에 지급하는 모든 지출비용이다.

보수는 일반적으로 펀드 순자산총액에 대해 연단위 %로 계산하여 정기적으로 매일매일 부과되는 반면, 수수료는 대개 일회성 비용으로 지불되는데, 이들 보수율체계와 펀드수수료부과 방법은 투자설명서, 신탁약관 등에 자세히 명시되어 있다. 그러나 얼마를 떼는지 정확한 금액은 펀드운용 성과에 따라 매일 다르게 나타나므로 하나하나 알기는 곤란하다.

적립식펀드 수수료는 순자산총액을 기준으로 매일 공제한다

수수료는 펀드에 가입할 때 지불하는 선취수수료, 펀드를 가입한 후 지불하는 후취수수료, 중도환매 때 지불하는 환매수수료 등으로 구분한다. 선취수수료와 후취수수료는 판매사와 운용사, 수탁회사,

사무관리회사 등의 몫이고 환매수수료는 펀드로 남아 있는 기존 가입자들에게 돌아가는 몫이다. 선취수수료 펀드는 가입 당시에 판매수수료를 한꺼번에 내고 2년째부터는 운용수수료만 내게 되어 있으므로 단기투자자에게는 불리하고 장기투자자에게는 유리하다.

그러나 반대로 후취수수료는 연간요율로(365일로 나눈 일별요율로) 가입한 이후부터 펀드의 순자산총액[순자산총액(Net Asset Value)이란 펀드의 시장가격에서 부채를 뺀 금액, 즉 펀드의 시가총액을 말한다. 자산총액에서 신탁보수 같은 미지급된 부채총액을 공제하고 유가증권 평가손익을 가감하여 산출한다. 순자산총액은 펀드 기준가를 계산할 때 기초가 되기 때문에 매일매일 계산한다]에 비례하여 환매하는 그날까지 매일매일 계산하여 공제하므로 공제금액이 점점 커져서 수익구조가 장기투자자에게는 선취수수료보다 훨씬 불리하게 된다.

추가형펀드는 전일의 순자산총액을 기준으로 하여 수수료를 매일매일 공제하지만 단위형펀드는 결산일과 중간결산일에 일괄 공제한다. 대부분의 적립식펀드가 추가형펀드이므로 내가 가입하려는 펀드 또한 매일매일 펀드수수료를 공제한다고 생각하면 된다.

펀드비용에 대한 지급대상은 모두 다르다

펀드에 가입하면 단순히 판매보수만 지급하는 게 아니다. 일반적으로 적립식펀드는 신탁보수 및 수수료 명목으로 판매보수와 운용보수, 수탁보수, 평가보수, 환매수수료, 기타 여러 가지 수수료와 비용 등을 지불한다. 펀드를 운용하는 자산운용사에게 지불되는 운용보수(운용수수료)와 은행 등 펀드자산을 보관해주는 펀드관리사에게 지불되는 수탁보수(수탁수수료)가 넓은 의미의 신탁보수다. 신탁보수의 경우 대개 70%는 판매사인 은행이나 증권사, 보험사에게, 30%는 펀드운용사 몫으로 나간다.

운용보수, 즉 운용수수료는 펀드를 운용하는 투신운용사 또는 자산운용사가 펀드를 운용해준 대가로 받는 수수료다.

판매보수, 즉 판매수수료는 은행, 증권, 보험사 등 투자자들을 직접 상대하는 판매사가 투자와 관련된 정보제공, 결제 서비스 같은 대가로 받는 수수료다. 증권사, 은행, 보험 등 판매사에게 지불되는 판매보수가 바로 수수료 개념이다. 그래서 일반적으로 판매수수료라고 칭한다.

수탁보수, 즉 보관수수료는 해당 펀드가 투자하는 주식이나 채권, 현금 등 펀드자산을 보관·관리해주는 대가로 은행 등 자산보관회사, 즉 수탁회사가 받는 비용이다. 펀드판매사는 금융사고를 방지하기 위해 투자자가 맡긴 돈을 직접 보관하거나 운용사에 일임하지 않고 투자자를 보호하려고 은행 등 공신력 있는 금융기관에 맡겨둔다.

운용사에서 펀드 내 종목을 매매할 때는 일일이 수탁회사에 자금주문을 요청하고, 수탁회사는 자금을 집행해주면서 펀드운용과 투자자와의 약속이행 위반 여부를 감시하는 역할도 수행하므로 수탁회사 선정도 매우 중요하다.

사무관리보수는 매일매일 펀드의 기준가격 계산과 가치 산정, 운용보고서 작성 등 일반 업무에 드는 비용으로 사무관리회사에 지급한다. 그리고 평가보수는 펀드평가회사에 지급하는 비용이다.

기타 수수료와 지출비용요소로는 펀드매니저가 시장 상황에 따라 편입된 주식을 매매하는 데 드는 비용(매매수수료)과 펀드의 소송비용, 운용사에서 펀드운용을 위한 총회 등을 개최하였을 경우 들어가는 제반 비용이 있다.

이 중 매매수수료는 고정지출비용은 아니지만 주식과 채권, 파생상품 등 펀드 내에 보유 중인 종목을 매매할 때마다 발생되는 비용으로, 수익률 제고에 변수로 작용한다. 펀드매니저가 해당 펀드 내의 주식종목에 대해 단타매매를 수시로 하게 되면 매매수수료(중개수수료) 부담은 그에 비례하여 커지게 된다.

이밖에 주식매도시 지불되는 증권거래세, 수익증권을 증권예탁결제원에 예탁할 때 드는 결제수수료 등이 있다. 이런 다양한 보수가 수익률 제고에 영향을 많이 미친다. 특히 장기투자시에는 결정적으로 영향을 미치게 된다.

펀드수수료는 복리로 눈덩이처럼 불어난다

가입기간이 늘수록 기하급수적으로 늘어나는 펀드수수료

"펀드수수료가 고정되어 있다고 생각하는가? 아니면 매월 계속 늘어난다고 생각하는가? 매월 늘어나는 게 정답이다. 그럼 매월 늘어나는 펀드수수료는 단리로 늘어날까? 복리로 늘어날까?"

여기서 고개를 갸웃하는 사람도 있을 것이다. 단리로 늘어난다면 그래도 그동안 쌓인 적립금에서 계속 빠져나가리라고 단순히 생각한다.

그러나 복리로 늘어난다면 얼마가 될지는 몰라도 매우 많이 빠져나갈 것이라 여기면서 도대체 얼마나 많이 빠져나갈지 궁금해한다. 또한 장기간 불입했을 경우 수익률 변화 추이에 대해 불안감도 없지 않아 있다.

특히 수익률이 변변치 못할 경우 펀드평가금액에서 이유 여하를 불문하고 무조건 펀드수수료가 매일 복리형식으로 빠져나간다면 걱정이 이만저만이 아니다.

그런데 안타깝게도 펀드수수료는 복리로 빠져나간다. 즉 펀드수수료가 눈덩이처럼 복리로 불어나 힘들게 투자해서 번 돈(적립금액)을 야금야금 갉아먹는다. 펀드수수료가 정말 복리로 불어날까? 이런 의구심을 품고 있다면 지금부터 잘 살펴보기 바란다.

국내외 펀드 전문가들은 노후자금이나 자녀학자금, 주택자금 마련 등 10년 이상을 바라보고 펀드에 투자하는 경우에는 펀드비용(수수료, 보수, 매매비용 포함)을 꼼꼼히 따져야 한다고 지적한다. 단 0.5%의 비용 차이라 하더라도 10~20년 동안 쌓일 경우 무시하지 못할 수익률 차이가 난다. 이른바 '복리효과'라 불리는 투자의 마술이 펀드수수료에도 고스란히 적용되는 것이다.

펀드수수료 절약은 간접투자의 기본

미국 투자서비스업체인 뱅가드(Vanguard)그룹 설립자로서 인덱스펀드의 창시자인 존 보글(John Bogle)은 가장 중립적으로 펀드리서치를 하는 전문가로 유명한데 그는 "반짝이는 게 모두 금은 아니듯 펀드의 이면엔 어둠이 많다. 가령 증시호황의 과실은 개인투자자보단 펀드매니저가 더 챙길 수 있다. 바로 고비용 때문이다"라고 갈파했다. 그러면서 "도박판과 마찬가지로 증시에서도 개평꾼들(판매사, 운용사, 수탁사, 펀드매니저 등)의 몫을 최소화하는 게 높은 수익을 올리는 지름길이다"라고 역설했다. 투자비용을 최소화하는 것이 펀드투자의 성공을 가름하는 잣대가 된다는 것이다.

펀드수수료는 복리형식으로 눈덩이처럼 불어나기 때문에 가입기간이 길면 그해에 발생한 펀드수익보다 비용지출로 차감되는 펀드수수료가 더 많게 되는 기이한 현상이 일어날 수 있게 된다. 수익률 단 1%를 더 올리려고 여기저기 기웃거리면서 알아보고 장기투자를 하려고 힘들게 결정한 펀드가 나중 수익률이 펀드수수료라는 암초에 걸려 실질수익률이 기대치에 훨씬 못 미친다면 이는 참으로 난감하게 다가올 것이다.

펀드수수료는 펀드평가금액 기준으로 매일 차감한다

장기투자할 경우 펀드수익률은 고수익을 실현하여 목적자금을 마련하는 데 가장 큰 변수라는 사실을 명심하면서 신중히 선택해야 한다. 펀드수수료는 수익이 한푼도 나지 않더라도 매일매일 꼬박꼬박 부과된다. 수수료는 투자원금이 아니라 원금과 수익금을 합한 매일의 평가금액에서 빠져나간다.

 펀드나무 열매 수확 위한 소중한 씨앗 한 톨

현재 판매되는 적립식펀드는 대부분 펀드수수료 부과방법이 후취형이라서 매일매일 종가를 반영한 평가금액(펀드의 순자산총액 기준) 안에서 연 몇 %기준을 책정한 다음 일별계산하여 매일 떼어가는 차감형식을 취한다는 점, 펀드수수료는 펀드가 입금액, 즉 매월 불입되는 금액이 아니라 그간 차곡차곡 쌓인 적립금인 평가금액(평잔)이 기준이라는 점, 불어난 금액이든 빠져나간 금액이든 관계없이 그날 쌓여 있는 적립금액에서 매일매일 떼어간다는 점, 이에 따라 장기투자시에는 펀드수수료가 매우 큰 부담으로 작용할 수 있다는 점 등을 반드시 유념하면서 펀드를 잘 선택해야 실질수익률을 높일 수 있다는 사실을 반드시 명심해야 한다.

펀드수수료 부과방법의 함정을 알고 대처하라

펀드수수료 얕잡고 장기투자하면 큰코 다친다

맨 처음 적립식펀드에 가입할 때 운용설명서나 투자설명서를 보면 펀드수수료율을 연 몇 퍼센트씩 공제한다고 명시되어 있다. 이를 보고 많은 투자자(가입자)들이 대수롭지 않게 생각한다.

적립식펀드의 연간 펀드수수료(후취부과방식)가 2%라 한다면 매일 공제하는 지출비용은 평가금액의 0.00547945%이다. 변액유니버설보험의 펀드수수료가 0.9%라 한다면 매일 차감하는 펀드비용은 적립금액의 0.00246575%이다.

그럼 혹자는 말할 것이다.

"에구, 고작 이 정도밖에 수수료를 안 떼는감?"

이렇게 생각하고 펀드수수료가 비싼 상품에 덥석 가입하여 장기간 유지한다면 나중에 후회막급할 수 있음을 알아야 한다. 그 이유는 다음에서 설명하겠지만 펀드수수료 부과방식의 함정(?) 때문이다. 이게 바로 적립식펀드투자의 아킬레스건이다.

투자의 귀재로 불리는 워런 버핏(Warren Buffet)은 수수료 징수금액이 너무 크다고 불평하면서 이것이 장기투자의 발목을 잡는다고 하였다.

그래서 그는 펀드수수료가 높은 상품은 5년 이상 장기투자하지 않는다고 한다. 그럼 투자의 귀재인 그가 왜 이런 말을 했고 적립식펀드에 장기투자하지 않는 걸까? 더구나 미국은 우리나라보다 펀드수수료가 훨씬 싼데도 말이다.

그리고 특히 10년 이상 장기투자로는 왜 적립식펀드가 적합하지 않을까? 여기서 이 문제를 반드시 풀고 넘어가야 적립식펀드 투자와 동시에 10년 이상 투자시 가장 적합한 상품인 변액보험투자의 길을 올바로 갈 수 있다.

펀드수수료는 매일 평가금액에 대해 주로 후취적용한다

적립식펀드 수수료가 매월 불어나는 것은 수수료 부과방법이 평가금액에 대해 주로 후취로 이루어지기 때문이다. 펀드수수료는 펀드의 평가금액을 기준으로 매일 차감한다. 매일매일 펀드 기준가격을 산정하면서 연간 공제할 수수료율을 365분의 1로 나눈 하루치를 공제하는 것이다.

적립식펀드는 연평가액을 기준으로 하여 선취 또는 후취방법으로 수수료를 징수한다. 즉 원금에 대해 수수료만 징수하는 선취수수료펀드와 원리금, 즉 펀드의 평가금액에 대해 수수료를 징수하는 후취수수료펀드가 있는데, 대부분의 적립식펀드상품이 후취수수료를 적용한다.

일부 펀드의 경우 판매보수는 선취수수료를 적용하고 운용보수와 수탁보수, 사무보수, 기타보수는 후취수수료를 적용한다. 거치식은 선취수수료를 적용하는 상품도 있다.

그런데 후취식은 앞에서 설명했듯이 누적금액에 대해 펀드수수료를 지불하므로 해를 거듭할수록, 경과기간이 길면 길수록 복리효과와 같이 펀드수수료가 산술급수적으로 늘어난다. 투자금액이 늘어난 평가금액 전체에 대해 수수료를 부과하기 때문에 후취수수료의 규모는 매우 커진다.

나중에는 그해 거두어들인 수익보다 수수료로 공제되는 돈, 즉 적립금액에서 빠져나가는 돈이 더 많게 되는 어처구니없는 상황도 발생할 수 있다. 따라서 이를 잘 살펴봐야 한다.

예를 들어 매월 불입하는 원금이 100만 원이라 하자. 적립식펀드의 경우 후취수수료로 징수한다고 했을 때 펀드수수료는 얼마나 될까? 알기 쉽게 그냥 투자수익률을 일체 생각하지 않고 원금에 대해서만 간단히 수수료 규모를 살펴본다.

물론 펀드수수료는 매월 공제하는 것이 아니라 매일매일 기준가격을 산정하면서 평가금액(원금+평가손익)에 대해 연간 적용 수수료율의 하루치를 공제하지만, 계산상 알기 쉽게 한 달에 한 번 공제하는 것으로 하고 설명한다. 앞으로도 이 책에서는 이와 같은 방식으로 계산해 설명할 테니 오해하지 말기 바란다.

이 경우 매일 공제되는 펀드수수료 차감공식은 '펀드평가금액×연간수수료×1/365'이다. 펀드평가금액을 계산하는 공식은 다음과 같다.

펀드평가금액=평가일 현재의 펀드기준가×펀드잔고 보유좌수/1,000

그럼 위에서 예시한 대로 한번 계산해 보자.

적립식펀드의 후취수수료 규모가 2.5%라면 수수료는 첫 달에는 한 달치만 공제하므로 약 2,083원(25,000원÷12=2,083.333)이 된다(이 경우 또한 계산하기 편리하게 소수점 이하는 생략하기로 한다. 이하 동일). 이럴 경우 1년 동안 지불하는 수수료 공제금액은 2,083원×〔12(12+1)〕÷2=162,474원이 된다. 이럴 경우 공식은 'P×〔n(n+1)〕÷2'이다.

5년 동안 적립식펀드에 투자한다면 적립식펀드의 총수수료규모

는 2,083원×[60(60+1)]÷2=3,811,890원이 된다. 이는 월불입금 100만 원의 4배 수준이다.

10년 동안 불입한다고 가정한다면 적립식펀드의 총수수료는 2,083원×[120(120+1)]÷2=15,122,580원이 된다.

자그마치 월불입금 100만 원의 약 15배 수준이다. 20년 동안 불입한다고 가정한다면 적립식펀드의 총수수료는 2,083원×[240(240+1)]÷2=60,240,360원이 된다. 월불입금 100만 원의 무려 60배 수준이 되는 어마어마한 금액이다.

펀드 후취수수료는 장기투자시 최대 걸림돌

앞에서 계산한 수수료는 단순히 매월 불입하는 100만 원에 대한 원금만 갖고 단순히 따져보았을 때 차감되는 금액이다. 또한 소수점 이하는 계산하지 않았다. 수익이 발생하면 평가금액이 높아지므로 당연히 수수료 공제금액 또한 더 많아진다.

예를 들어 적립식펀드에 위 사례와 같이 매월 100만 원씩 10년 동안 불입했는데 이 가운데 총누적수익률이 10차연도 원금 1억 2,000만 원의 200%가 발생하였다고 단순히 계산해 보자. 이때 11차연도까지 유지한다고 가정할 때 11차연도에만 공제되는 수수료는 얼마나 될까?

단순히 계산해 보면 원금 1억 2,000만 원과 이자 2억 4,000만 원을 합해서 총 3억 6,000만 원이 쌓인다. 이 3억 6,000만 원에 대한 연간 수수료는 900만 원(3억 6,000만 원÷2.5%)이 된다.

그러면 매월 75만 원이 수수료로 빠져나가는 셈이다. 매월 불입하는 100만 원보다 25만 원 적은 금액이 수수료로, 알토란같은 평가금액(적립금액)에서 차감된다. 물론 그해 매월 불입하는 100만 원에 대한 수수료를 일단 제외하고도 말이다.

특히 이보다 더 장기간 가입하는 경우와 그동안 주가가 큰 폭으로 상승한 경우 펀드수수료 명목으로 지불되는 비용은 더욱 많이 발생한다. 사실상 장기 가입하면 수익률이 저조하게 발생할 경우 자칫 손해보는 아이러니한 상황이 연출될 수도 있다. 판매사와 운용사는 돈을 벌지만 투자자는 고스란히 손해만 보는 잘못을 범할 수도 있다.

이와 같이 펀드수수료는 불입기간이 길면 길수록 어마어마하게 불어난다는 사실을 반드시 명심하고 펀드투자에 대한 기본인식과 더불어 목표자금 마련에 대한 뚜렷한 목적의식을 갖고 펀드를 신중히 선택해 가입해야 한다. 그래서 10년 이상 장기투자는 적립식펀드가 아닌 변액보험으로 해야만 한다. 이에 대해서는 뒤에서 그 이유를 자세히 설명하기로 한다.

펀드상품은 수수료만 공제하지 않는다

적립식펀드와 변액보험에는 부가공제비용이 많다

아리송 씨는 변액보험의 자산운용보고서를 받았다. 자신이 가입한 변액보험 주식혼합형 펀드의 수수료가 연간 0.8%라고 알고 있는데 총보수 비용비율(Total Expense Ratio : TER)이 0.9~1.2%가 아닌가!

해당 보험사에서 정기적으로 보내온 자료를 모두 들추어 보아도 펀드 운용수수료와 운용보고서상에 기재되어 있는 총보수 비용비율이 모두 각기 달랐다.

이게 도대체 어떻게 된 일일까? 아리송 씨는 분명히 펀드수수료는 0.8%라고 알고 있고 팸플릿에도 그렇게 기재되어 있음은 물론 해당 보험사에 전화로 확인해 봐도 담당자가 그렇게 일러주는데….

좀더 자세히 알고 싶어 해당 회사 변액상품 취급부서에 전화해 물어

보니 펀드운용 수수료 외에 추가로 공제하는 부분이 있어서 그렇다고 한다. 아무리 설명을 들어도 영 이해되지 않았다.

  위 사례는 필자에게 어느 독자가 질문한 것을 실은 것인데, 이는 변액보험뿐만 아니라 적립식펀드 또한 마찬가지다. 펀드상품은 펀드수수료만 공제하지 않는다.

  적립식펀드 또한 변액보험과 같이 자산운용업법에 따라 자산운용보고서를 투자자에게 반드시 분기별로 제공하도록 되어 있고 보고서 내용도 엇비슷하다.

  그런데 적립식펀드나 변액보험이나 위와 같은 펀드수수료 외에 공제되는 부가비용은 직접 해당 펀드상품에 가입하고 운용보고서를 받아 눈여겨보아야 알 수 있는 내용이기 때문에 맨 처음에는 당연히 모른다.

  그런데 이왕 펀드에 투자하기로 마음먹었다면 이러한 부분까지 짚고 넘어가야 한다.

따라서 실질적으로 투자되는 금액은 생각했던 것보다 조금 적어지고 수익률 또한 그에 비례해서 발생한다는 것을 알아두어야 한다. 그럼 총보수 비용비율이란 무엇일까?

수익률제고시 최대변수는 총보수 비용비율 증가

펀드투자시 투자수익률을 올리는 데 가장 큰 변수는 보수와 수수료를 모두 포함한 총보수 비용비율의 증가다. 총보수 비용비율(TER)은 판매·운용·수탁·일반보수 등 펀드의 각종 보수율과 여기에 운용비용을 합한 총지출비용을 말한다. 즉 펀드에서 정상적·반복적으로 지출되는 각종 보수와 비용을 순자산의 연평균잔액으로 나눈 비율을 말한다.

적립식펀드의 경우에는 투자신탁(수익증권, 즉 펀드)이 부담하는 비용인 판매보수, 수탁보수, 운용보수, 사무관리보수, 평가보수, 기타보수 그리고 변액보험의 경우에는 특별계정운용보수와 특별계정수탁보수 등 매월 상시적으로 차감되는 신탁보수뿐만 아니라 간접투자자산운용업법에 따른 회계감사비용, 자산운용보고서 제공비용, 투자증권의 평가비용, 일반사무 관리보수 등 기타비용을 특별계정 자산에서 차감해야 한다. 따라서 총보수 비용비율은 운용설명서에 기재되어 있는 펀드운용 수수료 규모보다 크다.

일반적으로 총보수 비용비율은 채권형펀드가 가장 낮고 주식형펀드가 그 다음이고 해외투자펀드가 가장 높게 나타나는데, 이 비율은 펀드상품마다 각기 다르므로 잘 살펴봐야 한다. 특히 매매회전율이 높으면 높을수록 총보수 비용비율 또한 비례하여 증가하게 된다.

매매수수료와 펀드부가비용은 투자수익률 제고의 변수로 작용한다

투자신탁수수료, 즉 펀드수수료만 내면 된다고 생각하면 큰 오산이다. 펀드운용과 유지평가, 관리 등에 드는 모든 비용은 펀드에서 충당된다.

펀드는 투자자들의 자금이 모인 것이므로 펀드유지에 드는 비용도 투자자 부담이라고 생각하면 된다. 이런 비용을 관리비용이라고 한다.

대표적인 관리비용으로는 '주주총회 개최와 관련된 비용' '회계감사비용' '투자증권의 매매수수료' 등을 들 수 있다.

이런 부분은 적립식펀드 또한 마찬가지다. 특히 주식과 채권매매를 할 때 중개회사에 지불하는 매매수수료(중개수수료)는 거래금액에 비례하여 공제한다.

따라서 매매회전율이 높으면 높을수록 평잔에서 빠져나가는 비용 지출규모가 커져 수익률 제고에 걸림돌이 될 수 있으므로 동일기간 내 수익률 변화추이를 손익현황과 비교해본 후 궁금한 점이 있으면 해당사에 문의하여 이해하고 넘어가야 한다(펀드가입 후 펀드수수료 이외의 부가비용지출 및 매매회전율에 따른 투자수익률 변화 여부에 대한 분석과 투자로드맵 제시는 필자가 지은《펀드투자, 흥하는 길 망하는 길》에 자세히 실려 있으므로 참조하면 된다).

총보수 비용비율이 높으면 그만큼 펀드운용 비용이 많이 들어간 것이므로 동일한 수익률이라면 총보수 비용비율이 낮은 펀드에 가입하는 것이 유리하다.

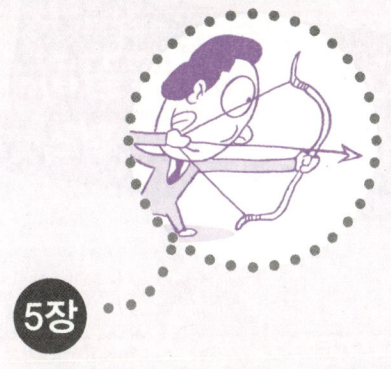

5장

변액보험투자시 고수익 실현의 변수 정확히 알기

변액보험 투자수익의 종합적인 흐름과 패턴을 알고 투자하라.

펀드수익률 꼼꼼히 따지듯이 사업비도 따져라

변액보험의 사업비 규모는 투자수익률 제고시 최고변수

먼저 아래 문제부터 풀고 시작하자.

"100미터 경주를 할 때 한 사람은 제 위치에서 출발하고 다른 사람은 그보다 10미터 이상 앞선 지점에서 출발하였다. 두 사람의 체력과 순발력, 달리기 기술이 비슷하다면 누가 골인지점에 먼저 도착하여 결승 테이프를 끊을까?"

뻔한 문제를 낸다면서 어린애 취급하지 말라고 항의하는 사람도 있을지 모른다. 그러나 매우 중요한 요소가 밑바탕에 깔려 있는 문제이기 때문에 여기에 제시했다.

당연히 특별한 돌발변수가 없는 한 10미터 이상 앞선 지점에서 출발한 사람이 우승한다고 생각한다. 그리고 이러한 경기는 애초부터

물이 살붓되었다고 강하게 항변할 것이다. 분명히 누구는 백이 있어 그렇다고 하면서 너무 편파적이라고도 할 것이다.

그런데 단순히 재테크 목적으로 가입하는 간접투자상품 가운데 적립식펀드와 양대 기둥역할을 하는 변액보험상품이 맨 처음 출발선에서는 바로 그런 형국이다.

"아니 그게 무슨 소리야?" 하면서 고개를 갸우뚱하는 사람도 있을 것이다. 왜 이런 문제를 냈는지 이해하는 데 도움이 되게 하기 위해 사례 하나를 실었다.

"직장인 홍길동 씨는 3년 전 지인의 소개로 만난 설계사를 통해 매월 30만 원씩 A생명보험사의 변액보험상품에 가입했다. 담당설계사는 위험성은 있지만 적립식펀드보다 보수적으로 운용하므로 더 안전하다고 하면서 수익률이 높은 주식형펀드를 선택하도록 친절하게 조언해 그리 가입했다. 홍길동 씨가 3년간 납입한 총보험료는 1,080만 원인데 지난달 그간 펀드수익률이 궁금하여 적립금을 확인해본 결과 1,013만 원으로 납부한 돈보다 오히려 적었다. 자신의 눈을 의심해 재삼 확인해 보았지만 확실했다. 그런데 도저히 이해가 안 가는 것은 보험사에서 보내준 설명서에는 연운용수익률이 8.15%로 기록돼 있다는 점이다. 참 황당하고 어이가 없다. 도대체 어찌 이런 일이 일어난 것일까?"

위 사례처럼 상식적으로 이해가 가지 않는 결과가 초래되는 큰 이유 중 하나는 가입자가 매월 내는 보험료에는 보험사 운영비와 더불어 보험상품을 모집하고 유지하는 데 필요한 비용이 포함되어 있기 때문이다. 또한 비록 펀드로 운용하지만 어디까지나 보험상품인 까닭에 위험보장을 해주기 위해 거둬들이는 위험보험료도 들어 있기 때문이다. 물론 변액유니버설보험과 변액연금보험, 변액종신보험 등 보험투자상품 등 변액보험상품은 모두 마찬가지다.

매월 100만 원씩 불입할 경우 보험료 전체가 펀드에 투자되는 것이 아니다.

사업비도 적립식펀드의 운용수수료와 같은 맥락

월납 100만 원짜리 변액유니버설보험에 가입했다고 하자. 물론 특약보험료 부분은 제외하고 말이다. 보험사마다 사업비 편차가 심해 아래 예시는 단지 기본적인 맥락을 이해하는 데 도움이 되라고 제시했다.

이때 월 보험료 100만 원 가운데 88만 원만 특별계정에 편입되어 운영된다고 하자. 그러면 나머지 12만 원은 사업비와 위험보험료로 충당된다. 88만 원은 10년 동안 줄곧 보험료에서 빠져나간다. 물론 이 경우에도 나이를 먹으면 먹을수록 위험보험료가 더 많이 차감되어 특별계정 투입금액은 상대적으로 줄어든다.

가입 후 10년이 초과하는 시점부터는 매월 낸 100만 원 중 위험보험료를 제외하면 95만 원 정도가 매월 펀드에 투자된다. 이렇게 보면 변액보험에 가입한 후 10년이 될 때까지는 단순히 수익률만 놓고 본다면 매월 12만 원, 즉 12% 수익률을 가만히 앉아서 도둑맞는 것과 마찬가지다. 이를 수익률로 따지면 연 '−12%'를 안고 가는 셈이 된다.

즉 펀드를 운용하여 연간투자수익률이 최소한 12% 이상 되어야만 가까스로 원금을 찾을 수 있다는 얘기다. 현재 상품구조상 미상각신계약비 차감방법을 적용하기 때문에 수익을 많이 내도 가입 초년도에는 원금이 나오기 힘들다(이 부분은 뒤에서 다시 설명한다).

적립식펀드에 투자했을 경우 가입 초기에는 수익이 조금 발생해도 해지수수료를 내는 기간이 지나면 원금 이상의 수익을 얼마든지 거둘 수 있다. 그러나 보험은 이자는커녕 원금도 안 나온다. 그 이유는 사업비 차감폭이 크기 때문이다. 또 보험성격상 당연히 위험보험료도 들어가기 때문이다.

보험은 위험보험료 부분이 피보험자 연령에 따라 달라 수익률을 일괄적으로 산정할 수 없다. 단기간 수익을 올리려 할 때 보험투자상품은 이러한 결함을 안고 있는 셈이다.

따라서 변액보험에 가입할 경우 공제되는 사업비는 적립식펀드의 운용수수료와 같은 맥락(선취수수료 개념)이라는 사실을 꼭 명심해야 한다. 그래야만 마음이 편해진다.

특히 변액보험은 10년 이상 장기투자를 전제로 가입하는 상품이므로 매월 발생하는 소득으로 가계를 운영하는 데 차질을 빚지 않는 선에서 여유자금을 갖고 반드시 10년 이상 장기목적자금을 마련하기 위해서만 신중히 선택해야 함을 유념해야 한다.

10년 이상 꼭 유지하여 목적자금을 마련하겠다는 확고한 목적의식을 갖고서 변액보험상품을 여러모로 살펴보고 난 뒤 자신의 투자성향에 가장 적합한 상품을 선택해야만 후회하지 않고 만족하게 된다.

변액보험 사업비 부과방식 일단 알고 들어가자

보험사는 사업비를 선취적용하여 부과

현재 우리나라는 변액보험이든 일반보험이든 모든 보험상품의 사업비부과방식이 계약자가 납입한 보험료에서 선취하는 방식이다. 즉 적립식펀드의 경우 수수료를 선취로 미리 차감한 후 펀드에 투입하는 것과 마찬가지로 보험사는 사업비를 보험료 중 일부에서 미리 공제한 다음 나머지 보험료를 가지고 투자한다.

그러나 적립식펀드는 선취수수료를 적용하는 펀드가 그리 많지 않지만 일부 수수료 부분에 국한해서 적용한다.

그럼 사업비를 선취로 하는 경우와 후취로 하는 경우는 무엇이 다를까? 먼저 현재 적용하는 방식인 선취로 사업비를 미리 공제했을 경우 적립금액과 해약환급금 규모에 상당한 차이가 발생한다. 이렇게 되면 초기에 부득이한 사유로 해약하는 가입자는 그간 쌓아놓은 적립금액을 모두 돌려받을 수 없어서 피해를 고스란히 스스로 감당해야 한다.

미상각신계약비 차감 종료시점부터 적립금액과 해약환급금 동일 발생

다른 금융상품의 경우에는 적립금액과 해지시 환급금액(아주 작은 규모의 해지수수료를 제외하면)이 거의 같게 발생한다. 그러나 저축성 보험상품은 적립금액은 분명히 쌓여 있는데도 이를 다 돌려받을 수 없는 상황이 발생한다.

그 이유는 보험사의 사업비 선취부과에 따른 미상각신계약비 차감방식의 적용 때문에 그렇다. 변액보험 중 거치형 펀드상품은 투자수익률로 적립한 특별계정 투입금액, 즉 적립금액과 해약환급금이 동일하게 발생하므로 차이가 없다.

그러나 적립형 펀드상품은 사업비를 공제할 때 향후 해약시 발생하는 미상각신계약비를 미리 차감하는 형식을 취하기 때문에 적립금액과 해약환급금에 차이가 발생하게 된다. 미상각신계약비는 가입자가 지불한 보험료 중 아직 사용하지 않은 사업비를 말한다. 보험사는 계약체결시 집행되는 부가보험료 중 신계약비를 일정기간 보험료 납입기간에 걸쳐 골고루 충당하게 되는데, 이때 중도해약시 충당되지 못한 잔여기간에 대한 미회수신계약비를 의미한다.

따라서 미상각신계약비를 차감하는 기간이 종료되어야만 그 경과시점부터 해약환급금과 적립금액의 규모가 동일하게 발생하는 것이다. 해약환급금과 적립금액이 동일하게 발생하는 시점은 변액보험 적립형펀드의 경우 가입 후 7년(84개월)이 경과한 시점이다. 즉 이 기간이 지나면 해약환급금과 적립금액은 항상 똑같아진다.

보험상품의 사업비 부과방식과 그 규모는 보험사업 기초서류의 하나인 '보험료 및 책임준비금산출방법서'를 기준으로 적용한다.

보험료 및 책임준비금산출방법서는 보험회사가 사업하는 데 반드시 갖춰야 할 네 가지 기초서류(정관, 사업방법서, 보험약관, 보험료 및 책임준비금산출방법서) 가운데 하나로, 보험료와 책임준비금 규모를 명시해놓은 매우 중요한 내부 자료다(외부인은 이 자료를 볼 수 없다). 보험사는 이 기준에 의거하여 환급금, 급부금, 보험금 등을 지급한다.

보험업감독규정(보험업법)에는 보험료 및 책임준비금산출방법서에 ① 예정위험률에 관한 사항, ② 예정이율에 관한 사항, ③ 예정사업비율에 관한 사항, ④ 보험료 계산에 관한 사항, ⑤ 해약환급금 계산에 관한 사항, ⑥ 책임준비금 계산에 관한 사항, ⑦ 기타 보험수리상 필요한 사항 등 보험료율 및 사업비율의 산출원칙과 기준, 해약환급금 지급원칙과 기준 등을 기재하도록 명시해놓았다.

따라서 보험사는 보험료 및 책임준비금산출방법서에 정한 방법에 따라 계산된 금액을 현재와 같은 방식으로 지급한다. 현재 모든 보험상품의 사업비는 보험료 및 책임준비금산출방법서를 토대로 사업비 선취방식(Front-End-Loading)을 적용한다.

미국, 일본 등 보험선진국에서는 보험상품에 적용하는 사업비를 중도해약하거나 만기환급할 때 공제하는 방식인 사업비 후취방식

(Back-End-Loading)을 선취방식과 연계하는 등 다양한 방법으로 사업비 부과방법을 신축성 있게 운영한다.

신계약비는 선지출 후상각하는 이연상각방식을 취한다

사업비는 적립식펀드의 수수료와 같이 보험사 운영에 반드시 필요한 지출비용이다. 그럼 여기서 보험료 구성원리에 대해 간단히 살펴보자. 가입자가 매월 지불하는 보험료 안에는 크게 나누어 위험보험료, 저축보험료, 부가보험료가 있다. 이를 보험료 구성의 3요소라고 한다.

이 가운데 부가보험료가 바로 일반적으로 말하는 사업비다. 저축보험료는 변액보험에서 특별계정에 투입되는 부분이다. 위험보험료는 일반계정부분으로 피보험자의 나이에 따라 해마다 보험나이를 기준으로 차감규모를 다르게 적용한다.

그리고 사업비인 부가보험료 안에는 신계약비, 수금비, 유지비가 있는데 이 가운데 신계약비 부과규모가 가장 크다. 신계약비는 현재 10년 동안 이연상각하며 유지비는 일반적으로 보험료 규모에 비례하여 만기가 끝날 때까지 지속적으로 매월 부과한다. 수금비는 제2회 이후 납입하는 계속보험료에 대해 비례하여 부과한다. 따라서 사업비 중 신계약비 규모의 고저가 변액보험 투자수익률에 가장 큰 영향력을 미친다고 생각하면 된다.

현재 모든 보험사는 변액보험상품 운용에서 보험사의 운영비와 모집자들의 판매수수료(수당)를 지급하기 위해 선지출되는 신계약비를 이연한 후 미상각신계약비는 10년 동안 분할상각하여 비용 처리하는 신계약비 이연상각제도를 실행한다. 신계약비는 주로 해당 보험상품의 판매초기인 1차연도와 2차연도에 집행된다.

상품 종류에 따라서는 3차연도까지도 집행하는 회사가 있다. 이때 집행된 부분인 미상각신계약비를 사후 충당하기 위해 계약자가 불입하는 계속보험료 중에서 매월 분할 공제하여 미리 사용된 신계약비 비용을 충당하는 것이다. 즉 신계약비를 선지출하고 후상각하는 것이다.

그러한 이유로 적립금액의 크기와 해약환급금의 크기가 가입 초기에는 각각 다르게 나타난다[신계약비(Acquisition Expenses)는 보험계약을 처음 체결하는 데 필요한 경비로, 대부분 계약초기에 많이 사용된다. 보험설계사 모집수당, 교육훈련비, 보험대리점 수수료, 청약서 제작비용, 상품팸플릿 제작비용, 약관 제작비용, 펀드운용설명서 제작비용 등이 이에 해당한다].

보험사의 사업비 책정기준은 경과기간별로 다르다

보험회사는 사업비를 보험을 유지하는 날까지 매월 가입자가 불입하는 보험료에서 꼬박꼬박 공제한다.

보험회사는 변액보험 사업비를 어느 특정기간만 사용하는 것이 아니다. 가입자가 보험료를 불입하는 그날까지 사업비를 공제한 뒤 나머지 금액을 펀드에 투입한다.

　변액보험의 사업비 규모는 보험사에 따라 또한 상품성격에 따라 각기 다르지만 변액연금보험과 변액유니버설보험 등 저축성보험 투자상품의 경우 일반적으로 가입하고 나서 10년 동안은 기본보험료의 약 6.5~15% 정도를 사용하고, 11차연도부터는 기본보험료의 4~9% 정도를 계속 차감해 보험사 운영비로 사용한다.

　즉 10차연도 이전에는 사업비 가운데 신계약비와 수금비, 유지비를 모두 공제하고 11차연도 이후에는 신계약비를 제외한 나머지 부분인 유지비와 수금비 명목으로 보험계약이 만료되는 날까지 계속 공제한다. 변액종신보험 등 보장성 보험투자상품은 기본보험료의 약 15~25% 정도를 전 납입기간에 걸쳐서 균등 공제한다.

　변액유니버설보험은 보험료 납입기간에 관계없이 사업비 공제규모가 위와 같이 전개되지만, 변액연금보험은 보험료 납입기간에 따라 신계약비의 부과규모를 차등 적용하므로 가입시 잘 살펴봐야 한다. 즉 보험료 납입기간이 길면 길수록 변액연금보험의 사업비 차감규모는 상대적으로 작아진다. 그리고 일반적으로 변액유니버설보험보다는 변액연금보험의 사업비 부과규모가 더 작게 형성되고 있다(변액보험의 사업비 부과규모는 해당보험사의 정책에 따라 수시로 변경되므로 상기 자료는 단지 그 흐름을 이해하는 선에서 알아두기 바란다).

동범쪽지 펀드나무 열매 수확 위한 소중한 씨앗 한 톨

　　신계약비 이연상각기간인 10년과 미상각신계약비의 차감기간인 7년이 서로 다른 것은, 당초에는 이 두 제도가 똑같이 7년 동일 기간을 적용했는데 변액보험 상품 성격을 고려해 가입자들에게 계약초기 환급금액을 더 높여주기 위해, 즉 계약자적립금액을 더 늘려주기 위한 배려 차원에서 차등 적용하고 있다.

따라서 보험사는 고객이 변액보험에 가입하면 가입자들에게는 10차연도 말까지 보험료에서 신계약비를 이연상각하지만, 가입자들이 중도해약할 경우에는 10년 동안이 아닌 7년간을 적용해 해약환급금을 더 많이 지급해주므로 보험사로서는 3년 동안이라는 기간에 대한 비용부담을 실질적으로 떠안고 있는 셈이다. 이젠 보험이 생활화된 시대, 그만큼 보험사가 변하는 가입자의 니즈에 부응하려 노력한다는 반증이라고 할 수 있다.

변액보험
펀드수익률 기본을 알고 가자

변액보험 펀드수익률과 실제수익률은 매우 다르다

"생명보험협회 홈페이지를 열어보면 변액보험 수익률이 자세하게 공시되어 있다. 매일매일 투자한 결과치에 대한 수익률이 올라와 공시된다. 그럼 매월 똑같은 금액을 가지고 적립식펀드를 든 A와 변액보험상품을 든 B가 펀드투자로 올린 2차연도 연환산수익률이 10%라고 가정할 경우 A의 실질수익률과 B의 실질수익률은 같을까? 다를까?

답은 '다르다'이다.

당신이 '같다'고 대답한다면 잘못 생각하는 것이다.

"펀드수익률이 똑같아도 실제수익률은 다르다?"

같은 간접투자상품으로 똑같은 수익률이 발생했지만 실제로 투자자에게 돌아오는 적립금액은 다르다. 그 이유는 펀드수익률은 순수히 펀드에만 투입된 금액에 대한 수익률이기 때문이다.

　변액보험은 가입자가 불입한 총보험료에서 부가보험료(사업비)와 위험보험료를 제외하고 난 나머지 금액인 특별계정 투입금액에 대한 수익률을 공시한다.

　즉 변액보험의 경우 생명보험협회 또는 각 보험사에 공시되는 투자수익률은 매월 불입하는 보험료에서 공제되는 사업비, 수수료, 선택부가 특약보험료 등의 공제금액에 따라 다르게 나타나는 것이다.

공시되는 수익률대로 적립금이 쌓이질 않는다

　적립식펀드의 수익률은 그 자체가 중도환매할 경우 환매수수료 부분만 제외하고 모두 받을 수 있는 금액이다. 즉 공시된 수익률과 실제로 지급받는 수익률이 거의 같게 나온다.

　그러나 변액보험은 그 차이가 많이 난다. 변액보험에서 연환산투자수익률이 10%라고 할 경우 이를 해약환급금률로 따지면 실제로는 약 8.8%밖에 안 되는 수익률이다.

　이는 위에서도 설명했듯이 펀드에 투입되는 금액은 월보험료에서 사업비와 위험보험료 및 특약보험료를 모두 차감한 나머지 저축보험료 부분만 투입되는데, 이때 투입되는 저축보험료인 특별계정보험료 규모가 평균 잡아 월보험료의 88% 수준 안팎이기 때문이다.

　물론 여기에 예로 든 것보다 약간 많이 펀드에 투입하는 회사도 있지만 반대로 더 적게 투입하는 회사도 있으므로 보험사들의 변액보험상품 예정사업비 지수를 잘 살펴보고 가입해야 한다.

회사에 따라서는 변액보험상품별로 똑같은 유형의 상품인데도 많게는 약 8% 정도 펀드투입비율에 차이가 발생하는데, 이렇게 차이가 날 경우 10년 동안 매월 보험료에서 사업비명목으로 빠져나가는 돈이 다른 보험사 상품보다 10%씩이나 많게 되는 것이므로 투자수익률도 똑같이 운용된다면 당연히 연환산수익률 또한 10% 정도 적게 나올 것이다.

따라서 가입설계서와 약관을 꼼꼼하게 살펴보면서 해당 상품에 대한 사업비가 얼마나 되고 펀드투입비율이 얼마인지를 반드시 확인하는 센스와 현명함을 보여야 변액보험 가입에 대한 후회 속에 컴플레인과 클레임이 발생하지 않고 10년 이상 지속적으로 장기투자하여 목적자금을 마련할 수 있게 된다.

한 가지 질문을 더 해보자.

A와 B가 같은 변액보험상품에 가입했을 경우 이 둘의 펀드 투자수익률은 공시되는 수익률과 같을까, 다를까?

정답은 '다르다'이다. 이 둘의 수익률은 공시되는 수익률과 또 다르다. 그 이유는 변액보험상품 모두 개별계약자의 수익률은 가입시점과 납입방법과 약관대출, 중도자금 인출 및 자산운용옵션의 활용 여하 등에 따라 또 다르게 나타나므로 어느 시점을 기준으로 하여 일률적으로 공시하는 판매사들의 기관수익률과는 차이점이 발생하게 된다.

따라서 우선 이 점을 알고 자신이 가입한 펀드의 투자수익률을 해당 판매사 홈페이지를 방문하여 일일이 확인할 필요가 있다. 그렇게 항상 체크를 해나가야만 목적자금 마련시기와 적립금의 크기를 상호 비교하면서 대책을 강구해 나갈 수 있다.

물론 이 경우에도 마찬가지다. 적립식펀드도 공시수익률과 개별 가입자의 수익률은 다르다.

환급률과 투자수익률 개념의 차이를 알자

적립금액과 해약환급금이 왜 차이가 나는지 그 이유는 앞에서 설명했으므로 부연설명하지는 않겠다. 단, 보험사에서 제시하는 가입설계서에 기재되어 있는 환급률은 수익률 개념이 아니라 가입자가 총납입한 보험료 규모에 대한 해약환급금의 비율을 의미한다는 점은 꼭 알아두어야 한다.

적립식펀드와 같이 보험설계서상에 투자수익률을 기재하지 않고 환급률을 기재하는 것은 위에서 설명했듯이 공시되는 수익률과 실제수익률에 차이가 많이 발생하기 때문이다. 투자수익률을 공시하려면 공제되는 모든 내역을 소상히 밝혀야 하는데 그게 현실적으로 (제도적으로 또는 전산상의 문제로) 그리 쉽게 해결될 사안이 아니기 때문이다.

따라서 변액보험을 해지할 경우 현재시점에서의 투자수익률을 알아보려면 반드시 각사 홈페이지를 방문하여 확인하든지 아니면 직접 해당사 콜센터에 전화하여 확인하는 것이 가장 효율적일 것이다.

그리고 이를 토대로 하여 환급률이 얼마가 되는지 다시 확인해 보면 된다. 물론 직접 환급금액을 확인하면 되지만 그래도 현재시점에서의 투자수익률을 확실히 알아두면서 향후 대책을 강구하는 것이 더 합리적일 것이다.

증권거래세는 변액보험 수익률 제고의 변수

변액보험은 증권거래세를 별도로 내야

"A와 B 두 사람이 있다고 하자. 모두 다 같은 날 같은 금액을 투자했다. A는 적립식펀드 주식형에 가입하고, B는 변액보험 주식형펀드에 가입했다. 펀드수수료도 똑같다고 하자. 그리고 변액보험 사업비는 일단 없다고 치자. 변액보험의 해약환급금도 적립식펀드 환매금액과 같다고 치자. 즉 모든 조건이 같다고 하자.

운용사에서는 두 사람이 가입한 상품의 수익률을 올리기 위해 선택한 종목의 매매회전을 많이 했다. 두 사람이 선택한 상품의 수익률이 5년이 경과한 시점에서 똑같다고 한다면 찾는 돈의 규모는 똑같을까? 다를까?"

정답은 '다르다'이다.

A가 가입한 적립식펀드가 B가 가입한 변액보험보다 환매시 지급

받는 돈이 더 많다. 모든 조건이 똑같을 경우 5년 뒤 변액보험보다 적립식펀드의 수익률이 더 높은 이유는 무엇일까? 변액보험의 사업비도 포함시키지 않았는데 말이다. 왜 그런 결과가 나오는지 한 번 살펴보자. 먼저 일정기간이 경과한 시점에서 이루어지는 변수라는 사실을 머릿속에 그리면 쉽게 이해할 수 있다.

적립식펀드와 변액보험이 똑같은 간접투자방식으로 운용되는 상품이라 할지라도 매매회전율을 높여 일정기간 투자했을 경우 변액보험이 펀드보다 상대적으로 수익률이 낮은 이유는 사업비부분 외에도 증권거래세를 적용받기 때문이다.

증권거래세(Securities Transaction Tax)는 유가증권을 팔 때 내는 세금이다. 즉 매도세이다. 세수를 증대하고 자본시장에서 단기성 투기행위를 억제하기 위해 증권거래세법이 제정돼 1978년부터 시행되고 있다.

증권거래세는 증권양도가액(매도금액)을 기준으로 하여 유가증권시장(증권거래소)에서 주식을 매도할 경우 증권거래세 0.15%와 농어촌특별세 0.15%의 세금이 붙는다. 코스닥의 경우 증권거래세 0.3%만 부과된다. 프리보드(Free Board : 제3시장)의 경우 매도금액의 0.5%가 거래세로 부과된다.

매매회전율이 높으면 높을수록 증권거래세는 더 붙는다

주식매매를 많이 하면 할수록, 즉 매매회전율이 높으면 높을수록 증권거래세는 많이 부과된다. 이 증권거래세가 바로 변액보험 수익률의 발목을 잡고 있다(매매회전율은 운용기간 중 매도한 주식가액의 총액을 그 기간 중 보유한 주식의 평균가액으로 나눈 비율이다). 그러나 적립식펀드는 주식매매시 증권거래세가 부과되지 않는다.

그래서 똑같은 조건을 가정했을 때 변액보험의 수익률이 적립식펀드의 수익률보다 낮은 것으로 나타나는 것이다. 일반적으로 주식에 투자하는 변액보험은 투자기간이 길수록 일반 주식형펀드에 비해 수익률이 낮아지는 것으로 나타난다.(※ 연간매매회전율을 120%로 잡고 산출한 가정치로 일반적으로 보험사가 변액보험 상품의 수익률을 제시할 경우 이 부분을 간과한다는 것을 알아둘 필요가 있다.)

알아둘 것은 변액보험은 주식을 팔 때마다 거래세를 내야 하지만 조세특례제한법의 적용을 받는 적립식펀드는 증권거래세가 붙지 않는다는 사실이다. 즉 주식형펀드는 매매회전율과 무관하게 증권거래세가 붙지 않는다.

증권거래세법 제8조와 동법시행령 제5조에서는 증권거래세에 대해 탄력세율을 적용하여 "비상장 및 비등록법인의 주식을 양도하는 경우 0.5%의 증권거래세율이 적용되지만, 증권거래소를 통해 양도되는 주식에 대하여는 0.15%(0.15%의 농특세 추가부담)의 세율이 적용되고, 협회중개시장을 통하여 양도되는 주식은 0.3%(농특세는 없음)의 세율이 적용된다"라고 명시했다.

변액보험은 적립식펀드와 달리 증권거래세를 지불해야

변액보험이 펀드와 달리 증권거래세를 내는 이유는 세제혜택의 근거가 되는 조세특례제한법에서 펀드로 공식 인정을 받지 못하기 때문이다.

즉, 증권거래세의 부과는 조세특례제한법을 근거로 해서 적용된다. 그럼 조세특례제한법에는 어떻게 나와 있을까? 조세특례제한법 제87조 4항에는 장기주식형저축에 대한 비과세 대상을 ① 간접투자자산운용업법에 의한 자산운용회사가 설정한 투자신탁(동법 제135조의 규정에 의한 보험회사의 특별계정을 제외한다. 이하 같다)에 의한 저축, ② 간접투자자산운용업법에 의한 투자회사가 발행한 주식의 취득을 위한 저축, ③ 증권거래법에 의하여 투자일임업을 영위하는 금융기관에 투자일임한 저축 등으로 명시해놓았다.

즉 보험회사의 특별계정인 변액보험의 펀드투입금액은 조세특례제한법상 장기주식형저축에 대한 비과세 대상으로 적용받지 못한다는 의미다. 조세특례제한법 제117조 증권거래세 면제 조항을 보자.

 제117조 증권거래세 면제 조항

① 다음 각호의1에 해당하는 경우에는 증권거래세를 면제한다. (중략)

3. 간접투자자산운용업법에 의한 투자신탁에 있어서 당해 자산운용회사가 신탁재산에 주권을 편입하거나 신탁재산으로부터 주권을 인출하는 경우

4. 제3호의 투자신탁에 있어서 당해 수탁회사가 신탁재산에 속하는 주권을 증권거래법에 의한 유가증권시장·협회중개시장 또는 동법 제2조 제8항 제8호에서 규정하는 중개 또는 대리(전자장외거래)를 통하여 양도하는 경우

5. 제3호의 자산운용회사(간접투자자산운용업법 제136조의 규정에 의하여 자산운용업을 영위하는 종합금융회사를 제외한다)가 소유주권을 유가증권시장·협회중개시장 또는 전자장외거래를 통하여 양도하는 경우

10. 간접투자자산운용업법에 의한 투자회사·사모투자전문회사 및 투자목적회사가 유가증권시장·협회중개시장 또는 전자장외거래를 통하여 주권을 양도하는 경우

이 조항을 보더라도 변액보험은 증권거래세 면제 대상에서 제외되어 있음을 알 수 있다. 증권거래세의 경우 내국인과 똑같은 세율이 적용되며 투자주식을 매도할 때 거래단계에서 원천징수되거나 자진납부해야 한다.

적립식펀드와 변액보험은 수익률 제고시 일장일단이 있다

그럼 증권거래세는 실제로 얼마나 내야 할까? 예를 들어 적립금이 1억 원이라면 자신이 보유한 종목을 한꺼번에 매도처리하고 다른 종목을 선택할 경우, 즉 펀드를 변경할 경우 1억 원에 대한 증권거래세를 300,000원 추징당하게 된다. 주식매매가 수시로 발생하므

로 이 증권거래세 규모를 작다고 가볍게 여길 수 없는 이유가 바로 여기에 있다. 이는 장기투자시 매매회전율을 높여야 고수익을 실현할 수 있는 상황이 전개될 때 매우 큰 걸림돌로 작용할 수 있다.

물론 적립식펀드 또한 변액보험과 수익률 비교시 태생적으로 장기투자할 경우 불리해질 수밖에 없는 수익구조를 갖고 있다. 즉 두 상품이 각각 수익률 제고측면에서 볼 때 일장일단이 있다는 얘기다.

이 부분은 장기투자시 변액보험을 선택할 수밖에 없는 중요한 근거가 되므로 뒤에서 자세히 설명한다.

일부 생명보험사들은 변액보험도 펀드처럼 일반인들의 자금을 모아 주식시장에 투자하기 때문에 간접투자시장 활성화를 위해 거래세 면제를 요구하지만 보험은 10년 이상 가입했을 경우 보험차익에 대해 완전 비과세혜택을 받고 있어 단순히 펀드와 비교한 거래세 면제 요구는 곤란하다는 의견이 많다. 다른 나라의 경우 미국, 일본, 독일 등 대부분의 선진국이 증권매매시 거래세를 부과하지 않고 있다.

현재 적립식펀드는 자산운용사에서 펀드수익률이 모두 비교되지만 변액보험은 보험성격이 강하다 하여 보험사들의 반대로 수익률을 공시하지 못하고 생명보험협회에서만 공시한다.

6장

적립식펀드와 변액보험 투자수익률 비교분석

적립식펀드와 변액보험의 투자수익률 체계를 정확히 알아야
목표수익률 달성이 매조지된다.

정액저축(투자) 상품의 경과기간별 수익률 변화추이 분석

은행적금, 적립식펀드, 변액보험의 기간별 수익률 편차

목표기간에 맞는 금융상품 선택의 저울로 삼아라

이 책을 내는 가장 중요한 이유는 재테크가 삶의 중요한 척도로 자리매김한 시대에 정액저축과 투자를 통해 목적자금을 조기에 달성할 수 있도록 수익률을 조금이라도 더 올리는 방법을 독자들에게 진솔하게 알리기 위해서다.

매월 정액식으로 저축 또는 투자할 수 있는 대표적인 상품은 은행의 정기적금과 적립식펀드, 변액보험상품이다. 따라서 정액저축하는 투자자들을 위해 세 가지 유형의 대표적인 금융상품의 경과기간별 수익률 변화추이를 제시한다.

먼저 이 세 상품에 대한 객관적인 경과기간별 수익률을 동일선상에 놓고 예측해야 단기, 중기, 장기별 상품선택 방법과 간접투자시 펀드를 어떻게 선택할지 어느 정도 감이 올 것이다. 물론 은행정기적금의 경과기간별 수익률은 수식으로 정확히 예측할 수 있지만 적립식펀드와 변액보험은 투자수익률을 올리는 변수가 매우 많아 단순히 함축하여 설명할 수 없다는 어려움이 있으므로 판매사들의 상품을 토대로 비교·분석하여 간략히 제시했다.

하지만 쉽게 이해할 수 있도록 동일조건과 동일선상에서 수익률 변화추이를 예시했다.

은행적금, 적립식펀드, 변액유니버설보험(적립형), 변액연금보험 경과기간별 수익률 비교

단위 : 1,000원(1,000원 미만 반올림)

경과기간	투자금액(누계)	은행정기적금			적립식펀드	변액보험	
		세전	세후	환급률		변액유니버설보험	변액연금보험
1년	12,000	12,416	12,352	102.9%	102%	60%	72%
3년	36,000	39,552	39,005	107.0%	106%	87%	95%
5년	60,000	69,760	68,257	113.8%	110%	98%	103%
7년	84,000	103,040	100,108	119.2%	115%	106%	110%
10년	120,000	158,720	152,757	127.3%	121%	118%	121%
13년	156,000	221,312	211,254	135.4%	129%	130%	132%
15년	180,000	266,880	253,501	140.8%	134%	139%	140%
20년	240,000	394,240	370,950	158.7%	149%	164%	162%
25년	300,000	540,800	503,717	167.9%	165%	216%	208%
30년	360,000	706,560	653,190	181.4%	184%	284%	266%

★ 기준→월불입금액 : 100만 원, 이율 : 투자 수익률 : 연 6.4%, 이자소득세 : 15.4% 적용, 펀드수수료 : 후취적용(적립식펀드 2.5%, 변액보험 0.7%), 보증비용 : 후취적용─GMDB : (변액유니버설보험 0.07%, 변액연금보험 0.05%), GMAB(변액연금보험) : 0.5%, 변액보험 사업비부과율 : 예정사업비지수 평균 이하 적용, 피보험자 : 20세 여자

수익률 비교표를 볼 때 꼭 알아둘 사항 15가지

정액저축(투자) 상품별 경과기간에 따른 수익률 변화추이 분석 I

앞에서 제시한 각 금융상품의 경과기간별 수익률 비교표를 자세히 풀어보자. 이 표를 볼 때 아래 15가지 알아둘 사항을 곁들여 살펴보면 훨씬 이해하기 쉬울 것이다. 또한 아래 사항들에 따라서 기본적으로 이해한다면 적립식펀드와 변액보험 선택시 많은 도움이 될 것이다.

앞의 수익률 비교표를 볼 때 반드시 알아둘 사항 15가지

1. 이 표에서는 원금에 대한 실제수익률이 아니라 변액보험을 감안하여(가입초기원금손실) 경과기간별 환매시점의 환급률을 제시했다.

2. 은행의 정기적금의 경우 알기 쉽게 세전 이자부분과 세후 이자부분을 분리하여 제시했다.

3. 적립식펀드와 변액보험의 경우 주식과 채권, 파생상품 매매시의 매매수수료 비용 공제와 적립식펀드에서 채권의 매매차익과 이자에 대한 과세 문제, 주식과 채권의 배당소득에 대한 과세 문제는 펀드 유형과 종목별로 차이가 많아 제외했다.

4. 적립식펀드와 변액보험상품의 객관적 비교는 펀드종목, 상품운용방법, 수수료부과 규모, 판매사와 운용사의 서비스제도 등 변수가 많아 경과기간별 정확한 비교 계산은 곤란하다.

5. 적립식펀드와 변액보험의 경우 이 자료는 단순히 펀드종목에 관계없이 공제되는 수수료 부과규모와 경과기간별 공통수익률 발생을 전제조건으로 하여 경과기간에 따른 상품별 수익률 변화추이를 알기 쉽게 하려고 작성한 단순 예시표다. 펀드수수료 규모는 적립식펀드와 변액보험 모두 주식형펀드 중 안정성장형의 평균치를 기준으로 했다(각종 자료와 데이터 참조). 따라서 두 상품간 펀드수수료 규모의 차이가 앞에 제시한 도표와 다르면 수익률 또한 편차를 보이게 된다.

6. 적립식펀드의 경우 선취부분과 후취수수료 규모에 따라 편차가 많이 발생할 수 있다.

7. 변액보험의 경우 예정사업비지수는 평균이하를 적용해 현재 상대적으로 사업비지수가 낮은 회사들을 기준으로 하였다. 예정사업비지수는 변액보험상품의 예정사업비 규모를 보험사 평균 사업비규모와 비교한 평가지수로, 향후 수익률 제고 여부와 직결되게 된다. 예정사업비 규모에 따라 실제사업비가 산정되고 가입자의 보험료에서 비율에 따라 부과해 공제하기 때문이다.

예정사업비지수가 높은 보험사 상품을 선택할 경우 상기수익률과 다르게 나타날 수 있으므로 잘 살펴봐야 한다

8. 적립식펀드와 변액보험상품은 선택한 펀드의 주식편입비율에 따라 상기수익률 예시와 편차를 많이 보일 수 있다.

9. 변액보험의 경우 사업비와 펀드수수료 이외에 공제되는 GMAB, GMDB, GPAB 등 제반 보증비용 지출 부분은 상품별, 보험사별로 차이가 많이 난다는 사실을 꼭 알아야 한다. 또는 이외에 지출되는 다른 비용 요소가 있는지도 살펴봐야 한다.

10. 최저연금적립금보증비용(Guaranteed Minimum Annuity Benefit : GMAB)은 변액연금보험에만 부과되는 연금개시시 기납입보험료 최저보증제도 시현을 위한 지출비용이다.

11. 최저사망보험금보증비용(Guaranteed Minimum Death Benefit : GMDB)은 변액보험상품의 특별계정 운용실적과 관계없이 피보험자 사망시 사망시점에 이미 납입한 주계약보험료를 최저보증지급해 주는 데 드는 지출비용이다.

최저사망보험금보증비용의 수수료 부과규모는 상품 특성상 일반적으로 변액연금보다 변액유니버설보험이 더 크게 형성되는데, 이 또한 보험사마다 각기 다르다.

12. 지정적립금보증비용(Guaranteed Peak Accumulation Benefit : GPAB)은 지정적립금운용금액의 최저 한도를 보증하는 제도로, 부과수수료 규모는 연 0.5% 정도인데 비용부과시점이 현재시점이 아닌 미래 일정기간이 경과한 시점(가입 수 약 7~10년 정도)에 적용되고 생보사 중 일부 회사만 활용하므로 위 예시에서 일단 제외했다.

13. 펀드별 편입비율 설정(Asset Allocation), 보험료 평균분할투자 기능(Dollar Cost Averaging), 펀드별 자산배분비율 자동 재조정(Auto Rebalancing) 등 자산운용옵션을 선택할 경우 리밸런싱할 때 이에 따른 수수료 부과 문제는 해당사마다 차이가 있으므로 이 또한 제외했다.

14. 펀드상품의 경우 매매회전율이 펀드마다 달라 이 부분은 제외했다. 변액보험은 주식을 매도할 때마다 증권거래세가 붙지만 적립식펀드는 주식매도시 증권거래세가 제외된다. 따라서 매매회전율에 따른 증권거래세를 별도로 지불하는 변액보험 주식형펀드의 경우 상기 예시수익률보다 약간 적게 나올 수 있다.

15. 변액보험의 경우 사업비(부가보험료) 부과규모, 보험가입금액, 피보험자 가입 연령, 성별에 따른 위험보험료 부과규모별 차이가 상품별, 보험사별로 달라서 수익률에 차이가 많을 수 있다.

동범쪽지 펀드나무 열매 수확 위한 소중한 씨앗 한 톨

263쪽의 표를 보고 변액보험상품에서 변액유니버설보험과 변액연금보험 사이에 펀드수수료 부과금액 등 똑같은 조건인데도 투자수익률이 경과기간별로 왜 다르게 나타날까에 대해 혹시 궁금해하는 부분이 있을 것 같아 설명한다. 가입 초년도부터 20차연도 전까지는 변액연금보험의 투자수익률이 약간 높게 형성되고, 그 후 시간이 경과한 시점부터는 변액유니버설보험의 투자수익률이 높게 형성되는 이유는 최저연금적립금보증비용이 발생하기 때문이다. 변액연금보험은 최저연금적립금을 보증해주는 기능(GMAB)이 있기 때문에 실제 특별계정 비용부담

(연 약 0.5~0.7% 정도 보증수수료 후취부과)이 변액유니버설보험보다 크다.

그러나 초기에는 적립금이 적고 일반적으로 위험보험료 규모가 변액연금보험이 변액유니버설보험보다 상대적으로 적다. 이에 따라 최저사망보험금 보증비용(GMDB) 또한 적게 발생한다. 특히 변액유니버설보험의 예정사업비가 일반적으로 변액연금보험에 비해 다소 높은 까닭에 동일한 투자수익률일 경우 대략 20년 이내에는 변액연금보험의 수익률이 더 높게 형성되는 것이다.

그러나 경과기간이 늘어나면 늘어날수록 비례하여 변액연금보험의 최저연금적립금 보증비용후취부과 규모의 증대로 인해 수익률차가 좁혀지면서 약 20년 후부터는 변액유니버설보험의 수익률이 더 높게 되는 역전현상이 발생하게 된다.

이 경우 보험사에 따라 GMAB 비용과 펀드수수료 규모가 변액연금보험과 변액유니버설보험이 다를 수 있으므로 이 두 상품 중 한 가지 상품만을 장기목적자금을 마련하기 위해 선택하고자 한다면 유심히 살펴봐야 한다.

그러나 장수시대 노후를 대비하여 변액보험을 선택할 경우에는 변액연금보험을 선택해야 훨씬 유리하다는 점을 알아야 한다. 그 이유는 변액연금보험은 연금전환 시 현재 적용하고 있는 경험생명표에 따라 연금연액이 산정되지만, 변액유니버설보험은 연금전환 시점의 새로운 경험생명표를 적용(연금률)하므로 매년 평균수명의 증가로 인해 늘어나는 기대여명만큼 연금지급률이 낮아지게 되고 이에 따라 수령받는 연금액이 줄어들게 된다. 따라서 노후자금마련을 목적으로 노(老)테크를 한다면 은퇴 후 월급통장 역할을 해주는 변액연금보험에 반드시 가입해야 한다.

정액저축(투자) 상품별 수익률 역전 터닝 포인트 시점은?

정액저축(투자) 상품별 경과기간에 따른 수익률 변화추이 분석 II

동일수익률일 때 왜 은행적금이 수익을 더 많이 낼까?

은행상품은 수익이 발생했을 때 공제되는 수수료가 펀드와는 비교를 할 수 없을 정도로 매우 적다.

대부분 만기 이전에 중도해지할 경우에만 해지수수료 명목으로 소액의 비용이 공제되기 때문이다.

따라서 경과기간별로 동일한 수익률이 발생한다고 가정한다면 똑같은 금액을 매월 정기적으로 불입해 저축하였을 때 당연히 은행의 정기적금 수익률이 펀드투자상품보다 더 많다.

가입 후 약 16년이 지나면 은행상품과 변액보험 수익률이 역전되는 까닭은?

은행의 정기적금은 단리로 부리되므로 매월 적립된 금액이 연이어 불어나는 것이 아니라 기간 차이와 확정이율 차이로 수익이 발생한다. 그러나 변액보험은 특별계정투입금액(적립금)의 크기, 즉 펀드보유좌수에 따라 해지시점의 펀드기준가에 비례하여 환급률이 다르게 적용된다.

물론 적립식펀드 또한 변액보험처럼 펀드평가금액(펀드보유좌수)의 규모와 환매시점의 펀드기준가에 따라 적립금액이 다르게 나타난다.

즉 정기적금은 단리이지만 펀드는 펀드보유좌수에 펀드기준가와 연계되므로 펀드기준가가 지속적으로 올라가게 된다고 가정한다면 평가금액(평잔기준)이 복리형식으로 불어나는 이치와 같다(그렇다고 복리로 운용되는 것은 아니다).

따라서 가입 초기부터 15년 정도 경과시점까지는 경과기간별로 은행적금이 변액보험보다 더 좋게 나타난다.

그런데 가입한 지 16년 이상이 지날 경우 역전현상이 발생하는 가장 큰 이유는 변액보험의 사업비규모와 펀드수수료를 충분히 감안해도 펀드보유좌수의 펀드기준가 상승으로 평가금액(적립금)의 증가속도가 이를 모두 커버해주기 때문이다.

적립식펀드와 은행상품의 수익률은 왜 25년 정도 지나야 역전되나?

변액보험과 적립식펀드는 둘 다 펀드로 운용되는 상품이다. 그러나 펀드투자를 직접 하지 않고 간접투자하는 데 따른 대가성 비용을 지출하는 규모나 방법에 차이가 있다. 즉 변액보험은 사업비를 선취하고 펀드수수료는 후취적용하는데, 적립식펀드는 대개 펀드수수료를 후취적용한다.

그런데 후취적용 수수료규모 차이는 적립식펀드가 변액보험보다 훨씬 크기 때문에 동일한 수익률이 발생할 경우 변액보험과 수익률이 다르게 나타난다. 이에 따라 은행의 정기적금과 적립식펀드의 수익률 역전현상이 발생하는 터닝 포인트는 그만큼 길어진다. 물론 후취수수료가 적으면 적을수록 역전 터닝 포인트는 비례하여 단축된다.

10년 정도 저축한다면 은행적금이 펀드보다 더 나을까?

그건 아니다. 우선 정액저축 상품별 목표수익률에 대해 정확히 인식해야 한다. 앞의 수익률 예시표는 어디까지나 수익률을 비교 분석하기 위해 동일선상에 놓고 단순 제시한 모델이다. 적립식펀드나 변액보험의 수익률이 은행정기적금 이자와 매년 똑같다고 한다면 은행에 불입하는 것이 10년 이내에는 더 좋다.

그러나 은행적금의 현재 수익률은 앞의 예시보다 당연히 적고 적립식펀드와 변액보험수익률은 주식배분비율이 높은 펀드의 경우 연환산수익률이 은행적금 상품보다는 일정기간 경과시 훨씬 높게 형성된다.

펀드에 가입하는 목적은 당연히 펀드의 수익률이 은행상품의 수익률보다 더 높게 나타날 것이라는 기대치가 형성되기 때문이다.

앞에서 제시한 것과 같이 펀드운용사는 적립식펀드와 변액보험상품의 목표수익률이 시장수익률을 상회하도록 정하고 목표지수를 추적하면서 벤치마크 초과수익률을 내기 위해 펀드운용을 다각도로 하기 때문에 단순 비교하면 안 된다.

위의 수익률과 똑같은 투자수익이 발생한다면 은행적금에 드는 것이 훨씬 유리하지만 펀드 예상수익률은 펀드투자문화가 정착된 외국의 예(특히 미국)를 볼 때 10년 이상 장기간 운용하면 연환산수익률이 8~10% 정도 나는 것으로 분석된다(이 부분에 대해서는 앞에서 설명하였다).

따라서 장기적으로 운용할 경우 외국 사례를 기초로 향후 적립식펀드의 연환산수익률을 벤치마킹해볼 때 적극적으로 운용하는 적립식펀드는 연환산수익률이 10%선에서 형성될 것으로 보인다. 그리고 적립식펀드보다는 상대적으로 보수적으로 운용하는 변액보험은 8%선에서 투자수익률이 형성될 것으로 보인다.

이는 우리나라 주가 향방과 운용사의 운용능력을 정확히 예측하기가 불가능한 상황에서 단지 외국 사례를 비교 분석해 제시한 것임을 이해하기 바란다.

표와 같이 앞으로도 수익률이 발생할 개연성이 있을까?

앞에서 설명했듯이 은행적금과 간접투자상품은 목표수익률이 다르다. 앞에서 예시한 표는 비교 대상 금융상품에 대해 경과기간별로 항상 동일한 수익률을 올릴 것이라는 전제조건을 달고 시뮬레이션한 것이다.

즉 해당 상품을 선택하는 투자자들의 기대수익률이 다르므로 실제로는 은행적금과 펀드상품간 수익률의 역전현상 터닝 포인트 시점은 위에 제시된 수익률 모델보다 훨씬 앞당겨져 발생한다.

적립식펀드와 변액보험은 투자수익률이 최소한 '명목금리+α' 이상을 실현하는 것이 주목적이고 또 그렇게 운용된다.

경과기간이 길수록
펀드상품의 수익률이 높아지는 이유

동일한 수익률일 경우 일정기간이 경과한 시점에서 은행적금보다 적립식펀드와 변액보험의 수익률이 더 높아지는 이유는 무엇일까? 장기투자할 경우 이는 매우 중요한 문제이기 때문에 그 이유를 잘 알아두어야 한다.

은행적금은 확정적으로 연단리로 운용되는데, 펀드는 비확정적이지만 장기간 운용을 전제조건으로 할 경우 어느 정도 복리형식으로 운용되기 때문이다. 그 이유는 월불입금액이 100만 원이라면 첫 달은 이 100만 원에 대해서만 수익이 발생하지만 그 다음 달에는 2회 불입금, 그 다음 달에는 3회 불입금… 이렇게 산술급수적으로 평가금액, 즉 적립금액의 규모가 커지기 때문이다.

매월 투자되는 불입금을 펀드좌수로 늘려주다 보면 펀드의 매입좌수증가로 총보유좌수가 점점 많아지고, 위에서 제시한 대로 연 6.4%의 수익률이 지속적으로 발생한다면 펀드기준가 또한 많이 올라가게 되므로 환매시점의 투자수익은 복리형식으로 불어나 은행적금의 단리 부리와는 차이가 점점 벌어진다(여기서 복리형식으로 투자수익이 불어난다는 것은 상기 예시표대로 연환산수익률이 일정하게 출렁거림이 없이 지속적으로 높게 나타난다는 가정과 전제조건이 반드시 이루어져야 한다).

적립식펀드가 변액보험보다 장기투자에 부적합한 이유

10년 이상 장기투자를 변액보험으로 꼭 해야 하는 이유

붙박이식 장기투자는 적립식펀드가 아닌 변액보험이 제격이다

많은 펀드전문가들이 적립식펀드는 장기투자해야 한다고 설파한다. 장수시대 적립식펀드에 가입해야 몇십 년 뒤 더 많은 목돈을 거머쥐어 노후가 편할 것이라고도 한다. 또 불입기간이 길어지면 길어질수록 수익률이 더 높아지고, 우리나라 현실에 비추어 볼 때 앞으로 주식상황은 점점 더 좋아질 것이므로 확실한 장기투자처로 적립식펀드가 손색이 없다고들 한다.

정말 적립식펀드가 10년 아니 20년 이상 장기투자상품으로 매우 적합할까? 현재 우리나라의 펀드수수료 체계하에서는 적립식펀드 한 상품에 가입하여 계속 유지하는 것은 바람직하지 않다고 생각한다. 15년 이상 계속 불입한 후 노후자금으로 활용하기에는 적립식펀

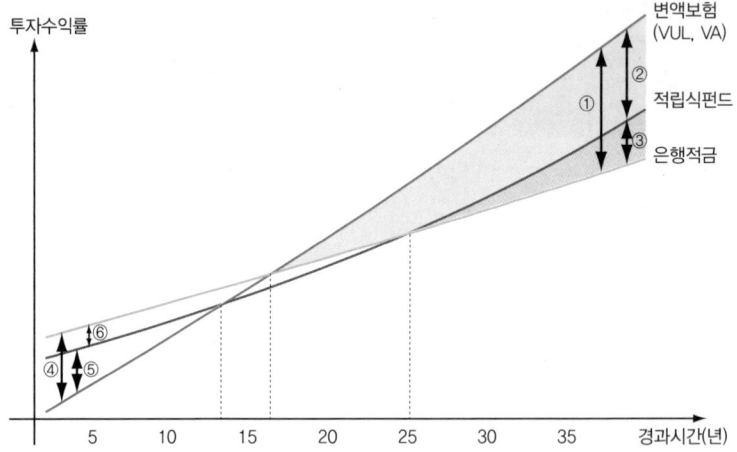

동일한 투자금액, 동일기간 저축(투자)시 투자상품별 수익률

① 변액보험과 은행적금의 30년 이상 투자기간 경과시 수익률 편차 : 변액보험의 수익률이 기간이 지날수록 훨씬 높음.
② 변액보험과 적립식펀드의 30년 이상 투자기간 경과시 수익률 편차 : 약 13년 이상이 경과하면 적립식펀드보다 변액보험의 투자수익률이 점점 더 높아짐.
③ 적립식펀드와 은행적금의 30년 이상 투자기간 경과시 수익률 편차 : 적립식펀드는 25년 이상 경과시 은행적금보다 수익률이 높음.
④ 가입 초기부터 약 16년 경과 시점까지는 변액보험보다 은행적금 수익률이 더 높게 형성됨.
⑤ 가입 초기부터 약 25년 경과 시점까지는 적립식펀드보다 은행적금 수익률이 높게 형성됨.
⑥ 가입 초기부터 약 13년 경과시점까지는 변액보험보다 적립식펀드의 수익률이 높게 형성됨.

드보다 변액보험이 훨씬 좋다.

　적립식펀드가 변액보험보다 장기투자로 부적합한 이유는 앞에서 설명했듯이 펀드수수료가 복리형식으로 불어나기 때문이다. 적립식펀드와 변액보험의 수수료는 기간이 경과할수록 그 차이가 어마어마하게 벌어진다.

적립식펀드와 변액보험상품의 투자수익률이 장기적으로 역전현상이 생기는 이유는 무엇일까? 변액유니버설보험과 적립식펀드의 수수료는 경과기간별로 얼마나 차이가 날까? 차근차근 풀어보자.

펀드수수료가 복리로 불어난다

먼저 변액유니버설보험을 살펴보자. 매월 불입하는 원금이 100만 원이라 하자. 사업비와 위험보험료, 증권거래세 등 차감되는 부분도 일단 제외하고 우선 원금만 가지고 단순히 따져보자.

원금 100만 원이면 연 0.7%인 펀드수수료를 첫 달에는 한 달치만 공제하므로 약 583원(7,000원÷12=583.333… 이 경우도 적립식펀드 수수료 계산과 동일하게 소수점 이하는 생략하기로 한다. 이하 같다)이 된다 [펀드 후취수수료는 평가금액(적립금액) 기준으로 매일 차감하지만 알기 쉽게 단순히 한 달에 한 번 공제하는 것으로 계산한다].

여기서 계산하기 편리하게 소수점 이하 자리는 모두 생략한다. 그 다음 달에는 두 배인 1,166원, 셋째 달에는 1,749원, 넷째 달에는 2,333원이 된다.

따라서 1년이면 공제되는 수수료는 583원×〔12(12+1)〕÷2=45,474원이 된다. ─①(공식은 앞에서 설명)

예를 들어 적립식펀드의 수수료 규모가 2.5%라면 수수료는 첫 달에는 한 달치만 공제하므로 앞에서 설명했듯이 한 달치씩 한꺼번에 공제하는 것으로 가정하여 계산하면 약 2,083원(25,000원÷12)이 된다. 이럴 경우 1년 동안 지불하는 수수료 공제금액은 2,083원×

[12(12+1)]÷2=162,474원이 된다. —②

여기서 ①과 ②의 차이가 117,000원이 된다.

이 금액을 작다고 보면 결코 안 된다. 투자수익률은 일단 제외하고 단지 원금에만 적용한 수수료 공제금액이니까 말이다.

5년 동안 투자한다면 어떻게 될까?

원금 6,000만 원에 대해 변액유니버설보험의 수수료는 583원×[60(60+1)]÷2=1,066,890원이 된다. —③

월불입금의 약 배 수준이다.

적립식펀드의 수수료는 2,083원×[60(60+1)]÷2=3,811,890원이 된다. —④

월불입금의 약 4배 수준이다. 여기서 ③과 ④의 차이가 자그마치 2,745,000원이나 된다.

10년 동안 불입한다고 가정한다면 얼마나 될까?

변액유니버설보험의 수수료는 583원×[120(120+1)]÷2=4,232,580원이 된다. —⑤

월불입금의 약 4배 수준이다.

적립식펀드의 수수료는 2,083원×[120(120+1)]÷2=15,122,580원이 된다. —⑥

월불입금의 약 15배 수준이다.

10년 동안 불입할 때 원금이 1억 2,000만 원이므로 원금의 약 15%가 적립식펀드 수수료로 나가는 셈이다. 이럴 경우 ⑤와 ⑥의 차이는 무려 10,890,000원이나 된다.
월불입금의 약 10배 수준이다.

15년 동안 두 상품을 유지했다고 가정해 보자.
변액유니버설보험의 수수료 공제액은 총 9,497,070원이 된다. ─⑦
월불입금의 약 9.5배 수준이다.
이때 적립식펀드의 총수수료는 33,932,070원이 된다. ─⑧
월불입금의 약 34배 수준이다.
⑦과 ⑧의 차이가 24,435,000원이나 된다.
월불입금의 약 24배 수준이다.

20년 동안 두 상품을 유지했다고 가정해 보자.
변액유니버설보험의 수수료 공제액은 총 16,860,360원이 된다. ─⑨
월불입금의 약 17배 수준이다.
적립식펀드의 총수수료는 60,240,360원이 된다. ─⑩
월불입금의 약 60배 수준이다.
⑨와 ⑩의 차이가 43,380,000원이 된다.
월불입금의 약 43배 수준이다.

첫 달 펀드수수료 공제규모가 변액보험은 583원, 적립식펀드는 2,083원이던 것이 20년이 경과하니까 수수료 규모가 눈덩이처럼 아니 기하급수적으로 커져서 이렇게 불어난다. 20년 동안 불입시 원금이 2억 4,000만 원이므로 적립식펀드 수수료로 나가는 돈이 자그마치 원금의 약 25%가 되는 셈이다. 이렇게 큰 돈을 운용사와 판매사는 가만히 앉아서 버는 셈이다.

그래서 '투자의 현인'이라고 칭송받는 워런 버핏이 앞에서 예시했듯이 펀드수수료가 장기투자의 발목을 잡고 있고, 판매사, 운용사의 수익만 키워주는 것이다.

펀드 후취수수료는 해를 거듭할수록 눈덩이처럼 늘어나

펀드규모가 커지면 커질수록 해당 금융사는 점점 더 많은 이익을 보게 된다. 가입자가 비록 쪽박을 찬다 해도 펀드평가금액에서 수수료는 매달 한 치의 오차도 없이 꼬박꼬박 빠져나가기 때문이다. 여기서 펀드수수료가 해를 거듭할수록 무시무시하게 불어나는 것을 실감했을 것이다.

또한 단순하게 펀드수수료만 놓고 따져볼 때 적립식펀드의 펀드수수료 규모가 매우 커진다는 것을 알 수 있다.

지금까지 제시한 펀드수수료 규모의 변화추이에 대한 시뮬레이션을 통해 10년 이상 장기투자할 경우 후취수수료율을 현재 시스템대로 적용하는 한 적립식펀드는 적당하지 않다고 할 수 있다.

펀드 장기투자는 워런 버핏이 말했듯이 운용사와 판매사만 살찌우는 것임을 알았을 것이다. 따라서 목적자금 마련 기간에 대한 확실한 어젠다를 갖고 펀드에 투자해야 한다.

적립식펀드는 중단기투자, 변액보험은 장기투자에 가장 적합

물론 적립식펀드를 10년 이상 가입하는 사람은 별로 없을 것이다. 특히 이러한 비교 결과를 보면 더욱 장기투자하지 않을 것이다. 그러나 변액보험은 반드시 장기투자해야 이익이 더 난다. 그런데 변액보험도 적립식보다는 훨씬 덜 하지만 10년 이상 경과하면 펀드수수료로 공제되는 돈이 만만치 않다.

예를 들어 10년이 되는 시점에서 당해연도에 차감되는 수수료 규모는 적립금액이 원금 1억 2,000만 원의 배인 2억 4,000만 원이라 할 경우 단순히 계산해도 2억 4,000만 원×0.7%=1,680,000원이 된다. 10년 이후에도 보험료를 불입한다면 월보험료의 약 1.6배가 펀드수수료로 빠져나가는 것이다. 이처럼 수수료 공제규모가 엄청나게 커진다.

이렇게 볼 때 시장수익률을 상회하지 못하는 펀드수익률에 계속 머문다면 실제로 가져가는 실수익 규모는 그다지 크지 않다. 즉 판매사와 운용사가 그동안 갖고 간 비용보다 수익금액(적립금액)이 더 적을지도 모른다.

따라서 펀드수수료는 투자수익률을 올리는 데 걸림돌로 작용하는 무서운 존재이므로 장기투자를 하려면 제일 먼저 펀드수수료 후 취규모를 잘 살펴보고 비교한 다음 선택하는 것이 올바른 판단일 것이다.

동범쪽지 펀드나무 열매 수확 위한 소중한 씨앗 한 톨

적립식펀드와 변액보험에 부과되는 비용인 후취수수료는 모두 펀드의 순자산가치인 평잔(평균잔액)기준으로 수수료를 부과, 징수한다. 쉽게 설명하면 해당일의 펀드평가금액(적립금액)을 기준으로 하여 여기에 해당 펀드의 연수수료를 일별로 나눈 다음 이를 매일 차감하는 방식을 취한다.

예를 들어 변액보험 인덱스펀드에 가입했다고 하자. 이 경우 특별계정의 펀드수수료가 연 0.7%라고 한다면 이를 1년에 한 번 또는 매월 한 번씩 공제하는 것이 아니라 매일 0.00191781%씩 공제해 나가는 것이다. 적립식펀드의 경우도 마찬가지다. 혼합형펀드의 후취수수료가 1.0%라 한다면 매일 0.00273973%씩 공제하고, 주식형펀드의 후취수수료가 연 2.5%라 한다면 0.00684932%씩 매일 공제해 나가는 것이다.

매일 공제할 때 대부분의 펀드 후취수수료는 소수점 아래 7자리까지 계산한 다음 8째자리에서 반올림하는데, 판매사에서 상품개발시 약간씩 차이가 있을 수 있다.

그리고 후취수수료는 일정기간만 공제하는 것이 아니라 환매 또는 해지(해약)하는 그날까지 공제한다. 물론 변액보험상품의 사업비 또한 부가보험료 중 신계약비는 10년까지만 공제하지만 나머지 유지비와 수금비는 보험료를 불입하는 그날까지 공제한다(이 경우 회사에 따라서는 11차연도 이후 유지비를 제외한 수금비만 공제하는 회사도 있다).

따라서 위에 예로 든 매월 한 번씩만 펀드수수료를 차감하는 방식을 가정하여 변액보험과 적립식펀드의 후취수수료 규모를 분석 비교한 것은 이해하기 쉽게 단순 계산한 것이다(이점 오해없기 바란다).

변액보험 사업비 규모가 더 클까, 적립식펀드 수수료 규모가 더 클까

장기적으로 적립금 역전현상이 생기는 이유

앞에 제시한 표에서 똑같은 조건일 경우 13년 이상 경과하면 적립식펀드보다 변액보험 수익률이 더 높게 나타난다고 했는데, 이 부분이 잘 이해되지 않을 것이다. 요새 신문을 보면 변액보험 사업비 부분에 대해 말이 많고, 또 실제로 이 부분이 투자할 때 최대 걸림돌이 되는 것은 분명한 사실이다.

앞에서 가입 후 13년 이상 경과하면 변액보험 저축성상품 군(群)의 수익이 적립식펀드보다 더 발생한다고 제시했는데, 변액유니버설보험이나 변액연금보험 등 변액보험상품과 관련된 보험투자상품의 투자수익이 더 많이 나오는 이유는 무엇일까? 물론 증권거래세를 제외하고 계산했지만 경과기간이 길어질수록 변액보험의 수익률이 적립식펀드보다 높은 이유는 뭘까?

많은 사람들이 펀드는 신탁보수만 공제하고 변액보험은 신탁보수 외에 사업비도 많이 공제하므로 당연히 펀드수익률이 작을 거라고 생각한다. 10년 이하 투자를 생각하면 이는 맞는 말이다.

그런데 변액보험상품과 적립식펀드상품의 경과기간별 수익률을 객관적으로 분석해 보면 기간이 13년 이상 경과했을 때 변액보험상품의 투자수익률이 더 높다는 것을 금방 알 수 있다. 매매회전율이 펀드마다 달라 그 부분을 제외했지만 말이다.

이 부분까지 포함한다면 변액보험상품의 투자수익률이 적립식펀드와 역전되는 터닝 포인트가 다소 늦춰진다. 물론 이 경우 변액보험상품의 어떤 펀드종목을 선택하느냐에 따라, 어느 보험사의 상품을 선택하느냐에 따라, 보장플랜을 어느 정도 가미시켰는지에 따라 그 차이는 매우 많이 달라진다는 점을 미리 밝힌다.

그러나 적립식펀드와 달리 변액보험상품은 특별계정부분을 보수적으로 운용하고 펀드유형 또한 다양하므로 매매회전율이 상대적으로 낮아 앞에서 신문기사를 토대로 언급한 것과 같이 적립식펀드 가입기간이 5년 정도 지나면 투자수익률 차이가 5% 정도 이상으로 더 많이 발생하지는 않을 거라고 예상한다.

사업비 규모의 차이보다
수수료 복리의 위력이 더 크다

적립식펀드와 변액보험의 장기투자 수익률에 역전현상이 발생하는 가장 큰 이유는 펀드수수료의 후취규모 차이가 크기 때문이다.

즉 사업비 규모의 차이보다 수수료 부과규모의 위력이 더 크다. 가입 후 15년 이상 경과하면 변액보험의 사업비와 펀드수수료를 모두 합해도 적립식펀드의 펀드수수료가 복리로 불어나는 크기보다 더 작게 나타난다는 것인데, 왜 그런지 예를 들어 설명한다.

이 부분 또한 매우 중요하므로 확실히 알고 난 다음 장기투자의 길을 올바로 들어서야 한다. 우선 기준을 들어보겠다.

기준 : 월불입금액 100만 원

펀드수수료 : 후취적용(적립식펀드 2.5%, 변액보험 0.7%), 변액보험 사업비 규모는 평균 잡아 10차연도까지는 월불입액의 12%, 11자연도 이후는 월불입액의 5%(위험보험료 부분 제외)

적립식펀드와 변액보험 모두 매매수수료 발생분은 제외한다.

적립식펀드는 채권매매차익과 채권의 이자소득, 주식배당소득 등에서 발생하는 과세 부분 또한 제외한다. 변액보험은 원금과 사업비 부분만 가지고 단순히 따지고 그밖에 위험보험료, 증권거래세 등 차감되는 부분은 일단 제외하고 계산한다.

여기서 다시 한 번 알아둘 것은 보험회사의 사업비는 선취를 적용하지만 펀드수수료는 후취를 적용한다는 점이다. 변액유니버설보험과 적립식펀드의 수수료가 경과기간별로 얼마나 차이가 나는지 한번 풀어보자.

원금이 100만 원이면 첫 달에는 한 달치만 수수료를 0.7% 공제하므로 앞에서 예시한 바와 같이 약 583원(7,000원÷12)이 된다. 여기서 계산하기 편리하게 소수점 이하 자리는 모두 생략한다.

그럼 그 다음 달에는 배인 1,166원, 셋째 달에는 1,749원, 넷째 달에는 2,333원이 된다. 1년 동안 공제되는 변액보험의 수수료는 45,474원이다. 1년 동안 차감된 변액보험의 사업비규모는 월 12만 원×12개월=1,440,000원이다.

따라서 이 둘을 더하면 1,485,474원이 된다. ─①

적립식펀드는 후취적용수수료가 2.5%이므로 1년 동안의 총공제금액은 162,474원이 된다. ─②

①과 ②의 차이는 1,323,000원이다.

투자금액 중에서 적립식펀드보다 변액보험이 9.1배 정도 더 많이 비용으로 지출된다. 두 상품의 지출규모 차이가 매우 큰데 이것이 변액보험 가입 초기 적립금액, 즉 투자수익률이 적립식펀드보다 상대적으로 매우 작게 나타나는 가장 큰 이유다.

5년 동안 투자했을 경우 지출비용 규모를 보자.

5년 동안 투자한다면 원금 6,000만 원에 대해서 변액유니버설보험의 수수료는 1,066,890원이고, 5년 동안 차감된 총사업비는 7,200,000원으로, 이 둘을 합하면 8,266,890원이 된다. ─③

이때 적립식펀드의 수수료 총공제금액은 3,811,890원이 된다. ─④

③과 ④의 차이는 4,455,000원이다.

투자금액 중에서 적립식펀드보다 변액보험이 2.1배 정도 더 많이 비용으로 지출된다. 아직도 변액보험보다는 적립식펀드에 펀드로 투입되는 금액이 더 많다는 것을 알 수 있다. 따라서 투자수익률은 당연히 적립식펀드가 훨씬 더 높다.

10년 동안 불입한다고 가정한다면 얼마나 될까?

변액유니버설보험의 수수료는 4,232,580원이고, 차감된 총사업비는 14,400,000원이다. 둘을 합하면 18,632,580원이 된다. ─⑤

이 경우 적립식펀드의 수수료는 15,122,580원이 된다. ─⑥

이때 적립식펀드와 변액보험의 지출비용 차이는 3,510,000원이다. 아직까지 차이는 좀 나지만 두 상품의 지출비용 규모 차이가 어느 징도 좁혀졌다. 따라서 투자수익률은 적립식펀드가 더 높게 형성되지만 변액보험과 많은 편차를 보이지는 않는다.

15년 이상 경과시점에 변액보험과 적립식펀드 지출비용 역전현상 발생

15년 동안 두 상품을 유지했다고 가정해 보자.

변액유니버설보험 수수료 공제액은 총 9,497,070원이 된다. 사업비 공제금액은 10년 동안은 월보험료의 12%를 공제했지만, 11차연도 이후에는 공제되는 규모가 매우 작아진다.

보험사 상위사의 공제 폭을 예로 들어 월보험료의 5%를 공제한다고 가정한다면 사업비는 14,400,000원(초기 10년 동안 공제금액)+3,000,000원(11차연도 이후 15차연도까지 공제금액)=17,400,000원이 된다. 이 둘을 합하면 26,897,070원이 된다. ─⑦

이 경우 적립식펀드의 총수수료 공제금액은 33,932,070원이 된다. ―⑧

이때 ⑦과 ⑧의 차이는 −7,035,000원이 된다.

지금까지는 적립식펀드 지출비용이 변액보험보다 적었지만 이제는 반대로 변액보험의 지출비용이 더 적게 나타난다. 따라서 투자수익률은 변액보험이 적립식펀드보다 더 높게 되는 역전현상이 발생하게 된다.

15년 동안 적립식펀드와 변액보험을 똑같이 불입했을 경우 변액보험의 투자수익률이 적립식펀드보다 더 높게 나타나는 역전현상은 바로 후취수수료의 규모차이 때문에 발생한다.

두 상품의 지출비용 규모 차이를 확실히 알기 위해 두 상품을 20년 동안 유지했다고 가정하자.

변액유니버설보험 수수료 공제액은 총 16,860,360원이 된다. 그리고 사업비 공제금액은 14,400,000원(초기 10년 동안 공제금액)+6,000,000원(11차연도 이후 20차연도까지 공제금액)=20,400,000원이 된다. 이 둘을 합하면 37,260,360원이 된다. ―⑨

이 경우 적립식펀드의 총수수료 공제금액은 60,240,360원이 된다. ―⑩

이때 ⑨와 ⑩의 차이는 −22,980,000원이 된다.

20년 동안 적립식펀드와 변액보험을 똑같이 불입했다면 자신이 투자한 돈에서 적립식펀드는 변액보험보다 22,980,000원이 더 지출된 것이다.

바꾸어 말하면 펀드투입비용이 그만큼 줄어든 것이므로 이에 비례하여 투자수익률이 당연히 더 적게 나타난다. 따라서 경과기간이 길어질수록 그리고 투자수익률이 높을수록 적립식펀드와 변액보험의 적립액편차는 더 벌어진다는 것을 알아야 한다. 펀드수수료 공제방법은 원금이 아닌 평가금액에 비례하여 적용되기 때문이다.

그래서 10년 이상 장기투자하려면 변액보험을 선택하라는 것이다. 특히 10년 이상 장기투자할 경우 변액보험은 이자소득세가 완전 비과세된다.

물론 변액보험의 경우 위에서 제시한 지출비용을 제외한 나머지 금액이 모두 특별계정에 편입되어 펀드에 투자되는 것은 아니라는 사실도 알아야 한다.

위험보험료와 증권거래세, 최저연금적립금보증비용(Guaranteed Minimum Annuity Benefit : GMAB), 최저사망보험금보증비용(Guaranteed Minimum Death Benefit : GMDB) 등의 보증수수료를 제외하고 난, 사업비를 공제한 금액에 대한 수수료이기 때문에 변액유니버설보험은 상기 예시공제규모보다 공제금액이 약간 더 많이 발생하므로 환급률은 더 적게 나올 수도 있다는 점을 꼭 알아두어야 한다.

그리고 적립식펀드와 변액보험의 해당펀드 내에 보유하고 있는 주식, 채권, 파생상품을 매매할 때마다 중개회사에 지불하는 비용인 매매수수료(중개수수료)가 있는데, 이는 펀드종목별 또는 매매회전율에 따라 그 차이가 많이 발생하므로 여기서는 모두 제외했다(이 부분에 관한 내용은 필자가 지은 《펀드투자, 흥하는 길 망하는 길》에 자세히 수록되어 있다).

장기투자는 적립식펀드가 아닌 변액보험으로 하라

그림 앞의 도표에서 예시한 적립식펀드와 변액유니버설보험의 투자수익률이 완전히 역전되는 터닝 포인트인 가입 후 13년을 예시로 살펴보자.

사업비 총부과규모는 1,440만 원(초기 10년간 공제금액)+180만 원(11차연도 이후 13차연도까지 공제금액)=1,620만 원이 된다.

변액유니버설보험 수수료 공제액은 총 7,139,418원이 된다.

사업비 총부과규모와 수수료 공제액을 합하면 총 23,339,418원이 된다.

이 경우 적립식펀드의 총수수료 공제금액은 25,508,418원이 된다.

그럼 이 둘의 차이는 2,169,000원이 발생하게 된다. 즉 변액보험의 수익률이 근소한 차이로 역전되는 시점인 것이다.

따라서 변액보험에서 추가로 공제되는 앞의 요소들을 감안할 경우 가입한 이후 13년 이상이 되면 적립식펀드보다 변액보험의 투자수익률이 더 많이 발생하게 되는 것이다.

위에서 사업비 규모를 월보험료의 12%로 한 것은 현재 보험사 변액보험상품(변액유니버설보험, 변액연금보험)의 사업비 부과폭을 고려하여 단순히 예로 든 것이다. 따라서 사업비 규모가 작은 상품을 판매하는 보험 선택이 장기투자할 때 수익률을 높이는 매우 중요한 변수임을 잊어서는 안 된다.

우리나라 펀드투자자들의 투자기간이 일반적으로 대부분 5년 정도인 점을 비추어볼 때 현재는 적립식펀드 수수료의 투자비용 문제의 심각성이 부각되지 않지만 미국과 같이 노후를 대비해 10년 이상 장기간 펀드투자하는 투자자가 많아질 경우에는 많은 문제를 야기할 것으로 보인다.

7장

펀드투자시 투자수익률 확실히 올리는 비법

펀드투자수익률을 올릴 수 있는 다양한 변수를 유효적절하게 활용하라.

펀드매입시점의 기준가 반영일을 꼭 확인하라

펀드매입일을 잘 챙겨야 수익이 늘어난다

"펀드매입, 언제 해야 가장 좋을까? 펀드에 자금을 언제 집어넣으면 이익이 더 많이 날까? 적립식펀드에 가입하여 그 날짜에 매월 입금하면 그대로 그날 기준가에 반영될까? 아니면 다음 날 반영될까? 주식시장 마감시간에도 펀드기준가는 영향을 받을까? 주가가 한 번도 하락하지 않고 계속 올라가면 좋으련만 어디 그렇게 되겠어?"

적립식펀드와 변액보험에 투자하기 시작하면 이런저런 여러 가지가 궁금하다. 개념 없이 그냥 좋은 펀드라고 하니까 가입하는 사람도 있겠지만 기왕에 투자했는데 수익률을 올리려면 펀드 매입시기를 잘 잡아야 한다. 펀드를 매입할 때는 기준가 반영일이 언제인지 살펴보면서 매입하는 것이 중요하다.

펀드는 매일매일 기준가에 따라 수익률이 달라지므로 펀드매입일 기준가는 수익률 제고와 밀접하게 관련되어 있다. 가능하면 펀드기준가가 낮은 날 매입했다가 펀드기준가가 높은 날 환매하는 것이 수익을 내는 데 가장 효과적인 펀드투자의 정석이다.

펀드기준가격은 전날까지 펀드운용 결과가 반영된 펀드 순자산가치를 말하는데, 기준가격에 기초해 매입할 수 있는 펀드좌수가 정해지기 때문에 기준가격을 얼마로 해 펀드에 가입하고, 매월 지속적으로 얼마에 매입하느냐에 따라 펀드수익률이 달라진다. 펀드매입신청일은 펀드 투자금액 입금일과 같은 날짜를 말한다.

주식편입비율 50% 이상인 펀드를 매입할 경우

주식형펀드는 주식편입비율과 매입시점에 따라 기준가격이 달라진다. 주식편입비율이 50% 이상인 펀드(주식편입비율은 약관상 최대 주식편입비율을 말한다)에 가입할 경우 15시를 기준으로 하여 15시 이전에 입금하면 입금신청일의 그 다음 날인 제1영업일(D+1)을 기준으로 기준가를 반영한다.

즉 주식시장 마감시간인 15시까지는 가입한 날의 종가를 기준으로 하여 다음 날 공표되는 기준가격으로 펀드를 매입한다. 15시 이전에 펀드를 매입하면 매입신청 당일 주식시장의 결과가 당일 장 마감 후 기준가로 산정되고 산정된 기준가는 익일 반영이 된다. 즉 오늘 산정된 기준가가 반영된 익일기준가로 펀드를 매입하는 것이다. 따라서 될 수 있으면 신청일 당일 기준가가 낮은 날, 즉 주식시장이

하락한 날 펀드매입을 신청하면 펀드기준가가 낮아지므로 더 많은 좌수를 매입할 수 있어 수익률 제고에 유리하다.

그러나 15시 이후 가입하면 익일 기준가를 산정하여 이틀 후, 즉 제2영업일 기준가를 반영한다. 펀드에 가입한 뒤 펀드 매입 또한 15시 이후에 신청하면 매입 신청시 신청일 다음다음 날의 제2영업일 (D+2) 기준가가 반영되어 펀드매입이 이루어진다.

펀드 매입시점에 따른 기준가 적용 시기

구분	시간대	펀드가입 (매입)	제1영업일	제2영업일	비고
주식편입비율 50% 이상시	09:30~ 15:00	신청일 (가입일 또는 매입금액 입금일)	기준가 반영 (매입좌수 확정)	-	공휴일 제외
	15:00~ 17:00		-	기준가 반영 (매입좌수 확정)	
주식편입비율 50% 미만시	09:30~ 17:00		기준가 반영 (매입좌수 확정)	-	채권형펀드, MMF형 포함

주식편입비율 50% 미만인 펀드를 매입할 경우

위 표에 기재한 바와 같이 주식편입비율이 50% 미만인 펀드를 매입할 경우 입금신청일에서부터 제1영업일을 17시를 기준으로 하여 기준가를 반영한다. 즉 17시 이전에 가입하면 당일 기준가를 산정하여 다음 날 기준가 반영을 한다. 17시 이후에 가입할 때는 이틀 뒤의 기준가격이 적용되지만 판매사의 영업시간이 지나 대부분 가입되지 않으므로 잘 살펴봐야 한다. 즉 은행마감시간 전에 가입해야 한다.

대부분의 은행이 사무관리회사 역할을 담당하는데 펀드기준가 산정을 사무관리회사가 한 다음 운용사와 판매사에 통보해주므로 사무관리회사의 영업시간 전에 펀드기준가 산정이 완료되는 것이다.

따라서 가능한 한 발품을 팔아 펀드기준가가 낮은 시점에 펀드를 매입하는 것이 펀드 매입좌수를 늘리는 데 더 유리하므로 15시 이전에 주가가 가장 낮을 때를 포착하여 바로 가입하는 것이 바람직하다.

다만, 가입시점에 주가가 높은지 낮은지 판단하는 것은 어디까지나 투자자의 주관적인 기준이므로 전문가의 도움을 구해 신중히 선택해야 한다. 이 경우 채권형펀드와 MMF형 모두 이와 동일하게 적용된다. MMF형의 경우 익일매수제 및 익일환매제의 시행(2007년 3월부터)에 따라 채권형펀드와 마찬가지로 펀드기준가격이 익일 기준가를 반영하여 적용되므로 가장 큰 장점인 수시입출금이 불가능하게 된다.

펀드환매시점을 잘 선택해야 돈이 더 붙는다

펀드환매시점의 올바른 선택은 투자수익률 제고시 가장 큰 변수

펀드에 투자했을 때 수익률을 가장 많이 내는 방법은 무엇일까? 투자자들이 가장 바라는 것은 투자수익을 한 푼이라도 더 올리는 것이다. 그럼 다음 사항에서 어느 경우가 경제성의 원칙에 비추어 볼 때 펀드수익률이 가장 높게 나타나는지 알아보자.

① 펀드수수료가 저렴한 펀드를 선택하는 것
② 현재수익률이 높은 펀드에 가입하는 것
③ 고수익률을 실현해주는 고위험펀드에 가입하는 것
④ 주가가 하락했을 때 펀드를 추가로 매입하는 것
⑤ 펀드 환매시점을 잘 포착하여 최적의 시기에 환매하는 것

자, 몇 번을 선택했는가? 물론 하나하나 모두 투자수익률을 제고하는 데 매우 중요한 요소임은 분명하다. 그래도 이 중 상대적으로 가장 중요한 요소를 선택하라면 당연히 ⑤번을 선택할 것이다.

수익률이 아무리 높아도 환매시점에서 기준가가 바닥을 쳤다면 무용지물이고, 보유좌수가 많아도 펀드기준가가 낮으면 그만큼 손해를 보기 때문이다. 펀드환매시점 선택은 투자수익률 제고에 가장 큰 영향을 미치므로 환매시점을 제대로 잡는 것이 중요하다. 펀드의 환매가격은 투자자가 펀드환매를 청구한 날에서부터 해당수익증권(보험증권)의 신탁약관(보험약관)에 기재된 영업일에 공고되는 기준가격을 적용하여 산정한다.

따라서 펀드환매시점을 잘 포착하여 최적의 시기에 환매하는 것은 펀드수익률을 올리는 데 그 무엇보다 중요하다. 환매는 투신사가 고객에게 팔았던 수익증권을 다시(還, 다시 환) 사들인다(買, 살 매)는 뜻인데, 투자자 측면에서는 매입한 수익증권을 되팔아 현금화하는 것으로, 은행 예금과 적금을 해지한 후 출금하는 것과 같은 의미다.

펀드는 환매신청일과 대금지급일이 다르다

적립식펀드 투자에서 그 무엇보다 중요한 요소는 어느 시점에서 환매할지를 늘 예의주시해야 한다는 점이다. 왜 펀드는 환매신청일과 지급일이 다를까? 펀드투자에서 환매신청일과 실제로 돈을 지급받는 날은 다르다. 은행에 예·적금 또는 저축성보험을 들었다 해지하면 돈을 바로 찾는 것과 같이 생각하면 큰 오산이다.

펀드 환매신청일과 실제 돈을 지급하는 날이 다른 이유는 펀드운용사가 주식이나 채권 등 유가증권을 되팔아 유동성자금을 확보(현금화)하는 데 시간이 다소 걸리기 때문이다.

환매절차를 자세히 설명하면, 투자자가 수익증권(펀드)의 환매청구를 판매사에 하면 판매사는 다시 자산운용사에 환매에 응할 것을 요구한다. 수익증권의 환매청구를 받거나 환매에 응할 것을 요구받은 자산운용사는 이를 즉시 수탁회사에 알리고 운용사와 공동노력해 지체없이 환매절차를 밟아 판매사를 경유하여 투자자에게 환매금이 전달되는 것이다. 따라서 투자자의 환매요청과 환매대금 지급까지는 다소 시간이 걸린다.

따라서 돈이 필요한 날짜를 미리 잘 계산해서 펀드를 팔아야 한다. 그렇지 않고 날짜를 잘못 계산하면 자칫 돈을 쓰려는 날에 쓸 수 없거나 하루 차이로 중도환매수수료가 부과될 수도 있다.

투자자가 환매를 신청하면 판매사는 수익증권을 환매하는 운용사(또는 수탁회사)가 이를 환매한 후 판매사를 경유하여 투자자에게 환매대금을 지급해주게 된다.

이때 판매사는 투자자에게 지급하기 전에 운용사(또는 수탁회사)에게서 지급받은 환매대금에서 환매수수료와 기타 관련 세금을 모두 공제한 다음 나머지 금액을 지급해준다. 그리고 보유한 펀드좌수 중 일부에 대해 환매청구도 가능한데 펀드상품에 따라 다를 수 있으므로 잘 살펴봐야 한다.

환매시점에 따라 환매대금 지급일자가 다르다

주식편입비율이 50% 이상인 펀드는 레이트 트레이딩(Late Trading) 제도에 따라서 당일 15시 이전에 환매를 신청하면 다음 날 기준가격을 적용받아 그로부터 이틀 뒤, 즉 환매신청일에서부터 제4영업일째되는 날 출금할 수 있다. 그런데 펀드의 장 마감 후 거래방식인 레이트 트레이딩 제도가 도입되면서 15시 이후에 환매를 신청하면 신청일 제5영업일째에 환매대금을 받을 수 있다.

주식편입비율이 50% 미만인 펀드는 17시 이전에 환매신청해도 당일 기준가격을 적용받아 환매신청일 이후 제3영업일에 환매대금이 지급된다.

채권형펀드는 17시 이전에 환매신청하면 이틀 후인 제2영업일 기준가격 적용과 함께 대금도 같이 나온다. MMF형은 앞에서 설명한 바와 같이 익일환매제의 시행에 따라 법인은 물론 개인투자자들도 당일 환매 신청을 하면 익일 펀드기준가를 반영하므로 그 다음 날 환매대금을 지급받을 수 있다.

해외펀드는 보통 환매신청을 하면 환매기준금액이 제4영업일에 결정되고, 제7영업일 이상 경과 후 지급된다. 다시 한 번 강조하지만 펀드투자시 최종수익률은 펀드기준가를 바탕으로 확정되므로 펀드기준가가 최고점에 달한 시기를 잘 포착해 적기환매가 이루어지도록 늘 펀드기준가를 살펴야 한다.

환매수수료 체계를 정확히 알아야 손해를 덜 본다

많은 사람들이 적립식펀드에 가입한 뒤 아무 때나 환매해도 되는 것으로 착각한다. 또 환매할 때 수수료를 물어야 하는 것은 알지만 그냥 조금만 떼는 줄로 아는 사람들도 많다.

적립식펀드도 엄연히 만기가 있는 금융상품이므로 만기 이전에 환매하면 불이익을 당한다.

보험에 가입한 뒤 중도해지할 경우 환급금액이 적어지는 것과 비슷한 이치로 환매수수료를 추징당하여 자신이 아무 때나 환매하고 싶다고 만기 이전에 환매하면 손해를 많이 보기 때문이다. 환매수수료 또한 언제 환매하느냐에 따라 그 규모가 사뭇 다르므로 환매는 신중하게 해야 한다.

적립식펀드는 가입할 때 계약기간이 있고 만기일이 정해지기 때문에 만기일 이전에 해지할 경우 약속불이행으로 환매수수료가 부과된다. 펀드환매시 추징하는 환매수수료는 처음에 펀드에 가입하면서 투자하기로 약속한 기간이 만기일인데, 중도에 약속을 지키지 않고 해지함으로써 투자자가 지불해야 하는 패널티 성격이 강한 것이다.

일반적으로 선취수수료를 적용하는 선취형펀드에서는 펀드 매입일이 만기일과 같은 개념이 되므로 환매수수료가 따로 부과되지 않는다.

그러나 후취수수료를 적용하는 후취형펀드를 만기일 이전에 해지하면 무조건 환매수수료가 붙는다. 따라서 약속한 만기일을 지키면 환매수수료는 당연히 없는데, 이에 대해서는 해당 약관에 명시되어 있으므로 꼭 살펴봐야 한다. 환매수수료는 펀드투자 수익분에 대해서만 부과하므로 손실이 발생하면 부과하지 않는다. 환매수수료는 판매사나 운용사의 수입이 아닌 중도환매에 따라 나머지 투자자들이 입게 될 투자손실을 보존해주는 데 사용된다.

가입하고 90일 이전 환매시

펀드를 환매할 경우 판매사는 환매를 청구한 투자자(수익증권의 수익자)가 수익증권(펀드)을 보유한 기간별로 환매수수료를 징구하여 환매대금지급일의 제1영업일까지 투자신탁재산에 편입한다. 즉 환매수수료는 판매사나 운용사 또는 수탁회사가 갖는 것이 아니라 나머지 투자자들의 이익분배금에 편입되는 것이다(수익증권 보유기간이란 투자자가 갖고 있는 수익증권, 즉 펀드의 매수일을 가산일로 하여 환매시 적용되는 펀드기준가격의 적용일까지를 말한다).

대부분의 펀드상품이 가입 후 3개월 미만 환매의 경우 조기상환 수수료를 내야 한다. 적립식펀드는 매달 일정액을 넣기 때문에 납입시점에서부터 90일이 지나지 않은 수익금에 대해 환매수수료를 뗀다. 환매수수료 부과기간인 90일 내에 환매를 신청하면 투자원금에서 수익금의 70%를 환매수수료로 내야 한다.

가입하고 90일이 지났지만 만기 이전 환매시

펀드 가입시점부터 90일 이내에 환매할 경우에도 환매수수료를 물어야 하지만 펀드 가입 후 유지하다가 만기 이전에 환매할 경우에도 환매수수료를 추징당한다. 투자신탁 표준약관에서는 수익증권을 환매하는 경우 이익금을 기준으로 90일 미만 이익금의 70%를 환매수수료로 징구한다고 명시했다.

이 경우 환매수수료 금액은 펀드운용사마다 약간 다르지만 일반적으로 대부분의 적립식펀드가 환매시점 최종납입일 바로 앞 90일까지 발생한 매수원금에 대해 매월 각각의 매수원금에서 발생한 이익금의 70%를 수수료 명목으로 평가금액에서 공제한다. 즉 매월 펀드를 매입하는 매입건별로 90일을 계산한 다음 합산하여 환매수수료를 부과한다.

적립식펀드의 환매수수료 부과시점은 최초 가입시점이 아니라 마지막 납입시점이라는 점을 명심해야 한다. 추가형펀드는 90일, 단위형펀드는 180일이 경과할 경우 환매수수료율을 자율적으로 결정할 수 있지만 대부분의 운용사가 수수료로 위에 제시한 70%를 뗀다.

추가형펀드

추가형펀드는 추가입금이 가능한 펀드로, 펀드를 만들고 나서도 수익증권을 만들어 투자자에게 추가로 매각할 수 있다. 단위형펀드는 추가입금이 불가능한 펀드로, 처음에 펀드를 설정할 때 모집기간을 정했으므로 원본의 추가설정이 불가능하고 신탁기간이 정해져 있다. 추가형펀드는 대부분 적립식펀드에 속한다.

벤치마크 초과율이 높은 상품을 골라잡아라

"1년 전에 주식형펀드에 가입한 어리숙 씨는 수익률이 처음 가입할 때보다 10% 정도 났다는 말을 듣고 이 정도 수익률이면 괜찮다고 좋아하면서 친구들에게 자랑했다. 어리숙 씨의 말을 들은 현명숙 씨는 어리숙 씨에게 가입한 주식형펀드의 벤치마크 초과율은 얼마냐고 물었다.

어리숙 씨는 그 말이 무슨 말인지 몰라 고개만 갸우뚱하다 그 자리에서 해당 펀드사 담당자에게 전화해 물으니 −1%라고 했다. 전화를 끊으면서 어리숙씨가 하는 말, '아니 내 펀드는 수익률이 연 10%가 났다고 하던데 −1%라고 하는 것은 또 뭐야?'

친구인 현명숙 씨가 말했다. '내가 보기에 네가 가입한 펀드수익률은 그리 나쁜 건 아니지만 다른 펀드보다는 좀 나쁜 것 같아. 벤치마크 초과율이 최소한 $+\alpha$가 되어야만 어느 정도 기대수익률에 만족할 수 있는 거야.' 어리숙 씨는 그 말이 무슨 뜻인지 도통 몰라 자세히 가르쳐달라고 했다."

 펀드에 가입할 때는 먼저 현재 해당 펀드의 벤치마크(Bench Mark : BM) 수익률을 잘 살펴봐야 한다. 벤치마크는 펀드를 평가할 때 가장 중요한 잣대이므로 펀드의 수익률을 항상 벤치마크 수익률과 비교하는 자세가 필요하다.

 어리숙 씨처럼 단순히 펀드에 가입만 한다고 기대하는 높은 수익률이 저절로 달성되는 것은 아니다. 먼저 그 펀드의 종합적인 수익 구조와 특성을 살펴봐야 하는데 그 가운데 하나가 바로 벤치마크 수익률이다. 벤치마크 수익률이 자신이 목적으로 하는 기간수익률보다 높아야 나중에 목표자금 달성이 가능하기 때문이다.

 이는 바로 해당 펀드운용사에서 전문가인 펀드매니저들이 이 정도 수익은 앞으로 낼 수 있다고 어느 정도 기대하는 목표수익률이기 때문이다. 그럼 기대를 거는 벤치마크 수익률이 무엇인지 구체적으로 알아보자.

벤치마크는 모든 펀드가 가지고 있는 자산운용의 목표(target)를 일컫는 말로 펀드운용성과를 비교하는 기본적인 잣대다. 벤치마크(BM) 수익률은 운용사가 설정한 시장에서 해당 펀드에 기대하는 목표수익률 기준치를 말한다.

즉 BM수익률은 펀드 약관상 편입된 운용대상에 따라 각 펀드에 최대로 편입되는 주식이나 채권의 비율만큼 각 평가기간이 발생시킨 수익률을 계산한 값으로, 펀드수익률을 볼 때는 단순 수치보다는 BM 대비 초과수익률을 비교해서 보아야 제일 합리적이라 할 수 있다.

펀드가 추적하는 지표의 수익률 변화 추이를 살펴라

벤치마크 초과수익률은 해당 펀드가 추적하는 목표지수이다. 따라서 벤치마크로 하고 있는 주가지수와 주식종목군(Basket)의 지수보다 더 높게 환매시까지 지속적으로 형성돼 나가야만 좋은 펀드라 할 수 있다. 펀드가 BM수익률을 초과하는 성과를 나타내면 시장수익률보다 더 나은 성과를 얻은 것으로, 펀드가 잘 운용된다고 보면 된다.

펀드유형에 따라 BM수익률도 다양하게 구성된다. 주식형펀드는 주식시장의 수익률을 벤치마크로 삼는데, 일반적으로 KOSPI 200지수나 종합주가지수가 BM수익률이 된다. MMF는 콜금리나 CD금리가, 채권형펀드는 3년 만기 국채 또는 1년 만기 통안채 금리가 BM수익률이 된다.

BM초과수익률은 펀드평가의 기초로, 펀드의 실현수익률에서 벤치마크 수익률을 뺀 값이다. 이는 BM수익률대비 특정펀드의 실현수익률이 어떠한지 나타내는 수익률이다.

예를 들어 100% 주식으로 구성된 펀드가 있을 때 평가 기간에 코스피가 10% 상승했다면 해당 펀드의 BM수익률은 10%가 되고, 해당 펀드가 10% 초과수익률을 달성했는지 여부에 따라 해당 펀드의 실적을 가늠해볼 수 있다. 즉 BM수익률이 10%, 펀드수익률이 15%라면 BM초과수익률은 5%이다.

BM초과수익률=펀드수익률-BM수익률

따라서 BM초과수익률의 격차가 클수록 펀드운용을 잘한 것이다. BM초과수익률은 시가평가를 원칙으로 하는 펀드의 경우 절대수익률을 벤치마크로 삼을 수 없는 속성이 있어 대부분의 펀드평가회사가 절대수익률보다는BM초과수익률로 펀드를 평가한다. 그러나 펀드평가사마다 BM 적용기준이 다르므로 잘 살펴봐야 한다.

펀드변경시점의 타이밍을 적기에 포착하라

펀드변경은 리스크헤지를 위한 최적의 수단

해마다 국내펀드의 유형별 투자수익률 지형도가 각기 다른 양상을 보인다. 2000년부터 2006년까지 최고 재테크 상품으로 각광받은 주식형펀드가 2007년 이후에는 줄줄이 손실을 냈다(2012년 이후에는 조금씩 살아나고 있다). 반면 2006년 이전에 힘을 쓰지 못했던 채권관련 상품이 2007~2010년 동안에는 수익률 순위 상위권을 점령했다.

주식시장의 조정이 길어질수록 펀드별 수익률이 많은 굴곡을 보이면서 기간별로 서로 다르게 나타나는 것이다.

2006년 이전 주식시장 평균수익률을 상회하는 주식형펀드들이 주가조정을 많이 받은 2007년 이후부터 2012년까지 약 6년간 힘을 제대로 발휘하지 못했던 이유를 잘 되새기면서 펀드도 분산투자해야 한다.

　아무리 탁월한 전략과 종목 선택 능력이 있는 투자자라도 시장수익률을 초과하는 수익률을 지속적으로 달성하기가 어려우므로 주식투자 비중을 상황에 맞게 조절하는 기능을 수행하는 펀드변경이 필요하다.
　펀드변경을 하는 가장 큰 이유는 펀드기준가 변동성이 발생하였을 때 위험회피를 통해 위험관리와 수익관리를 잘해나가기 위해서다. 그런데 펀드변경시점의 적절한 타이밍 포착이 고수익을 올리는 데 매우 중요한 변수로 작용한다.
　펀드변경시점을 잘 포착하여 좀더 안정성 있고 수익성 있는 펀드로 갈아타면 경우에 따라서는 손쉽게 수익을 더 올리는 기쁨을 맛볼 수 있다. 따라서 주가변동에 따라 펀드변경을 적절히 해야 수익률을 극대화할 수 있다.

변동성이 심할 경우 펀드변경을 통해 리밸런싱 효과를 노려라

주가 상승기에는 주식형펀드로 갈아타고, 주가 하락기에는 채권형으로 갈아타는 것이 효과적이다. 그리고 주가 정체시에는 혼합형펀드로 펀드변경을 하는 것이 바람직한 전략이라 할 수 있다. 주식형펀드에는 인덱스도 포함된다. 주가 변동에 발맞춰 펀드변경을 적기에 단행해야 리밸런싱 효과가 극대화된다.

주식과 채권의 가격은 경기트렌드와 밀접한 관련이 있고 경기변동의 낌새가 나타나면 곧바로 주가와 채권가격에도 변동이 나타나기 시작하는 게 시장의 흐름이다.

따라서 경기변동을 유심히 살펴보면서 경기변동에 따라 주식과 채권에 대한 투자포트폴리오를 예지력을 발휘해 적절히 리밸런싱할 필요가 있다.

💡 경기변동 상태와 주식과 채권의 투자포트폴리오 리밸런싱 방법

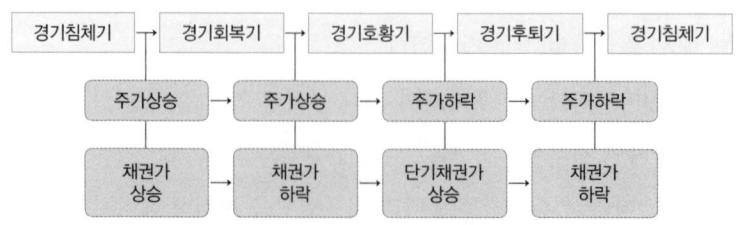

보유하고 있는 주식과 채권에 대한 투자포트폴리오 리밸런싱을 경기변동의 흐름을 살펴보면서 적정한 시점을 포착해 적극적으로 펀드변경을 추진해 나간다면 좀더 효과적으로 위험회피가 이루어지는 동시에 수익률 제고를 위한 발판을 마련할 수 있을 것이다.

그런데 펀드변경은 적립식펀드 중에서는 엄브렐러펀드만 할 수 있다. 다른 펀드는 모두 펀드변경기능이 없다.

그렇지만 변액보험상품은 어느 상품을 막론하고 모두 펀드변경기능이 옵션으로 설정되어 있으므로 펀드투자 후 펀드기준가의 변동성이 심할 경우에는 위험회피수단으로 용이하게 활용할 수 있어 좋다.

이 펀드변경기능과 더불어 각종 자산운용옵션의 다양화는 변액보험상품만이 갖고 있는 가장 큰 장점이라고 할 수 있다. 대부분의 보험사 변액상품이 1년에 12번까지 펀드를 변경할 수 있게 약관에 명시하고 있다.

변액보험은 펀드변경으로 수익률을 제고할 수 있다

변액보험은 펀드변경으로 수익률 하락을 미연에 방지할 수 있다. 변액보험은 주가가 하락했을 때 피할 수 있는 장치도 마련되어 있다. 바로 펀드변경이다. 펀드변경을 통해 수익과 손실 관리가 가능한데, 주식이 오를 때는 주식 편입이 많은 주식형펀드, 내릴 때는 채권형펀드로 자유롭게 펀드를 변경할 수 있다.

변액보험에서 펀드변경은 적립식투자가 일정기간 이상 진행된 후 축적된 펀드투입금액(적립금)을 현재 운용 중인 다른 펀드로 한꺼번에 또는 여러 개 펀드로 배분하여 이전하는 것이다.

거치식펀드로서 전환효과와 더불어 펀드변경시점에 이익을 실현하는 동시에 향후 수익률 보전과 추가상승을 목적으로 재투자하기 위한 사전조정작업이라고 할 수 있다.

따라서 변액보험 가입 후 펀드변경을 통해서 얻을 수 있는 가장 큰 기대효과는 ① 변경시점에서 투자수익이 가장 높은 펀드에 적립금 전부를 거치식으로 곧바로 투입함으로써 그간 쌓아놓은 펀드누적수익률을 보존하는 것, ② 향후 펀드기준가의 하락으로 더 나쁜 결과를 초래할 가능성을 미연에 차단하기 위한 사전조치로 수익률의 하락을 막아 투자리스크를 최소화하는 것, ③ 단순히 펀드변경만으로도 적립금 증가효과를 가져와 고수익(Fund Trans, High Return)을 올릴 수 있는 것이라 할 수 있다.

그리고 펀드변경을 통해서 얻을 수 있는 부수적인 효과는 ① 투자자(가입자) 스스로 주도적으로 리스크를 최소화하면서 자신의 자산(적립금액)을 관리해 나갈 수 있는 투자 인프라가 생기게 된다는 것, ② 자기책임에 입각해 주식과 채권시장의 흐름을 따라가면서 인플레 헤지 기능을 스스로 수행해 주식과 채권, 펀드 등 금융전반에 대한 트렌드를 종합적으로 알 수 있는 것, ③ 재테크 혜안이 넓어져 저금리시대 중장기 투자를 향한 포트폴리오 안배를 스스로 할 수 있는 것 등이다.

펀드변경과 추가납입을 동시에 모색해야 수익률을 더 올릴 수 있다

　변액보험은 10년 이상 장기투자를 목적으로 가입하는 상품이므로 초창기에는 주식형펀드 또는 인덱스펀드에 가입하여 투자수익을 올리면서 주가가 하락하면 채권형으로 갈아타는 것도 필요하지만, 간접투자상품의 특징인 정액분할매수법을 잘 살려 수익률을 좀 더 올리는 것도 좋은 방법이다. 즉 펀드보유좌수를 늘려 실질적인 투자수익을 확보하려면 가능한 한 보험료를 추가납입해서 리스크를 헤지하는 방법이 더 바람직하다.

　10년 이상 경과하면 적립금액 규모가 매우 커져서 코스트 애버리징 효과에 따른 추가매입효과가 상대적으로 감소하므로 당시 수익률을 보전하면서 펀드기준가를 안정되게 이끄는 것이 중요하다.

　즉 목표자금의 기대치 달성시점이 다가오면 항상 환매시점의 적기를 포착하면서 추가 수익을 더 많이 올리려는 기대보다는 현재 수익률을 안전하게 지켜 나가면서 목표기간 안에 투자수익률이 좀더 기대수익치에 도달하게끔 만들어나가는 투자전략이 중요하다.

　그러므로 환매시점에 다가가서는 현재 선택한 주식편입비율이 높은 주식형(또는 인덱스형펀드, 해외펀드)펀드를 채권형이나 보수적으로 운용하는 혼합형으로 변경하여 펀드기준가의 완급을 조정하는 것이 효과적이다. 장기투자의 경우 적립금액을 잘 보존하는 것이 매우 중요함을 잊지 말자.

펀드변경을 독단적으로 하지 마라

펀드변경을 잘못하면 오히려 수익률이 떨어진다

펀드변경은 수익을 조금이라도 더 올리고 투자종목의 변동성에 따른 손실을 다소라도 줄여 리밸런싱 효과를 극대화하기 위해 실시하는 투자전략과 재테크전술이다. 그러나 변액보험상품의 펀드종목을 변경할 때 한 가지 명심할 것은 펀드변경을 하면 현재 펀드에서 보유하고 있는 주식을 처분하는 것이므로 증권거래세가 붙는다는 사실을 알아야 한다. 그리고 매매할 때마다 매매수수료가 붙는다는 사실도 잊지 말아야 한다.

즉 펀드변경을 많이 하면 할수록 매매회전율이 높아지고 이에 따라 비례하여 매매수수료와 증권거래세를 물어야 하기 때문에 펀드변경으로 수익률을 올리는 폭보다는 자칫 매매수수료와 증권거래세로 빠져나가는 돈이 더 많아 주객이 전도되는 우를 범하게 될 수도 있다. 게다가 모든 펀드에 적용되므로 적립금액이 많을수록 더 많은 금액이 비용으로 지출된다. 단 증권거래세는 주식매도시에만 지불되는 세금이다.

또한 변액보험상품에 따라서는 펀드를 변경할 경우 수수료를 공제하는 보험사도 있으므로 잘 살펴봐야 한다.

펀드상품에 장기투자했으면 일시적인 주가하락은 장기상승을 위한 조정기라고 생각하면서 일희일비하지 말아야 장기재테크로 튼실한 열매를 거둘 수 있다. 따라서 장기투자상품인 변액보험의 펀드변경은 특별한 사유가 없는 한 자주 하지 않는 것이 좋다. 펀드변경을 잘하면 약이 되지만 잘못하면 독이 되어 오히려 수익률이 저조하게 나타날 수 있기 때문이다.

펀드변경은 전문가와 상의한 뒤 하라

펀드투자를 했는데 투자수익이 나지 않는 경우는 크게 나누어 두 가지 경우다. 하나는 주식형펀드(이 경우 주식편입비율이 높은 모든 펀드가 해당된다)에 가입한 뒤 주가는 계속 떨어지는데도 마냥 그대로 방치하는 것이고, 다른 하나는 채권형펀드에 가입한 뒤 채권가격은 계속 떨어지는데도 채권형펀드에 마냥 방치하는 경우다.

펀드투자수익률을 올리는 데 가장 큰 변수인 이 두 가지 경우만 슬기롭게 잘 대처하면 누구나 원하는 안전한 투자를 하면서 기대수익을 높게 올릴 수 있다. 그러나 변액보험에 가입한 뒤 펀드수익률

을 자신이 원하는 방향으로 유리하게 지속해 나가려면 주가상승기에는 주식형으로, 하락기에는 채권형으로 변경해야 한다. 단지 그 시점을 어떻게 정확하게 포착하느냐가 중요한 관건이다.

즉 주가하락과 주가상승기 초입이 어느 시점인지 예측할 줄 아는 능력이 필요한데, 비전문가는 이 시기를 놓쳐 수익률을 오히려 떨어지게 만드는 우를 범할 수도 있다. 따라서 주가가 하락할 경우 또는 평상시 펀드변경을 할 경우 수익률 제고에 영향을 미치는 변수를 고려하면서 전문가에게 자문을 구한 다음 펀드변경 여부를 결정하는 것이 바람직하다.

변액보험 가입자는 누구나 주식시황에 관심을 갖고 금융지식을 어느 정도 쌓으면 안목이 넓어져 펀드변경으로 수익을 얼마든지 올릴 수 있다. 이것이 펀드변경으로 고수익을 올릴 수 있는 열쇠이며 비법이다. 적정시점의 펀드변경은 고수익을 올리는 최선의 기술이므로 변액보험에 가입한 뒤에는 전문가의 조언을 구하면서 늘 이와 관련된 지식을 쌓고 공부해야 한다. 이것이 재테크의 지름길이다.

단, 펀드변경시에는 주식투자의 귀재라는 세계적인 투자가 워런 버핏이 갈파한 'Buy Low, Sell High'라는 주식투자의 기본원칙을 명심해야 한다. 그리고 늘 주식시장의 흐름을 깊이 분석하면서 변경펀드를 신중히 하고 실천에 옮기기 위해 발품과 손품, 머리품 등 노력을 아끼지 말아야 한다. 또한 경제관련 뉴스와 자료를 관심을 갖고 접하면서 이에 대한 지식을 쌓아야 한다.

적립식펀드 투자수익률 높이는 12가지 컴플라이언스 팁

1. 적립식펀드는 코스트 애버리징 효과가 있으므로 주가의 변동성이 심해도 거치식과는 달리 어느 정도 안정된 수익률을 올릴 수 있다.
2. 적립식펀드투자의 수익률을 장기적으로 결정하는 것은 평균매입단가가 아니라 최종 평가시점의 펀드기준가라는 점을 반드시 유념한다.
3. 펀드운용사와 판매사, 펀드관리사를 잘 선택해야 안정되게 운용하면서 좀더 높은 수익률을 올릴 수 있다.
4. 적립식투자액이 상당히 쌓이면 주가 움직임과 무관하게 그 시점부터는 평균매입단가의 상승폭이 많이 둔화되게 된다.
5. 적립식투자의 수익률이 거치식보다 낮게 나타났다면 매입단가 하락효과가 지속적으로 많이 발생하지 않았기 때문이다.
6. 적립식투자의 수익률은 평균매입단가 하락효과보다 투자종료시점에서 주가상승에 따른 펀드기준가격 상승으로 차익 실현효과가 더욱 중요하다.

7. 적립식투자는 주식형펀드처럼 등락이 크게 발생하는 상품에 활용하는 것이 더 유리하다.

8. 적립식펀드로 수익을 내려면 가입 후 주가의 출렁거림이 심하게 발생한 다음 환매할 때 주가가 펀드 가입시보다 일정기간 떨어졌다가 올라서 적어도 비슷하거나 높아야 한다.

9. 환매할 당시 주가(또는 채권값)가 가입할 때보다 더 떨어지면 손실을 막아줄 뚜렷한 방책이 없다.

10. 환매 타이밍을 잘 잡고 이를 만기로 생각하면서 늘 펀드수익률의 흐름(주가 또는 채권, 파생상품 값의 변화추이 분석)을 예의주시하며 호기를 포착해야 투자수익률을 최대화할 수 있다.

11. 주가하락으로 펀드수익률이 다소 떨어지더라도 일희일비하지 말고 시장의 변동성을 간파하면서 목적자금 마련시기를 전후하여 환매 타이밍을 잘 포착하는 지혜를 발휘해야 한다.

12. 적립식펀드투자는 변동성이 매우 크므로 한 펀드에만 가입하지 말고 분할투자하는 것이 바람직하다.

8장

변액보험으로 고수익 올리는 특급비법

변액유니버설보험과 변액연금보험의 투자수익률을 높이려면 이렇게 하라.

투자수익률 향방을 결정짓는 변수를 예의주시하라

변액보험 투자수익률을 올리려고 할 때 가장 먼저 무엇을 고려해야 할까? 펀드운용사의 펀드운용능력이라고 생각할 것이다. 그러나 이 문제는 변액보험에서 보험사 상품을 선택하는 문제와는 별개로 작용한다. 순수하게 보험상품만 놓고 볼 때는 사업비부과 문제가 가장 먼저 뇌리에 떠오를 것이다. 맞는 말이다.

변액보험에서 사업비부과 규모의 많고 적음의 차이는 곧바로 특별계정투입금액의 크기와 직결되고, 이는 바로 실질적인 수익을 안겨주는 종잣돈인 펀드운용금액을 의미하므로 투자수익률에 상당한 영향을 미친다.

그런데 사업비 이외에도 변액보험상품의 투자수익률에 직접적으로 영향을 미치는 독립적인 요소가 많다. 사업비부과 규모가 투자수익률에 가장 큰 변수로 작용한다면 두 번째 요소는 위험보험료의 크기다. 피보험자를 누구로 하며 가입 현재시점에서 가입연령은 어떤지가 매우 중요하다. 세 번째 요소로는 기본보험료 이외에 추가납입보험료를 얼마까지 납입할지 여부다.

그리고 네 번째, 펀드수수료의 규모 차이도 당장은 아니지만 10년 이상 장기유지할 경우 중요한 변수로 작용한다. 왜냐하면 변액보험상품의 펀드수수료는 적립식펀드와 마찬가지로 후취를 적용해서 평가금액에서 일정 비율로 매일 차감하기 때문이다.

다섯째, 10년이 경과한 시점에서 사업비부과를 또 어떻게 얼마만큼 책정하여 보험료에서 차감하는가 하는 문제도 매우 중요한 변수다. 이밖에 변액보험수익률을 결정짓는 변수가 매우 많다. 이 부분은 따로 자세히 설명한다.

변수가 상반되게 결합하면 경과기간이 길어질수록 수익률 편차가 심하다

변액보험상품에는 투자수익률의 향방을 가름하는 다양한 변수가 있는데 이 변수들을 등한시하면 안 된다. 이 변수 하나하나에 어떻게 대처해 나가느냐에 따라 투자수익률을 한 푼이라도 더 올리는 데 약이 되거나 독이 되기 때문에 꼼꼼히 살펴봐야 한다.

투자수익률 제고 변수가 서로 상반되게 작용한다면 가입기간이 경과할수록 수익률 격차는 더 벌어진다. 사업비부과 규모가 상대적으로 작은 보험사를 제대로 선택하느냐에 따라 또는 다양한 변수의 적절한 조합과 활용, 투자 걸림돌로 작용하는 요소에 대한 슬기로운 처리와 대처능력에 따라 투자수익률 편차를 이로운 방향으로 이

끌어갈 수 있다.

그럼 경과기간별로 수익률 편차가 어떻게 변하는지 각종 부대조건을 제외하고 알기 쉽게 단순화하여 살펴보자.

예를 들어 투자수익률이 금융감독원에서 제시하는 보험상품의 표준이율인 3.75%를 100% 적용하여 보험사에서 가입설계서상에서 예시하는 연 3.75%라고 하자(※어디까지나 가정임).

10년 뒤부터 투자수익률은 어떻게 달라지는지 살펴보자. 40세 남녀가 매월 500,000원씩 20년 동안 불입을 했고(그 후에는 계속 거치) 투자수익률이 연 3.75%라고 하자.

아래에서 남자와 여자를 칭할 때 그 대상은 보험가입자가 아닌 피보험자를 의미한다. 모든 변액보험상품은 남자보다 여자가 투자수익률이 더 높게 나온다. 비록 투자를 목적으로 변액보험을 선택했다 해도 그에 가입한 사람(가입자)에 따라 수익률 변화가 오는 것이 아니라 피보험자에 따라 수익률 변화가 가시적으로 나타난다는 사실은 알고 넘어가자.

10년 동안 유지할 경우

10년 동안 기본보험료를 계속하여 불입하면 원금보다 더 많이 나오지만 적게 나오는 회사도 있다. 남자는 원금을 간신히 커버하지만 여자는 원금보다 더 나온다. 보험사별로 편차가 많이 나지 않는다.

20년 동안 유지할 경우

20년 경과 시점에서 원금은 1억 2,000만 원이다. 투자수익편차는 보험사별로 많게는 남자와 여자 모두 2,000만 원 정도 발생한다. 원금대비 약 17% 정도의 수익률 차이를 보인다.

30년 동안 유지할 경우

30년 경과시점에서 보험사별 투자수익편차는 많게는 약 6,000만 원 정도된다. 원금 1억 2,000만 원 대비 50% 수준의 수익률 갭이 발생하는 셈이다.

40년 동안 유지할 경우

40년 경과시점에서 보험사별 투자수익편차는 많게는 약 1억 2,000만 원 이상 난다. 원금대비 100% 수준이다. 여자는 이 차액보다 더 많이 발생하는 것으로 나타나는데, 그 이유는 남자보다 평균 기대여명이 길고 위험보험료 책정시 사망보험금을 정의하는 방법상 차이로 위험보험료가 해당시점 보험료 총액에서 차지하는 비율이 보험사마다 각기 다르게 적용되기 때문이다.

이와 같이 가입한 이후 경과기간이 길어지면 길어질수록 투자수익률에 변수로 작용하는 요소들의 적정한 제어나 상호결합 여부에 따라 보험사별로 수익률편차가 매우 크게 난다는 사실을 반드시 염두에 두고 가입할 때 신중에 신중을 기해야 한다.

물론 변액유니버설 저축형인가 보장형인가 또는 변액연금보험인가, 변액유니버설 종신보험인가, 변액CI보험인가에 따라 투자수익률에 영향을 미치는 변수의 상호작용에 따른 투자수익 차이는 다르게 표출되지만 그 맥락은 비슷하다. 보장형 상품이라도 투자수익률이 높으면 그만큼 보험금이 많아지게 되므로 반드시 살펴봐야 한다.

좀더 구체적으로 동일한 조건 아래서 투자수익률이 달라지게 하는 변수와 그 이유에 대해서는 뒤에서 총체적으로 살펴본다. 이 부분을 정확하게 알고 가야만 그에 따른 대처방안을 스스로 수립할 수 있기 때문에 반드시 숙지한 다음 변액보험투자의 길로 들어서야 이익을 조금이라도 더 볼 수 있다.

동일조건 아래서 수익률이 달라지게 하는 변수 15

동일조건일 때 변액보험펀드수익률이 달라지게 하는 15가지 변수

투자변수를 잘 확인하고 소화해야 변액투자가 잘 영근다

"변액보험상품을 동일한 조건 아래 가입할 경우 펀드수익률이 달라질까? 동일한 조건일 때 수익률이 달라지는 이유는 뭘까?"

변액보험은 똑같은 조건 아래서도 펀드수익률이 달라지게 하는 변수가 많다. 같은 유형의 상품을 각각 다른 회사에 가입했을 경우 투자수익률은 각기 다르게 나타나는데, 이는 수익률 제고에 중대한 요소로 작용하는 변수가 많기 때문이다.

변액보험에서 동일한 조건에서도 수익률이 다르게 나타나게 만드는 이유는 크게 나누어 다음과 같이 15가지로 볼 수 있다. 다음에 제시하는 수익률 변수는 매우 중요하므로 반드시 익혀두자. 특히 여기에 제시한 수익률 변수는 단순히 나열하는 것이 아니라 이를 통해

변액보험상품의 투자수익률을 어떻게 높일 수 있는지 그 솔루션도 함께 제시하는 것이므로 잘 알아두어야 한다. 이 변수 중 좀더 자세한 설명이 필요한 수익률 제고 비법은 뒤에서 자세히 설명한다.

동일조건일 때 변액보험 펀드수익률 달라지게 하는 15가지 변수

1. 회사마다 사업비부과 규모 수준이 다르다.

보험사 운영에 필요한 사업비를 매월 불입하는 보험료에서 선취하는 규모의 크기는 상품별, 펀드유형별, 보험사별로 편차가 매우 심하다. 사업비규모가 워낙 크기 때문에 초기투자수익률이 매우 적게 나타나는데, 이는 기간이 경과할수록 보험사별 수익률편차로 귀결된다. 이 부분은 앞에서 자세히 설명했으므로 여기서는 생략한다.

2. 위험보험료 적용방식이 다르다.

변액보험은 보험투자상품이므로 단순히 납입되는 보험료 가운데 사업비를 공제한 나머지 금액이 모두 펀드에 투입되지 않는다. 사업비 이외에 위험보험료가 빠져나가는데, 이 비용은 피보험자가 나이를 먹을수록, 즉 경과기간이 길면 길수록 차감되는 규모가 점점 더 커져서 수익률 제고에 막대한 걸림돌이 된다. 위험보험료 적용방식의 차이에 대해서는 뒤에서 설명한다.

3. 사망보험금에 대한 정의가 다르다.

피보험자 사망시 사망보험금에 대한 차이 때문에 상이한 수익률이 나타나는데, 이는 사망보험금에 대한 정의가 보험사마다 서로 다르기 때문이다. 급부금을 포함시키는 회사도 있는 등 그 한도가 다름에 따라 상품개발 당시의 경험생명표를 적용하여 위험보험료를 산출한다 하더라도 보험료가 보험사마다 다르게 나와 경과기간별 수익률이 다르다.

4. 보험사별 펀드수수료부과 규모가 각기 다르다.

변액보험상품의 펀드종목수는 현재 800여 개에 이른다. 이들 펀드종목마다 부과되는 수수료 규모가 보험사별로 각기 다르다. 똑같은 펀드종목을 선택했다고 하더라도 A보험사와 B, C, D보험사 등의 수수료가 각각 다르다. 변액보험의 펀드수수료는 적립식펀드와 동일하게 후취적용하므로 수수료 0.1% 차이는 장기투자하면 할수록 수익률 제고에 매우 큰 영향을 미친다.

간혹 변액보험선택시 사업비 규모만 따져보고 펀드수수료는 별로 신경쓰지 않는 가입자들이 많은데 10년 이상 장기투자시에는 선취로 공제되는 사업비보다 후취로 공제되는 펀드수수료가 수익률 제고시 더 많은 영향을 미친다는 사실을 알아야 한다.

즉 적립식펀드의 펀드수수료를 체크하듯이 장기투자상품인 변액보험의 펀드수수료도 반드시 체크하면서 가장 저렴한 펀드 중 우량보험사에서 판매하는 양질의 펀드를 선택해야 한다.

5. 펀드수수료 이외에 고정적으로 들어가는 후취수수료가 다르다.

변액보험에는 고정적으로 부과되는 펀드수수료 이외에 별도로 부과되는 후취수수료가 있는데, 모든 변액보험상품에 들어가 있는 최저사망보험금보증비용(GMDB)과 변액연금보험에만 들어가 있는 최저연금적립금보증비용(GMAB)이 바로 그것이다. 펀드수수료는 해당 펀드종목을 선택할 때 내는 지출비용이고 이 두 수수료는 변액보험상품을 선택하는 순간 규모가 결정된다.

그런데 이 후취수수료 부과 규모가 만만치 않다는 데 문제가 있다. 변액보험의 펀드수수료 부과 규모가 일반적으로 0.2~1.0% 사이인데 GMAB는 0.5~0.7% 정도를 공제하고, GMDB는 0.05~0.1% 정도를 매월 차감한다. 이는 보험사마다 각기 다르므로 잘 살펴봐야 한다. 이 규모의 차이는 선취가 아닌 후취인 까닭에 장기투자할 경우 펀드수익률에 막대한 영향을 미친다.

이외에 지정적립금보증비용(GPAB)이 있는데 지정적립금보증을 가입 후 7년 내지 10년이 경과한 시점에서 신청한 투자자에 한해서 매월 계약해당일에 연 0.5% 정도를 최저적립금액의 지급보증기간에 차감하도록 되어 있으므로 가입시점부터 차감하는 방식인 GMDB, GMAB와는 보증비용의 성격이지만 개념이 근본적으로 다르다.

6. 펀드변경시 수수료 부과 여부다.

펀드변경할 때 많은 보험사가 서비스 제고차원에서 수수료를 부과하지 않지만 전환수수료를 부과하는 회사도 있으므로 잘 살펴봐야 한다. 변액보험에서 펀드변경시 수수료는 적립식펀드 중 엄브렐러펀드에서 펀드전환을 할 때와 비슷하게 1회당 0.1% 정도를 부과하는데, 이 또한 보험사마다 차이가 많으므로 잘 살펴봐야 한다.

7. 보험가입금액의 크기가 다르다.

보험료 규모도 같고 사업비 지출규모도 똑같은데 경과기간별 환급률이 다르게 나타나는 것은 기본보험료당 보험가입금액을 산출하는 기준이 회사별로 다르게 나타나기 때문이다. 이 부분은 뒤에서 자세히 설명한다.

8. 상품에 따라 펀드유형별 펀드수수료 규모가 다르다.

변액보험상품의 펀드수수료는 변액유니버설보험의 적립형과 보장형, 변액연금보험, 변액유니버설보험 종신형 등 상품구조에 따라 또는 펀드종목에 따라 다르다.

수수료부분에서 변수가 가장 큰 부분은 펀드유형이다. 수수료율은 대개 0.2~1.0% 정도인데 적립식펀드와 마찬가지로 채권형과 MMF형이 수수료가 가장 낮고 그 다음 인덱스형이 낮다. 주식형과 혼합형은 상대적으로 높으며 가장 높은 펀드는 해외형상품이다.

적립식펀드와 같이 변액보험 또한 펀드수수료 규모는 경과기간이 길어질수록 격차가 더 크게 벌어진다. 특히 변액보험은 적립식펀드와 달리 거의 10년 이상 반드시 투자해야 이익을 보는 상품구조로 되어 있으므로 10년 이상 경과할 경우 펀드수수료 규모의 차이가 눈덩이처럼 불어난다는 것은 앞에서 여러 번 다루었으므로 더 설명하지 않는다.

9. 추가납입보험료의 펀드투입비율이 다르다.

변액보험의 보험료는 크게 나누어 맨 처음 가입할 당시 지불하는 기본보험료와 가입기간 내 언제라도 불입이 가능한 추가납입보험료로 구분된다. 이 가운데 앞에서 다룬 사업비 부분이 바로 기본보험료에 해당하는 부분이다.

추가납입보험료에서 공제되는 사업비는 기본보험료와 달리 신계약비를 제외한 나머지를 공제하므로 상대적으로 기본보험료에서 공제하는 사업비보다 매우 적다.

일반적으로 추가납입보험료 가운데 펀드(특별계정)에 투입되는 보험료는 95~98% 정도다. 따라서 유지비, 수금비 명목으로 사업비가 2~5% 정도 공제되는 셈이다. 그런데 이 경우 또한 보험사에 따라 공제 규모와 공제 내역이 달라 수금비만 공제하는 회사도 있으므로 잘 살펴봐야 한다.

10. 매매회전율이 높을 경우 매매수수료와 세금이 많아진다.

변액보험은 적립식펀드와는 달리 주식을 매도할 경우 증권거래세를 내야 한다. 보유종목을 되팔 때 내는 세금을 내야 하는데, 세금비율은 증권양도가액의 0.3%다. 따라서 주식매도를 많이 하면 할수록 증권거래세가 상대적으로 많이 부과되므로 수익률을 일정 규모 이상 내지 못하면 수익률이 오히려 더 나빠지는 변수로 작용한다. 그리고 적립식펀드와 변액보험 모두 주식과 채권, 파생상품을 사고팔 때 매매수수료를 지불해야 한다.

매매수수료는 펀드변경을 자주 한다거나, 해당운용사에서 가입한 펀드의 개별종목당 수익률이 현저히 낮다고 판단될 때 매도 후 다른 종목을 매입함으로써 발생하는데, 종목을 바꿔치기했다고 변동성이 매우 높은 주식수익률이 곧바로 상승한다거나 훨씬 더 좋아진다는 법이 없기 때문에 매매회전율이 높으면 상대적으로 펀드투자수익률이 떨어진다.

11. 총보수비용의 크기가 각기 다르다.

펀드비용 중 덩어리가 큰 것은 판매보수, 수탁보수, 운용보수, 사무관리보수 등 통상 펀드수수료라 일컫는 신탁보수이지만, 이밖에도 회계감사비용, 자산운용보고서 제공비용, 투자증권 평가비용, 일반사무관리보수 등 기타 비용을 특별계정자산에서 차감하는데, 이를 총칭하여 총보수비용이라고 한다. 이 비용의 크기가 보험사마다 각기 다르기 때문에 펀드수익률 또한 달라진다.

총보수 비용비율은 펀드종목마다 각기 다른데 일반적으로 펀드수수료 체계와 비슷하게 보수비율이 적용된다. 따라서 펀드수수료 규모가 큰 펀드는 총보수 비용비율도 상대적으로 크다고 생각하면 된다. 특히 총보수비율은 매매회전율이 높을수록 더 높아진다. 다시 설명하면 펀드수수료 규모가 큰 해외펀드의 경우 수익률이 주식형펀드와 비슷하게 나타날 때 절대로 주식형펀드보다 수익률이 같거나 더 좋을 수 없다. 이를 명심해야 한다.

12. 신계약비 이연상각 기간 후에 들어가는 비용이 다르다.

보험모집수수료 등 보험사 판매자원확보의 원천이 되는 신계약비는 금융당국의 정책에 따라 보험에 가입한 후 10차연도까지만 공제한다. 즉 10차연도 이전에는 신계약비와 유지비, 수금비(이 세 요소를 합하여 부가보험료 또는 사업비라고 칭한다)를 공제했는데, 11차연도 이후에는 이 가운데 신계약비는 제외하고 유지비와 수금비는 보험이 소멸되는 날까지 계속 공제한다. 이 경우 수금비와 유지비 공제폭이 보험사마다 편차가 많다. 유지비와 수금비를 많이 공제하면 할수록 펀드투입금이 작아져 수익률은 반대로 적어진다.

13. 보험료 미납시 적립액에서 차감되는 월공제액이 다르다.

변액보험에 가입한 뒤 매월 보험료를 불입하다가 부득이한 사정으로 보험료를 불입하지 못하면 그간 불입한 보험료의 펀드투입부분(특별계정)에서 발생하는 적립금액 범위 내에서 보험사 운용에 필요한 사업비와 보험금 지급사유 발생시 필요한 위험보험료, 특약보험료 부분 중 수금비 등을 임의로 공제하는데, 이를 월대체보험료라고 한다. 즉 보험료가 미납되면 적립금액에서 월대체보험료를 차감한 다음 나머지를 펀드에 투자한다.

이 월대체보험료의 규모가 매우 크다는 사실을 간과해선 안 된다.

월대체보험료 공제액은 기본보험료의 신계약비 상각기간과 비슷하게 경과기간을 적용한다. 예를 들어 가입한 지 10년 이하일 때는 기본보험료 중 사업비 공제금액과 같은 비율로 공제한다. 10년을 초과한 경우 또한 기본보험료 공제시와 같은 비율로 공제하는데, 다른 점은 이때 위험보험료 부분까지 같이 공제한다는 것이다.

단 해당 회사에서 정한 보험료 납입의무기간 이내에 보험이 해지되었으면 계약이 소멸된 것으로 간주하므로 월대체보험료를 차감하지 않는다. 보험료 의무납입기간은 회사별로 다르지만 대체로 1~2년 정도 적용한다.

14. 연금전환한 이후 공시이율이 다르다.

변액유니버설보험 또는 변액종신보험에 가입한 뒤 노후를 대비해서 연금을 수령하고자 연금전환을 생각한다면 변동수익률, 즉 공시이율이 높은 회사의 상품에 가입해야 한다. 나중에 연금으로 전환할 경우 가입설계서상에 예시로 나오는 '연금전환시 연금지급액 예시표'는 투자수익률과 더불어 현재 시점의 경험생명표상의 연금사망률과 미래 시점의 공시이율을 적용하여 산출하는데, 이때 예시되는 공시이율이 적다면 해당 보험사의 연금전환 예시금액은 당연히 적게 나온다.

따라서 변액유니버설보험에 가입한 후 일정기간이 경과한 시점에서 연금전환을 고려한다면, 그리하여 연금을 조금이라도 더 많이 받고 싶다면 공시이율이 높은 회사 상품을 선택한다.

먼 훗날 얘기 같지만 한 번 가입하면 추가선택의 여지가 별로 없으므로 미리 보험사의 장기 성장성과 안전성, 신뢰성 등을 고려해서 가입해야 한다.

변액유니버설보험을 판매한 지 20년이 넘은 미국에서 그동안 가입하여 유지한 가입자들이 연금전환 후 수령받는 연금액이 작아 많은 문제가 야기되고 있다는 점을 타산지석으로 삼으면서 유념한다.

15. 보험료 할인혜택을 부여하는 제도가 다르다.

변액보험에서 보험료를 할인해주는 방법은 매우 다양하다. 우선 보험료 납입방법상의 할인혜택이다. 즉 보험료를 자동이체로 납입하면 할인해주는 방법이다. 할인폭은 대개 월보험료의 0.5~1.0% 정도다. 장기유지할 경우 이 차이는 매우 크므로 반드시 자동이체제도를 활용한다.

두 번째는 고액계약자 할인 우대제도인데, 크게 나누어서 세 가지가 있다. 하나는 보험가입금액을 기준으로 하는 방법이고, 또 하나는 월납보험료 규모를 기준으로 하는 방법이다. 회사에 따라서는 이 두 가지를 병용하거나 이 가운데 한 가지 방법만 적용하는 회사도 있다. 또한 아예 할인하지 않는 경우도 있으므로 잘 살펴본다.

그리고 다른 하나는 단체로 가입할 경우 할인해주는 방법이다. 단체취급특약 가입시 기본보험료에 대해 0.5~1.5% 정도 할인해주는데, 회사마다 규정이 다르므로 잘 살펴봐야 한다. 단체로 가입하면 고액계약자에 대한 할인혜택은 적용되지 않는다. 이 외에 우량체에 대한 할인혜택도 있으므로 잘 살펴본다.

위에 열거한 변액보험상품의 투자수익률에 영향을 많이 미치는 15가지 변수는 변액보험에 가입하거나 앞으로 가입하려 할 때 변액보험 펀드투자수익률을 올리는 최대변수로 작용한다.

이와 같이 펀드수익률을 결정짓는 독립적이거나 종속적인 변수가 있으므로 올바른 보험사 선택이 얼마나 중요한지는 다시 말할 필요가 없다.

그런데 이런 변수는 매우 다양하고 복잡하므로 좋은 보험컨설턴트를 만나 올바로 컨설팅을 받고 스스로 판단하여 우량 보험사를 선택하는 지혜를 발휘해야 한다. 또한 가입 이후에도 사후관리를 지속적으로 받을 수 있는 시스템이 구비된 회사 또는 평생직업의식이 있고 전문성이 있는 보험컨설턴트여야 위에 제시한 변수들의 물꼬를 수익률을 조금이라도 높이는 쪽으로 틀어나갈 수 있다는 점을 반드시 명심한다.

또한 투자수익을 더 많이 올리려면 상품을 선택할 때 이런 변수에 대해 약관을 꼼꼼히 살펴보면서 이치를 터득하여 수익을 더 올릴 수 있는 길을 모색한다.

고수익을 올리려면 반드시 추가납입하라

추가납입해야 고수익을 올릴 수 있다

현재 변액보험상품에 가입하고 있는가? 그 상품이 변액유니버설보험이든 변액연금보험이든 10년 이상 장기저축을 목적으로 가입했다면 지금 단지 월보험료만 불입하는지 묻고 싶다. 만약 월보험료, 즉 기본보험료만 불입한다면 변액보험을 통해 고수익을 올리기는 힘들다. 아니 고수익을 올릴 생각이 아예 없다고 해도 지나친 말이 아닐 만큼 재테크 문외한이라고 할 수 있다.

이렇게 심하게 표현하면 무슨 소리냐고 반문하거나 따질지도 모르지만 이는 엄연한 사실이다. 이유여하를 불문하고 깊이 고민한 뒤 10년 이상 장기투자하기 위해 변액보험을 선택했다면 투자수익을 조금이라도 더 높이려는 방법을 모색해 솔루션을 찾아야 한다. 그 첫 번째 방법이 바로 보험료를 추가로 납입하는 것이다. 그것만이 투자자로서는 변액보험에 가입하여 고수익을 올리는 유일한 길이요, 경과기간을 조금이라도 빨리하여 적립식펀드 또는 은행상품과 대항할 수 있는 유일한 길이다.

특히 적립식펀드와 10년 이내 투자수익을 어느 정도 엇비슷하게 가게 만들려면 반드시 추가납입을 해야 한다. 그럼 추가납입을 하면 이익이 얼마나 날까? 앞에서 설명하여 이젠 어느 정도 알겠지만 다시 한 번 확실히 짚고 넘어가자.

수익률 차이가 이보다 더 크게 나는 상품은 없다

보험료 추가납입시와 기본보험료만 납입할 때 수익률 차이는 그 어떤 투자상품보다 크게 나타난다. 투자자가 불입하는 보험료 중 펀드에 투입되는 보험료 비중이 기본보험료와 추가납입보험료가 서로 다르다.

기본보험료는 변액유니버설보험에 가입할 때 맨 처음 내는 보험료이고, 추가납입보험료는 제2회 보험료를 납입할 때 추가로 불입하는 보험료를 말한다. 일반적으로 보험상품은 약관에 처음 계약할 때 약정된 보험료가 만기시까지 적용되어 불입하게 되는데, 변액유니버설보험은 은행상품을 가미하여 설계했으므로 보험료 추가납입이 가능하다.

그럼 기본보험료를 납입하는 것과 추가로 보험료를 납입하는 것은 무엇이 다른가? 왜 추가납입을 해야 수익률이 더 높아지나? 그 이유는 바로 사업비 공제비율이 서로 다르기 때문이다. 현재 기본보험료와 추가납입보험료에 대한 사업비부과는 다음 방식으로 한다.

단, 기본보험료의 사업비(부가보험료) 차감방식과 부과규모는 뒤에서 다루는 '변액보험상품 사업비 부과규모 현황'을 참조하면 된다.

추가납입보험료의 사업비(부가보험료) 차감방식과 부과규모

보험료로 100만 원을 추가납입하면 100만 원 중 얼마가 펀드에 투자될까? 자그마치 최고 98만 원 정도가 펀드에 투자된다. 이때 내는 추가납입보험료에는 위험보험료도 없다.

또 사업비 중에서 가장 큰 규모를 차지하는 신계약비도 발생하지 않는다. 보험회사 운영에 필요한 유지비도 없다. 단 운영비 명목으로 수금비를 책정하여 매월 2~5% 정도를 차감한 뒤 95~98% 정도가 펀드에 투입된다.

그런데 여기서 꼭 알아둘 사실 한 가지! 추가납입보험료에는 위험보험료가 붙지 않는다는 것이다. 그리고 보험사에 따라서는 유지비 명목으로 추가납입보험료에 대해서 공제하는 경우도 있으므로 잘 살펴봐야 한다(그만큼 보험사 선택이 중요하다).

펀드에 투입되는 비율이 보험료를 추가납입하면 기본보험료만 납입할 때보다 무려 10% 이상 높아진다. 이는 곧바로 투자수익률과 직접 연결되어 연환산수익률이 10% 이상 차이 난다.

10년 이상 장기적으로 연환산수익률을 10% 이상 꾸준히 내기도 쉽지 않을 텐데 단지 보험료를 추가납입했다고 해서 이를 커버할 정도로 수익이 발생한다면 얼마나 기쁘고 만족스러운 일인가? 당연히 추가납입해야 하지 않겠는가?

지금 적립식펀드에 가입할 경우 매월 공제하는 펀드수수료 부과 규모는 대부분의 상품이 후취를 적용하여 평가금액에 대해서 2~3% 정도를 뗀다. 보험료를 추가납입하면 후취가 아닌 선취로 보험료 월 불입액에 대해서만 매월 2~7% 정도를 공제한다.

선취와 후취 개념이 완전히 다르다는 것은 누누이 강조했다. 변액보험에 가입한 초기 제2회 보험료를 납입하는 시점부터 매월 보험료 추가납입 한도 안에서 추가납입을 지속했다면 똑같은 수익률이 발생했을 경우 가입 후 10년 정도 지나면 적립식펀드보다 더 높은 투자수익률을 올릴 수 있다.

변액보험상품에서 추가납입은 투자수익을 올리기 위한 필요충분 조건이므로 반드시 추가납입해야 한다. 변액보험상품에 가입한 뒤 추가납입하지 않으면 고수익 올리기를 포기하는 것과 마찬가지라는 사실을 명심 또 명심하자.

사업비 규모가 가장 작은 회사상품을 선택하라

보험사 선택에 따라 최대 연 8% 이상 손이익이 결정된다

내가 가입한 변액보험상품의 사업비가 다른 회사 동종 변액보험상품의 사업비와 같다고 생각하면 큰 오산이다. 똑같은 보험료를 낸다 해도 펀드에 투입되는 특별계정보험료 규모는 보험사마다 다르고 그 편차 또한 보험사마다 매우 많이 난다. 그 이유는 바로 사업비편차가 보험사마다 매우 심하기 때문이다.

이 차이는 투자수익률과 바로 직결되므로 보험에 가입하기 전에 사업비규모를 미리 확인한 뒤 변액보험상품을 골라 가입하는 것이 투자수익을 한 푼이라도 더 올리는 가장 현명한 방법이다.

변액보험 중 저축성 보험투자상품의 경우(위험보험료를 일단 제외하고) 기본보험료를 기준으로 살펴볼 때 초년도부터 10차연도까지는 약 93.5% 정도를 펀드로 투입하는 회사가 있는가 하면 85% 정도만 투입하는 회사도 있다. 표준사업비 규모를 놓고 따져볼 때 일부 회사를 제외하고는 대부분의 회사가 표준사업비 100%를 초과하여 운영한다.

그럼 매월 기본보험료를 100만 원이라 가정할 경우 A회사는 93만 5,000원이 펀드로 투자되고, B회사는 85만 원이 펀드로 투자된다고 가정하면 이 두 회사 중 A회사를 선택한 고객은 B회사를 선택한 고객보다 매월 8만 5,000원을 더 펀드에 투자하는 셈이 된다.

이는 연환산수익률로 따지면 단순히 100만 원을 기준으로 할 경우 8.5%나 된다. 즉 보험사 선택만으로도 앉아서 연수익률 8.5%를 고스란히 손해보든지 이익을 보는 것이다. 현실적으로 연환산수익률 10% 이상을 10년 이상 지속적으로 가져오는 것이 투자시 기대수익률인데, 이 가운데 8.5%를 가만히 앉아서 손해본다면 이보다 더 억울한 일은 없다.

적립금액 규모의 편차는 곧바로 목적자금의 차이로 나타난다

특별계정에 투입되는 원금규모의 차이를 비교 분석해 보면 왜 사업비가 작은 회사의 보험투자상품에 가입해야 하는지 금방 이해가 갈 것이다.

예를 들어 매월 100만 원씩 들어가는 변액유니버설보험에 가입했다고 하자. 위험보험료는 일단 제외하고 계산한다.

A사는 이 가운데 93만 원(93%)이 특별계정으로 편입되고 나머지 7만 원(7%)은 사업비로 차감된다고 하자.

그럼 10년 동안 매월 기본보험료를 납입했다고 가정한다면 총납입보험료 규모는 1억 2,000만 원이고 이 가운데 펀드에 투입된 보험료 총액은 1억 1,160만 원이다. 이는 총납입보험료에서 약 840만 원이 공제된 금액이다.

만약 똑같은 조건에서 펀드에 투입되는 보험료 규모가 B회사는 85%라고 하자. 그럼 총납입보험료 1억 2,000만 원 중 펀드에 투입된 보험료 총액은 1억 200만 원이 된다. 이는 총납입보험료에서 약 1,800만 원이 공제된 금액이다. A사와 B사의 사업비 부과액에 960만 원의 차이가 발생한다.

똑같이 매월 100만 원을 불입했는데 투자수익률을 제외하고 단순하게 보험사 선택의 차이로만 960만 원의 수익을 한 사람은 더 보고 한 사람은 덜 보게 되는 것이다.

그러나 이 960만 원의 차이만 단순히 발생하는 것이 아니다. 가입 초기부터 상대적으로 덜 투입됨에 따른 펀드매입좌수의 자연적인 감소분과 더불어 그로 인한 적립금액의 감소 등 기회비용까지 감안한다면 그 차이는 실로 매우 클 것이다.

이와 같이 올바른 보험사 선택은 변액보험을 선택할 때 고수익률을 올리는 매우 중요한 바로미터가 된다는 사실을 반드시 유념해야 한다.

특히 재테크를 목적으로 변액유니버설보험 저축형(적립형)과 변액연금보험을 선택할 경우 보험사 선택은 매우 중요한 요소다(현재 특별계정에 투입되는 원금은 가입설계서와 보험계약관리 내용에 게재되고 있는데 앞으로 운용설명서와 상품요약서에도 명시될 것으로 보인다).

보험사 선택과 변액보험수익률은 불가분의 관계를 맺고 있다는 사실을 꼭 기억하고 보험투자상품을 잘 골라 가입하자.

피보험자는 가족 중 나이가 가장 적은 사람으로 하라

수익률 1% 차이를 알면서 피보험자는 누구로 했나

변액보험은 피보험자의 나이가 많으면 많을수록 비례하여 수익률이 떨어지는 상품구조를 나타내고 있다. 대부분의 상품이 평준보험료를 기준으로 위험보험료를 산출하는데 비해 이 상품은 초기수익률을 보전하기 위해 자연보험료 방식으로 산출한다. 따라서 나이가 많으면 위험보험료 부분이 상대적으로 많아져 수익률이 떨어지므로 한 살이라도 더 젊었을 때 보험료를 많이 불입하는 것이 훨씬 이익이다.

그럼 변액보험에서 위험보험료 규모는 얼마나 될까? 예를 들어 보험가입금액이 1억 원이라고 가정할 때 20세에는 사망할 확률이 매우 낮기 때문에 남자의 경우 매월 8,000원 정도만 내면 된다(이는 단지 예시를 든 것이므로 실제로는 보험사마다 편차가 있다). 그러나 100세에는 현재 시점의 평균수명보다 훨씬 오래 사는 나이이므로 사망할 확률이 극히 높아 매월 817만 6,000원 정도를 내야 한다. 정말 어마어마한 금액이다(이 부분 또한 보험사 상품마다 경험생명표 적용시 성별 또는 나이별 산정방식이 다르므로 위험보험료가 다를 수 있다). 이론상으로는 20세보다 100세일 때 매월 무려 1,022배 정도 보험료를 더 내야만 위험보험료 부분을 커버하는 데 사용할 수 있게 된다.

참고로 변액보험상품 개발시 적용하는 제7회 경험생명표를 보면 20세에 사망할 확률은 남자는 0.062%이고 여자는 0.032%다. 그러나 100세에 사망할 확률은 남자는 63.414%이고 여자는 37.170%다. 경험생명표상 그만큼 나이를 먹을수록 사망률이 매우 높아지므로 보험회사는 이에 따른 리스크를 염두에 두고 선의의 다수 가입자를 위해 상품을 개발(위험보험료 조정)할 수밖에 없다.

따라서 그동안 적립된 금액이 늘어나기는커녕 오히려 공들여 모아둔 적립금액이 거의 위험보험료를 충당하는 데 사용되는 웃을 수 없는 상황이 올 수도 있다. 아무리 해마다 펀드수익률이 불어난다고 해도 투자수익률이 낮으면 이를 커버하지 못한다.

나이가 한 살이라도 적은 가족을 피보험자로 하라

보험상품 개발시 위험보험료를 계산할 때 현재 적용되는 제7회 경험생명표는 2009~2011년 사이에 보험에 가입한 피보험자를 대상

으로 일정기간 관찰하여 만든 사망률 기록표다. 제7회 경험생명표를 보험사는 2012년 7월부터 모든 변액보험상품에 적용한다. 제7회 경험생명표에서는 남자는 107세, 여자는 112세까지만 적용된다. 즉 이 나이가 지나면 평균여명이 0.5세밖에 안 되어 생존할 확률은 0%이고, 사망할 확률은 100%가 되도록 계산했다.

따라서 변액보험에 가입한 사람들은 현재 적용되는 제5회 경험생명표가 20년 뒤에도 당연히 그대로 적용되므로 평균수명뿐만 아니라 평균여명도 점점 증가하는 장수시대인 미래상황을 감안할 때 모순이 있다. 즉 지금의 보험가입자가 20년 뒤에는 현재 적용되는 제7회 경험생명표상의 평균여명보다 당연히 오래 살게 되기 때문에 그보다 오래 사는 가입자들에게는 그만큼 불이익이 뒤따르는 것이다. 따라서 한 살이라도 젊을 때 가입해야 더 이익이다.

피보험자는 될 수 있는 한 나이가 어린 자녀로 한다. 변액유니버설보험이 비록 투자상품이지만 보험상품의 일종이므로 피보험자에 따라 수익률 차이가 발생한다. 특히 피보험자의 나이가 너무 많으면 연투자수익률이 5% 이상 지속적으로 발생한다 해도 30년 이상 경과 시 사망리스크가 크게 작용하여 오히려 적립금액이 줄어드는 역조 현상이 나타나는 경우도 있다.

이들 보험은 15세부터 가입할 수 있게 설계되어 있다. 따라서 15세 이상 어린 자녀를 피보험자로 하는 것이 유리하다. 또한 그렇게 해야만 통장의 대물림도 가능하다. 변액보험상품은 보장도 중요하지만 목적자금을 마련하기 위한 재테크가 주목적이므로 가족 가운데 가장 어린 사람을 피보험자로 해야 수익을 더 많이 올릴 수 있다.

나이차가 많을수록 수익률격차는 크게 발생한다

여기 한 가정이 있다. 현재 아빠 나이는 만 47세이고 아들 나이는 만 17세다. 따라서 부자간 나이 차이는 30세다. 매월 50만 원씩 변액유니버설보험 저축형(적립형)에 가입했을 때 경과기간별로 투자수익률(환급률)은 어떤 차이가 있는지 살펴보면 변액보험상품은 왜 젊은 사람 명의로 가입해야 하는지 금방 이해가 갈 것이다.

뒤에 제시한 표를 분석해 보자. 매월 50만 원씩 보험료를 10년 동안 불입했다면 총납입보험료는 6,000만 원, 20년 동안 불입하면 1억 2,000만 원, 30년 동안 불입하면 1억 8,000만 원이 원금이다.

똑같은 보험료를 매월 불입했는데 아빠와 아들을 각각 피보험자

아빠(47세) vs 아들(17세) 경과기간별 환급률 차이 분석(예시)

구분	10차연도년일 때		20차연도년일 때		30차연도년일 때	
	환급률	환급금	환급률	환급금	환급률	환급금
아들(17세)	104.1%	6,246만 원	141.3%	1억 6,956만 원	192.5%	3억 4,650만 원
아빠(47세)	98.7%	5,922만 원	119.3%	1억 4,316만 원	129.2%	2억 3,256만 원
차이	5.4%	324만 원	22%	2,640만 원	63.3%	1억 1,394만 원

★기준 : 피보험자의 현재 연령 : 17세 아들, 47세 아빠, 투자수익률 : 연 4.25%,
월납입보험료 : 50만 원.
★보험사상품별 또는 조립방법에 따라 차이가 많이 발생할 수 있음.

로 했을 경우 경과기간별로 투자수익률이 매우 크게 차이 난다는 것을 알 수 있다.

가입 후 10차연도에는 환급금 차이가 324만 원이지만, 20자연노에는 더욱 벌어져 2,640만 원이나 발생한다. 이는 월납 50만 원의 53배나 되는 금액 차이다.

더구나 30차연도에는 환급금 차이가 무려 1억 1,394만 원이나 발생한다. 이는 월납 50만 원과 비교할 때 그 차이가 자그마치 228배나 된다.

단지 피보험자를 47세 아빠가 아닌 17세 아들로 바꾸었을 뿐인데 이렇게 많은 이익을 본 것이다. 반대로 말하면 피보험자의 나이에 따른 수익률편차가 매우 큰 것을 모르고 아들이 아닌 아빠를 피보험자로 해서 가입했다면 이와 같이 큰 금액을 손해봤다는 결론이다.

물론 이 경우 또한 보험사 상품별로 환급률 차이가 경과기간별로 많이 발생한다는 것도 알아두어야 한다(따라서 이 표보다 환급금이 적게 나오는 회사도 있을 것이고 많이 나오는 회사도 있을 것이다).

여기서 30차연도가 경과한 시점에서 투자수익률 격차가 심각할 정도로 많이 벌어지는 까닭은 변액보험상품의 위험보험료가 나이를 먹을수록 점점 더 커지는 자연보험료 방식을 적용하기 때문이다.

이때 아빠 나이는 77세이므로 제7회 경험생명표상 남자의 평균수명과 비슷하게 되어 보험료에서 차지하는 위험보험료 폭이 매우 커진다. 가족 중에서 가장 어린 자녀를 선정한다 해도 피보험자 대상은 15세 이상만 가능하다.

조금이라도 확실하게 더 수익을 올리기 위해서는 가족 중 가장 어린 사람을 피보험자로 가입하는 것이 가장 현명한 방법이라는 사실을 다시 한 번 유념하고 또한 그렇게 실천해야 한다.

피보험자를 여자로 해야 수익률이 높아진다

피보험자는 가능한 한 여자로 해야 이익을 더 많이 본다

"두 남녀가 재테크를 목적으로 변액보험에 가입했다. 나이도 똑같고 가입기간도 똑같고 사업비 부과규모도 똑같고 투자수익률 또한 똑같이 올렸다고 가정한다면 이 경우 투자수익률을 누가 더 많이 낼까?"

정답은 당연히 여자다.

사회에서는 남녀평등을 화두에 올리면서 모든 일이 추진되는 양상이지만 보험에서는 완전히 예외다. 보험은 남자와 여자를 차별한다. 남자가 여자보다 보험료에 관한 한 불리하다(단, 생존보험상품은 예외이다). 피보험자를 남자로 한다면 같은 나이 여자보다 투자수익률을 더 올릴 수 없다.

모든 보험상품은 경험생명표를 근간으로 개발하는데 이때 가장

중요한 요소가 생명표와 사망표다.

대부분의 보험상품에서 남자와 여자의 보험료에 차이가 나는 것은 우리나라의 경우 여자의 평균수명이 남자보다 7세 정도 길기 때문이다.

그래서 오래 살 가능성이 있으면서 상대적으로 보험혜택을 많이 보는 상품은 여자가 더 유리하므로 보험료 규모가 남자보다 여자가 더 크다. 그런데 이런 보험은 생존보험 형식의 연금보험 등 몇몇 상품에만 국한된다.

보험상품은 대부분 보험금지급사유가 보험사고를 전제로 하므로 사고 또는 사망할 확률이 높은 사람은 당연히 보험료가 비싸진다.

즉 여자보다는 남자가 평균수명이 짧고 일반적으로 사고도 많으므로 보험료가 더 비싸게 적용된다. 그래서 변액보험상품 또한 남자보다는 여자에게 적용되는 보험료가 저렴하다.

오래 살면 살수록
남자의 투자수익률은 더 떨어진다

　변액보험상품에서 펀드투자수익률을 올리는 데 남자는 여자에 비해 절대적으로 불리한 처지에 놓여 있다. 남자와 여자의 수익률 차는 경과기간이 길수록 더 많이 발생한다.

　남자와 여자의 나이가 같을 때 젊은 시절 가입하면 수익률 차이가 그리 크게 발생하지 않는다. 이는 피보험자의 사망률에 차이가 많지 않기 때문이다. 그런데 나이가 많으면 많을수록 남자와 여자의 수익률 차이는 점점 벌어진다.

　그 이유는 앞에서도 설명했듯이 변액보험상품은 일반보험상품과 달리 보험료 가운데 위험보험료를 평준보험료 방식이 아니라 자연보험료 방식을 적용하여 산출하기 때문이다.

　따라서 여자보다 평균수명이 짧은 남자는 나이를 먹으면 먹을수록 사망할 확률이 점점 더 높아지므로 자연보험료를 적용한 위험보험료의 크기가 매우 커져서 상대적으로 펀드에 투입되는 특별계정 보험료의 크기가 줄어들게 된다. 그렇게 되면 자연히 적립금액이 불어날 수 있는 시드머니가 커지지 않으므로 수익률이 기대수익률만큼 올라가지 않는다.

　그러나 여자는 남자보다 평균수명이 길고 이에 따라 사망할 확률이 낮아지므로 똑같이 나이를 먹더라도 보험료에서 차지하는 위험보험료 비율이 상대적으로 낮다.

　따라서 특별계정 투입금액이 그리 많이 줄지 않으므로 수익률이 남자보다 더 높게 나타난다.

경과기간별로 나이를 먹어서 가입하면 할수록 환급률이 떨어진다

그럼 실제로 그렇게 나타나는지 살펴보자. 변액보험(변액연금보험 또는 변액유니버설보험)에 매월 50만 원씩 계속 적립한다고 하자. 이때 투자수익률은 연 4.25%라고 가정하자.

그럴 경우 10년 후, 20년 후, 30년 후 남자와 똑같은 기간에 여자의 수익률편차를 살펴보자. 또 이를 보험사별로 어떻게 차이가 나는지도 객관적으로 제시해 보자.

💡 표를 보기 전에 꼭 알아야 할 사항!

현재 변액보험상품의 수익률을 가입설계서상에 예시하는 수익률로 가정하지 않은 이유는 현재 예시수익률은 발품과 손품을 조금 판다면 구하기 쉽고, 2010년 이전 가입자들은 앞으로 어떻게 변할지 모르기 때문에 벤치마킹하라는 의미에서다.

그리고 여러 가지 변수를 감안하여 소수점 한 자리까지만 제시한다. 다음에 예시한 수익률편차는 적립식펀드의 수익률 개념이 아니라 해약환급금 규모에 따른 환급률이다. 그러나 이 또한 보험사마다 편차가 많이 날 수도 있으므로 종합적인 흐름을 이해하는 차원에서 알아두기 바란다.

경과기간별 피보험자 연령에 따른 환급률 차이 분석

피보험자의 현재 연령이 20세인 경우

구분	10차연도년일 때	20차연도년일 때	30차연도년일 때
20세 남자 ①	105.6%	148.7%	210.4%
20세 여자 ②	106.2%	149.6%	211.8%
환급률 차이 ②-①	0.6%	0.9%	1.4%

피보험자의 현재 연령이 30세인 경우

구분	10차연도년일 때	20차연도년일 때	30차연도년일 때
30세 남자 ①	105.4%	145.7%	198.7%
30세 여자 ②	106.1%	148.5%	208.4%
환급률 차이 ②-①	0.7%	2.2%	9.7%

피보험자의 현재 연령이 40세인 경우

구분	10차연도년일 때	20차연도년일 때	30차연도년일 때
40세 남자 ①	103.5%	137.6%	174.2%
40세 여자 ②	105.4%	146.0%	199.9%
환급률 차이 ②-①	2.1%	9.6%	25.7%

 이 자료를 분석해볼 때 똑같은 나이인데도 남자와 여자의 환급률은 차이가 많다.

 또한 나이를 먹어서 가입하면 할수록 남녀간 환급률 편차가 더욱 심하게 발생한다는 것을 알 수 있다.

 따라서 수익률을 조금이라도 높이려면 반드시 피보험자를 여자로 선택해 가입해야 한다.

단, 보험사마다 위험보험료 적용방식이 약간씩 달라 보험료 또한 성별, 나이별로 다소 차이가 있을 수 있으므로 잘 살펴보고 가입해야 한다(※위 자료는 어디까지나 예시자료임을 밝혀둔다).

한 살이라도 더 젊은 상령월 이전에 가입하라

한 살이라도 더 젊을 때 가입한다

상령월(霜翎月)이라는 말을 들어보았는가? 이는 보험수리에서 주로 사용하는 전문용어인데, 상령월은 보험에 가입할 때 적용되는 나이가 바뀌는 달을 말한다. 즉 보험연령을 계산할 때 나이가 한 살 올라가는 달로, 주민등록상에 기재되어 있는 호적생일에서 6개월이 경과한 날을 일컫는다. 간혹 이렇게 말하는 사람들이 있다.

"나이 한 살 차! 그까짓 거 보험료 차이가 얼마나 날라고? 조금 더 여유가 생기면 노테크 차원에서 변액연금보험이나 가입하지 뭐."

만약 이렇게 생각한다면 10년 이상 세월이 흘러 연금을 수령할 때 엄청 후회한다는 것만 명심하자. 나이 한 살 더 먹기 전에 가입하는 것과 늦게 가입하는 것은 재테크를 목적으로 가입하는 변액보험의 투자수익률 측면에서는 차이가 많다는 점을 간과해선 안 된다.

예를 들어보자. 30세 남자가 월보험료 100만 원짜리 변액보험에 가입했다고 하자. 이 가운데 사업비 부분을 제외하고 순수하게 위험보험료 부분만 따진다면 30세 남자는 월 약 8,200원 정도가 위험보험료로 빠져나간다.

그런데 상령월 이전에 가입하지 않다가 31세가 되었을 때 가입하면 위험보험료가 매월 약 8,400원이 빠져나간다. 따라서 매월 내는 보험료가 200원 차이가 난다. 그럼 이렇게 말하는 사람이 있을 것이다.

"에구, 고작 200원 정도밖에 차이가 안 나는데 웬 호들갑이람?"

이렇게 생각한다면 또 큰 실수를 하는 것이다. 앞에서 설명했듯이 변액보험은 위험보험료를 평준보험료 방식이 아니라 자연보험료 방식으로 산출하기 때문에 해마다 나이를 먹을 때마다 그 나이에 따른 생명표를 적용받아 다시 바뀐 보험료를 산출하기 때문이다.

나이 한 살 차이는 기간이 경과할수록 보험료 지불액을 크게 한다

나이 한 살은 단순히 보험에 가입할 때 보험료만 차이를 내는 것이 아니다. 가입기간이 경과할수록 위험보험료의 지출규모를 점점 더 크게 한다. 40세가 되면 41세와 위험보험료가 매월 2,000원 정도 차이 난다. 1년이면 24,000원 차이다. 50세와 51세는 5,000원(1년이면 6만 원) 정도 차이 나고, 60세는 매월 15,000원(1년이면 18만 원) 정도 차이 난다.

즉 한 살이라는 단순한 차이가 나이를 먹을수록 보험료 차이를 더 크게 벌어지게 한다. 80세에는 매월 무려 100,000원 정도(1년이면 120만 원) 차이가 난다. 90세가 되면 자그마치 매월 300,000원(1년이면 360만 원) 이상 차이가 난다.

물론 보험사마다 나이 차이에 따른 보험료 적용규모 방식이 약간 다를 수 있지만 대충 이렇게 차이가 많이 나므로 한 살이라도 젊을 때 미리 변액보험에 들어야 수익률을 조금이라도 더 높일 수 있다.

같은 조건으로 보험에 가입하면 이익을 더 볼 수 있도록 관심을 기울이고, 조금만 신경 쓰면 이익을 더 볼 텐데 이를 간과한다.

재테그는 작은 수익의 원천부터 신경 쓰는 데서 출발한다. 물론 이는 일반보험상품에도 적용되므로 상령월 이전에 보험에 가입하는 것이 가장 현명한 보험선택이라는 사실도 알아두자.

보험료대비 보험가입 금액이 적은 상품을 선택하라

보험가입금액을 최대한 낮춰서 가입하라

"재테크와 노(老)테크를 목적으로 해서 똑같은 조건으로 변액유니버설보험 또는 변액연금보험에 가입하려고 여기저기 알아보았더니 보험료는 똑같은데 보험가입금액이 각각 다르다. 해약환급률을 보니까 이 또한 제각각이니 이유가 도대체 무엇인지 하도 궁금해 담당설계사에게 물어보니 설명을 하기는 하는데 명확히 이해가 가지 않아 궁금증만 더 커졌다."

물론 사업비부분 때문에 펀드수익률에 차이가 가장 많이 발생한다는 것쯤은 이제 알았을 것이다. 그런데 보험가입금액 또한 변액보험의 투자수익률과 어느 정도 상관관계가 있다.

그 이유는 보험가입금액이란 보험사고가 발생했을 때 보험회사가 그 손해를 보상하기 위하여 보험계약상 피보험자에게 실제로 지급하는 최고한도의 보험금액을 말하는 것이기 때문이다. 즉 생명보험에서 보험가입금액은 일반적으로 전 보험기간을 통하여 보험회사가 해당약관 및 사업방법서상에서 보상할 금액에 대해 책임지는 최고 한도를 의미한다(변액보험상품은 아직 우리나라에서는 생명보험사에서만 취급하고 있다).

그러므로 보장급부금을 어느 선까지 가입자에게 지급하도록 상품을 설계하느냐에 따라 위험보험료 규모가 다르게 산출되고 보험가입금액 또한 결정된다. 따라서 상대적으로 보험가입금액이 높은 상품은 순수하게 펀드투자수익률을 높이는 데는 아무런 도움이 되지 않는다. 아니 오히려 손해다. 즉 순수한 투자목적으로는 적합하지 않다는 의미다.

순수 재테크목적의 변액보험은 보험료대비 보험가입금액이 적은 상품을 선택하라

보험가입금액이 높다는 말은 똑같은 보험료일 경우 보험료대비로 분석해볼 때 보장규모(보장급부특약)가 상대적으로 더 크다는 의미다. 즉 보장을 더 많이 받는다는 것을 의미하므로 그만큼 보험료 중에서 위험보험료비율이 높아진다. 위험보험료비율이 높아지면 높아질수록 펀드에 투자되는 저축보험료의 비중은 상대적으로 작아진다.

그렇게 되면 단순히 장기투자를 목적으로 투자수익만 올리려고 변액유니버설보험 적립형 또는 변액연금보험 상품을 선택해 가입하면 큰 손해가 발생한다.

예를 들어 변액유니버설보험 적립형의 경우 보험가입한도가 보험

가입금액의 1%라 가정하고 보험가입금액이 1억 원이라고 할 경우 월보험료를 100만 원씩 내면 된다고 가정하자. 즉 보장배수가 월보험료의 100배다. 또 보험가입한도가 보험가입금액의 2%라 가정하고 보험가입금액이 1억 원이라면 월보험료를 200만 원씩 내야 한다는 의미다. 즉 보장배수가 월보험료의 50배다.

"이 차이가 투자수익과 무슨 연관이 있을까?" 하고 자못 궁금하게 생각할 텐데 이어지는 설명을 보면 이해될 것이다.

보험가입금액이 똑같이 1억 원일 경우 매월 불입보험료 규모가 다를 때 어떤 차이가 있을까? 당연히 차이는 매우 크다. 예를 들어 보험가입금액이 1억 원이라고 하자. 이 경우 A회사의 월납보험료는 50만 원, B회사의 월납보험료는 100만 원, C회사의 월납보험료는 200만 원이라고 하자.

이와 같을 때 단순히 보장부분만 따로 분리해놓고 따져본다면 당연히 A회사 변액유니버설보험이 가장 좋다. 매월 50만 원을 내고 1억 원을 보장받으므로 이는 당연하다. 같은 조건에서 매월 200만 원을 내고 1억 원을 보장받을 사람은 없기 때문이다. 그러나 재테크 차원에서 단순히 투자수익률만 놓고 볼 때는 결코 그렇지가 않다.

A회사의 변액유니버설보험은 월보험료 대비 보장배수가 200배나 된다. B회사의 변액유니버설보험은 월보험료 대비 보장배수가 100배가 된다. C회사의 변액유니버설보험은 월보험료 대비 보장배수가 50배다.

똑같은 성격의 변액보험인데도 보장배수가 상대적으로 많다는 것은 해당상품의 생활보장성격이 다른 상품의 생활보장성격보다 더 강하다는 것을 의미한다. 반대로 말하면 저축성향은 그만큼 더 줄어든다는 의미다.

즉 보장배수가 200배라면 보장배수가 100배인 상품보다 생활보장플랜에 적용되는 보험료인 위험보험료의 규모가 전체 보험료에서 차지하는 비율이 2배가 더 된다는 것과 같은 이치다.

따라서 A회사의 변액유니버설보험은 B회사의 변액유니버설보험보다 월보험료 중 위험보험료가 2배 더 많고, C회사의 변액유니버설보험보다는 4배 더 많다.

보험료는 서로 다른데 보험가입금액이 같다는 것은 나중에 보험금은 똑같이 받는다는 것을 뜻하기 때문에 보험료가 적은 상품은 그만큼 위험보험료 규모가 비례하여 많아질 수밖에 없다.

보험가입금액이 높으면 펀드투입비용이 적다

이를 알기 쉽게 간단히 설명하면 보험가입금액이 1억 원일 경우 A회사의 변액유니버설보험은 월납보험료 50만 원 중 위험보험료로 빠져나가는 돈이 4만 원이다. 이는 월보험료의 8% 수준이다. 즉 월 4만 원을 내고 1억 원의 보장을 받는 셈이다.

B회사의 변액유니버설보험은 월납보험료 100만 원 중 위험보험료로 빠져나가는 돈이 4만 원이다. 이는 월보험료의 4% 수준이다.

C회사의 변액유니버설보험은 월납보험료 200만 원 중 위험보험료로 빠져나가는 돈이 4만 원이다. 이는 월보험료의 2% 수준이다.

즉 위험보험료 금액은 모두 똑같지만 보험료 대비비율(규모)은 보장배수에 비례하여 차이가 난다는 것을 알 수 있다.

이를 더 알기 쉽게 설명하기 위해 모두 C와 같이 월보험료를 200만 원으로 맞춘다면 A상품은 위험보험료가 200만 원 중 16만 원이 되고, B상품은 8만 원이 된다. 이렇게 되면 월보험료 중에서 펀드에 투입되는 금액이 A는 C보다 매월 12만 원이 더 적고, B는 C보다 4만 원이 더 적게 되는데 납입기간이 경과하면 할수록 그 차이는 더욱 크게 벌어진다.

이와 같이 피보험자가 같고 보험가입금액이 같을 경우 위험보험료의 규모에 차이가 나는 것은 똑같은 돈(보험료)을 불입할 경우 사망보험급부금에 필요한 재원을 '대수의 법칙(The Law of Large Numbers)'에 입각해 균등히 계상하여 다른 보험가입자를 보호해주기 위해서다.

물론 여기서 예를 든 것은 보험수리에 대해 단순히 독자들에게 알려주기 위한 것이다. 실제로 위험보험료는 경험생명표를 기초로 하여 피보험자의 성별과 나이에 따라 산출한다.

각 상품의 사업비 규모가 동일하다고 가정하면 위험보험료 규모의 편차가 많이 나므로 실질적으로 펀드에 투입되는 특별계정부분이 A회사 상품이 가장 작아 투자수익 또한 가장 적게 발생한다. 위험보장부분이 큰 만큼 수익성은 상대적으로 낮아지기 때문이다.

따라서 재테크를 목적으로 변액보험에 가입할 경우 보험료규모가 크지만 상대적으로 보험가입금액은 적은 상품을 선택해야 더 유리하다.

가능한 한
고액으로 설계해 가입하라

보험사고액 할인제도를 활용해야 수익률을 더 올릴 수 있다

"여기 세 사람이 있다. 이 세 사람이 모두 똑같이 변액보험에 가입했다. 모두 한 회사 상품이고 특약부분도 선택한 내용이 모두 똑같다. 피보험자의 나이도 똑같다. 단지 월납보험료 규모만 차이가 있다. A는 월보험료가 50만 원이고, B는 100만 원, C는 300만 원이다. 이럴 경우 투자수익률에 차이가 발생할까? 아니면 똑같을까?"

정답은 '차이가 난다'이다.

모든 투자조건이 똑같다면 적립식펀드나 다른 은행상품은 투자수익률 또한 모두 같이 발생하는 게 당연한 이치다. 그런데 변액보험은 다르다. 똑같은 변액보험에 가입했고 사업비 부과규모 등 차감되는 비용규모의 비율이 모두 똑같다고 해서 수익률 또한 똑같은 것이 아니다. 투자하는 금액이 많고 적음에 따라 투자수익의 성과물 크기가 약간씩 다르게 나타난다.

언뜻 보면 잘 이해되지 않을 수도 있는데 그 이유는 바로 고액보험료로 가입할 때 보험료를 일정률로 할인해주는 우대제도가 있기 때문이다.

고액계약자에게 차별화된 혜택을 부여해 양질의 운용자산 확보와 장기유지고객을 확보하려는 경영 전략적 차원에서 일종의 마일리지 서비스제도를 변액보험상품에도 적용한 것이다. 따라서 보험료에 대한 할인율이 많으면 많을수록 수익률은 더 높게 나타난다.

보험료할인율은 장기목적자금 마련의 디딤돌

보험료 할인혜택이 수익률에 직접적으로 어떤 영향을 미칠까? 보험료 1% 할인율을 적용하여 할인받는다는 것은 어떤 의미가 있을까? 보험료를 할인해준다는 의미는 펀드에 투자되는 비용은 같고 공제하는 사업비는 그만큼 줄여준다는 말이다.

따라서 보험료 할인을 받지 않고 100만 원을 낼 경우와 할인받고 99만 원을 낼 경우 수익률은 똑같이 나온다. 그러므로 월 100만 원씩 불입할 경우 매월 기본보험료의 1%를 할인해주는 상품은 월보험료를 99만 원만 내면 되므로 펀드수익률 1%가 저절로 올라가는 셈이다.

그럼 보험료를 1% 할인받을 경우와 받지 않을 경우 실질적인 이익폭과 투자수익률은 어떤 차이가 있을까? 월납 100만 원을 10년 동안 납입했을 때 이익폭을 살펴보자. 이 경우 총납입보험료는 1억 2,000만 원이 된다.

보험료를 1% 할인받았을 때 보험료 총납입규모는 99만 원×12개월×10년=1억 1,880만 원이 된다. 보험료 할인을 받지 않은 1억 2,000만 원보다 보험료 할인을 받으면 120만 원이 적게 들어간 셈이다. 즉 120만 원이 수익으로 발생한 효과가 나는 것이다.

이 경우 투자수익률은 얼마가 차이가 나는지 계산해 보자. 매월 100만 원을 10년 동안 투자해서 특별계정투입금액에 대한 펀드투자수익률이 100% 발생했다고 가정하고, 이때 펀드투입비율은 월보험료의 88%라고 하자.

10년간 특별계정보험료 납입총액은 88만 원×12개월×10년이므로 1억 560만 원이 된다.

펀드투자수익률은 특별계정투입금액에 대한 수익률을 의미하므로 펀드투자수익률이 100%라면 1억 560만 원의 수익을 올리는 것이다.

따라서 투자수익률이 100%일 경우 실질적인 총적립금액은 펀드투자수익 1억 560만 원의 배이므로 2억 1,120만 원이 된다. 이는 원금 1억 2,000만 원에 대해서는 76%의 수익률이 발생한 꼴이다. 이때 보험료 1%를 할인받은 경우 1억 1,880만 원에 대한 수익률이므로 약 77.8%가 발생한다.

이 둘의 수익률 차이는 1.8%다. 수익률 1% 이상 차이를 별 것 아닌 양 본다면 그 사람은 재테크할 마음이 없거나 재테크를 못하는 사람이다.

고액계약체결시 보험사별 보험료 할인 적용 기준(예시)

구분	보험사	고액계약 우대할인 적용 기준
기본보험료 고액할인	A회사	50만 원 이상~100만 원 미만 : 기본보험료의 0.5% 100만 원 이상 : 기본보험료의 1.0%
	B회사	50만 원 이상 : 기본보험료의 0.5% 100만 원 이상~500만 원 미만 : 기본보험료의 1.0% 500만 원 이상~1,000만 원 미만 : 기본보험료의 2.0% 1,000만 원 이상 : 기본보험료의 3.0%
	C회사	100만 원 이상~500만 원 미만 : 기본보험료의 1.0% 기본보험료 500만 원 초과금액의 2.0% + 5만 원 기본보험료 1,000만 원 초과금액의 3.0% + 15만 원
	D회사	100만 원 이상 : 기본보험료의 1.0% 200만 원 이상 : 기본보험료의 1.5%
	E회사	50만 원 이상 : 기본보험료의 1.0%
	F회사	50만 원 이상~100만 원 미만 : 기본보험료의 1.0% 100만 원 이상~ 200만 원 미만 : 기본보험료의 1.5% 200만 원 이상 : 기본보험료의 2.0%
	G회사	100만 원 이상 : 기본보험료의 1.0%
	H회사	100만 원 이상~500만 원 미만 : 기본보험료의 1% 500만 원 이상 : 5만 원+기본보험료 500만 원 초과금액의 2%
	I회사	50만 원 이상 : 기본보험료의 0.5%
	J회사	100만 원 이상~300만 원 미만 : 기본보험료의 1.0% 300만 원 이상~500만 원 미만 : 기본보험료의 1.5% 500만 원 이상 : 기본보험료의 2.0%
	K회사	50만 원 이상~100만 원 미만 : 기본보험료의 0.5% 100만 원 이상~200만 원 미만 : 기본보험료의 1.0% 200만 원 이상~500만 원 미만 : 기본보험료의 1.5% 500만 원 이상 : 기본보험료의 2.0%
	L회사	100만 원 이상 : 기본보험료의 0.5%

(계속)

구분	보험사	고액계약 우대할인 적용 기준
보험 가입금액 고액할인	A회사	가입금액 3,000만 원 이상 : 기본보험료의 2.5%
	B회사	가입금액 1억 원 이상~2억 원 미만 : 기본보험료의 1.0% 가입금액 2억 원 이상 : 기본보험료의 1.5%
	C회사	가입금액 5,000만 원 이상~1억 원 미만 : 기본보험료의 1.5% 가입금액 1억 원 이상~2억 원 미만 : 기본보험료의 3.0% 가입금액 2억 원 이상 : 기본보험료의 4.0%
	D회사	가입금액 1억 원 이상~1억 5,000만 원 미만 : 기본보험료의 1.0% 가입금액 1억 5,000만 원 이상~2억 원 미만 : 기본보험료의 1.5% 가입금액 2억 원 이상~3억 원 미만 : 기본보험료의 2.0% 가입금액 3억 원 이상 : 기본보험료의 3.0%
	F회사	가입금액 3,000만 원 이상~5,000만 원 미만 : 기본보험료의 1.0% 가입금액 5,000만 원 이상~1억 원 미만 : 기본보험료의 1.5% 가입금액 1억 원 이상~2억 원 미만 : 기본보험료의 2.5%
	F회사	가입금액 5,000만 원 이상~1억 원 미만 : 기본보험료의 1.0% 가입금액 1억 원 이상~3억 원 미만 : 기본보험료의 2.0% 가입금액 3억 원 이상 : 기본보험료의 4.0%
	G회사	가입금액 5,000만 원 이상~1억 원 미만 : 기본보험료의 1.5% 가입금액 1억 원 이상~2억 원 미만 : 기본보험료의 2.5% 가입금액 2억 원 이상 : 기본보험료의 3.5%
	H회사	가입금액 5,000만 원 이상~1억 원 미만 : 기본보험료의 1.0% 가입금액 1억 원 이상~5억 원 미만 : 기본보험료의 3.0% 가입금액 5억 원 이상 : 기본보험료의 5.0%
	I 회사	가입금액 1억 원 이상~2억 원 미만 : 기본보험료의 1.0% 가입금액 2억 원 이상 : 기본보험료의 3.0%
	J회사	가입금액 2,000만 원 이상~5,000만 원 미만 : 기본보험료의 1.0% 가입금액 5,000만 원 이상~1억 원 미만 : 기본보험료의 1.5% 가입금액 1억 원 이상~2억 원 미만 : 기본보험료의 3.0% 가입금액 2억 원 이상 : 기본보험료의 4.5%

※ 참고자료 : 생명보험협회 상품비교공시, 각 회사 상품 팸플릿 등.
1. 위 예시는 변액유니버설보험과 변액연금보험, 변액종신보험 등 재테크와 생활보장테크를 목적으로 하는 모든 변액보험상품에 대한 고액할인제도를 총망라한 것이다.
2. 고액할인율 우대제도는 보험사의 경영정책과 마케팅전략에 따라 늘 변경가능성이 있다.
3. 할인대상 보험료는 매월 불입하는 기본보험료를 기준으로 적용한다. 즉 추가납입보험료

는 보험료 대비 펀드투입비율이 매우 높으므로 보험사 모두 적용대상에서 제외하고 있다.
4. 기본보험료에 대한 고액할인 해당상품은 변액유니버설보험(적립형), 변액연금보험이다.
5. 보험가입금액기준 고액할인 해당상품은 변액유니버설보험(보장형), 변액유니버설종신보험, 변액종신보험, 변액CI보험 등임. 단, 보험가입금액 고액할인 중 A회사는 기본보험료 기준이다.

특히 보험료 할인혜택이 크면 클수록, 가입기간이 길어지면 길어질수록, 투자수익률이 높으면 높을수록 이에 따른 수익률 격차는 점점 더 벌어진다. 할인받는 보험료를 변액보험 유지기간만큼 장기저축을 또 한다면 기회비용이 늘어나 더 많은 수익창출이 이루어지게 되는 이중효과를 볼 수 있다.

변액유니버설보험은 가능한 한 분산투자하지 마라

한 회사 한 펀드종목의 변액유니버설보험상품에 잘 가입해야 수익률이 올라간다

적립식펀드는 분산투자를 잘 해야만 돈을 조금이라도 더 벌 수 있지만 단순히 재테크를 목적으로 가입하는 변액유니버설보험(저축형)과 변액연금보험은 될 수 있으면 분산투자를 하지 않는 것이 오히려 돈을 더 많이 벌 수 있는 방법이다. 여러 회사와 한 회사를 선택해 변액보험상품에 가입할 경우 수익률에 어떤 차이가 있을까?

먼저 각 보험사에 분산하여 가입하면 자칫 보험료 할인혜택을 받을 수 없다. 앞에서 예시한 바와 같이 보험사는 대부분 변액보험에 가입할 때 고액계약에 대해 보험료 할인혜택을 부여하는데, 이때 고액계약은 똑같은 보험료 할인율을 적용하지 않고 월납입 보험료 규모에 따라 차등 적용한다.

보험료 할인율을 적용하는 보험료기준은 몇몇 회사를 제외하고 대부분 회사가 기본보험료를 기준으로 하여 하한선을 100만 원부터 적용한다(367쪽 표 참조).

여기서 한 가지 예를 들겠다. 홍길동 씨는 현재 월 200만 원짜리 변액보험상품에 가입할 능력이 있고 또 장기 재테크 차원에서 이 상품을 선호하여 가입하려 한다.

그런데 아는 보험컨설턴트가 많고, 아는 사람이 자기가 아는 설계사에게 가입하라 권하며, 잘 아는 직장상사가 설계사를 소개해서 누이 좋고 매부 좋은 식으로 이 회사, 저 회사 변액유니버설보험에 가입했다.

이렇게 되니까 변액보험상품에 네 개나 가입했는데 보험료가 각각 30만 원, 40만 원, 60만 원, 70만 원이라고 하자. 그럼 홍길동 씨는 보험료 할인혜택을 받을 경우와 받지 않을 경우 얼마나 손해를 볼까?

홍길동 씨가 가입한 보험사 모두 보험료 할인혜택 적용기준의 기본보험료 규모를 100만 원부터 적용하는데 100만 원일 경우 1%, 200만 원일 경우 1.5% 할인혜택을 준다고 하자.

이럴 경우 홍길동 씨가 한 회사 변액유니버설보험에 가입했다면 매월 불입하는 월보험료 200만 원에 대해 1.5% 보험료 할인율이 적용되어 3만 원을 제외한 197만 원만 납입하면 된다. 그런데 이 회사, 저 회사에 보험을 들었으니 매월 3만 원을 고스란히 손해보는 셈이 되었다.

앞에서도 얘기했지만 매월 3만 원은 단순히 3만 원으로 끝나는 것이 아니라 경과기간이 길어질수록 환급률에 차이가 많이 난다. 특히 이 3만 원을 매월 재투자하면 더 많은 수익을 가져올 수 있다. 또한 보험사마다 추가납입보험료 한도가 달라 분납투자를 하면 자칫 더 큰 손해를 볼 수도 있다.

이 경우 변액유니버설보험 저축형이나 변액연금보험 등 보험투자상품은 모두 똑같다. 물론 변액유니버설종신보험, 변액유니버설보험 보장형, 변액CI보험, 변액LTC보험 등 보장 성격이 강한 변액보험상품도 마찬가지로 보험료 할인혜택이 있으므로 될 수 있으면 한 회사 상품에 가입하는 것이 수익률을 제고하거나 보험을 관리해 보험혜택을 보는 데 도움이 된다.

또한 VIP고객으로 선정되어 해당 보험사의 서비스 혜택을 두루두루 받을 수 있는 등 여러모로 도움이 된다.

여러 회사에 분산투자한다면 특별히 부자가 아닌 한 당연히 고액 보험료 할인혜택을 받기 힘들다. 따라서 맨 처음 보험사 선택을 어떻게 하느냐가 수익률에 직접적인 영향을 미친다. 또한 보험사 고액 할인제도를 적극 활용해야 수익률을 더 올릴 수 있음을 알고 잘 투자해야 한다.

보험사도 가능하면 주거래 회사를 선정하는 것이 여러모로 도움이 된다. 투자수익도 중요하지만 안정성을 요구하는 장기투자상품은 더욱 그러하다.

공시이율이 높은 보험사 상품을 선택하라

공시이율이 높으면 적립금액의 규모가 더 커진다

"현재 나이가 같은 A와 B가 변액보험에 가입하여 똑같은 투자수익률을 올리고 있다. 노후를 대비해 불입하는 것인데 60세가 된 시점에서 그동안 불입한 적립금액을 모두 연금전환하여 매월 연금으로 받으려고 한다. 이 시기(은퇴한 뒤)에 A가 가입한 보험회사의 공시이율과 B가 가입한 보험회사의 공시이율이 다를 경우 연금전환을 한 이후에 A와 B가 매월 받는 연금액에 차이가 있을까, 없을까?"

물론 차이가 '있다.'

현재 변액보험상품 가입설계서에 나와 있는 연금전환시 연금액 예시표는 단지 예시에 지나지 않는다는 점을 알아야 한다. 이는 투자수익률과 더불어 제7회 경험생명표상 연금사망률과 현재 시점의 공시이율을 적용하여 산출한 것이다. 즉 앞으로 연금으로 전환할 경우 해당 시점의 경험생명표에 나와 있는 연금사망률과 그 당시 공시이율을 적용받는다.

따라서 실제로 나중에 연금전환할 경우 연금전환시점의 공시이율과 똑같을 수는 없고 연금전환 이후 해마다 적용되는 공시이율도 변동성이 매우 강하므로 받는 연금액 규모는 똑같은 보험료를 내고도 보험사에 따라 매우 다양하게 나타난다. 앞으로 공시이율이 예시된 공시이율보다 적게 나온다면 해당 보험사의 연금전환 예시금액은 당연히 적게 나올 수밖에 없다.

그러므로 장기재테크를 겸하면서 고령화시대를 대비해 보험투자상품에 가입하려면 이 문제를 짚고 넘어가야 한다. 변액유니버설보험에 가입한 후 일정기간이 경과한 시점에서 연금전환을 고려한다면 이 점을 간과해서는 안 된다. 노후에 받는 연금액의 크기가 연금전환시 표면이율인 공시이율에 따라 좌우되기 때문이다.

물론 변액연금보험 또한 연금개시를 한 이후 제2보험기간에는 특별계정에 편입되어 있던 적립금액이 일반계정으로 이체되면서 공시이율을 적용받으므로 마찬가지다.

공시이율은 연금액 크기를 결정짓는 중요한 변수

변액유니버설보험에 가입한 뒤 노후를 대비해서 연금으로 수령하려고 지금부터 연금전환을 생각한다면 변동수익률, 즉 공시이율이 높게 나올 것으로 예상되는 회사 상품을 골라 가입해야 한다.

공시이율이 적을 경우 수령하는 연금액이 적어 자칫 이에 대한 불만이 많이 야기될 수도 있기 때문이다. 실제로 변액연금보험과 변액유니버설보험을 판매한 지 20년이 넘은 미국의 경우 오랜 기간 유지한 후 노후연금수령을 위해 연금전환한 가입자들이 막상 지급받는 연금액이 기대치보다 적어 보험사와 많은 마찰을 빚고 있고 민원 또한 많이 발생하고 있음을 간과해선 안 된다. 이를 타산지석으로 삼으면서 지금부터 하자 없도록 가입해야 몇십 년 힘들게 불입한 소중한 돈이 은퇴 후에는 더 큰 연금으로 다가와 후회하지 않게 된다.

공시이율은 보험회사의 자산운용수익률, 시중 대표은행 사이의 콜금리 등 회사의 운용실적과 실질금리를 해당 보험상품에 반영하기 위해 정한 변동이율로, 변동성이 크므로 적립금액과 해약환급금 규모를 바꿀 변수로 작용할 수 있다.

보험사는 현재 공시이율을 일반계정의 운용자산이익률과 시장금리 기준, 향후 보험사 예상수익규모 등 경영환경을 전반적으로 고려한 다음 결정한다.

일반적으로 공시이율이 높으면 적립금액의 규모가 그만큼 커지고 그렇게 되면 해약환급금 규모 또한 저절로 커진다. 연금전환시점 이후부터 공시이율이 많은지, 부리(附利)하는지 여부는 연금액의 크기를 결정짓는 중요한 변수로 작용하는 것이다.

현재 공시이율은 일반적으로 연 4.5%대에서 연 5%대까지 다양하게 제시되는데 주로 연복리를 적용한다. 연금으로 전환하는 시점에서 공시이율이 다른 보험사와 1% 정도 차이가 난다고 한다면 이는 보험료에 대한 부리가 아니라 적립금액에 대하여 연복리로 부리 운용하는 것이므로 실질적으로 받게 되는 연금액은 매우 큰 편차를 보일 것이다. 그리고 변액연금보험의 경우 특별계정 운용실적이 저조할 경우 최저보증이율을 적용하여 연금액을 결정·지급해주므로 만약의 경우를 대비해 최저보증이율이 몇 %인지 확인하는 것도 중요하다. 일반적으로 최저보증이율을 경과기간별(5년 이하, 10년 이하, 10년 초과 등)로 차등적용하고 있다(보험사별로 각기 다름).

현재 공시이율이 부리, 적용되는 상품은 변액유니버설보험, 변액연금보험, 변액유니버설종신보험 등 실적배당형인 모든 변액보험상품과 일반연금보험, 장기저축성보험 등 금리연동형(변동금리형) 저축성보험 그리고 보장성보험의 적립 순보험료 부분 등이다. 참고로 해당 보험상품의 공시이율을 높게 적용하는 회사는 그만큼 자산을 잘 운영한 결과 취하는 경영전략이므로 우량 보험사라고 할 수 있다.

연금전환할 경우 공시이율 적용에 관련된 사항은 해당 상품의 연금전환특약 기초서류인 사업방법서와 상품약관, 보험료와 책임준비금산출방법서 그리고 보험요율 등에 자세히 기재되어 있다.

 **펀드나무 열매 수확 위한 소중한 씨앗 한 톨**

공시이율은 보험상품 개발시 확정되어 예시된 이율(확정금리)이 아니라 앞으로 보험사 경영수지차에 따라 변화되는 이율에 따라 바뀌므로 해당회사 상품 또한 수익이 발생할 경우 적립금을 더 많이 받든지 반대로 상대적으로 더 적게 받을 수도 있다는 사실을 알아두어야 한다.

은퇴 후 지급받는 연금은 펀드(특별계정)로 운용되는 것이 아니라 연금지급개시시점의 계약자 적립금을 기준으로 일반계정에 편입되어 공시이율을 적용받으므로 이에 따라 받는 연금액 규모에 차이가 매우 많을 것이라는 점도 꼭 알고 보험사를 잘 선택해야 한다. 경제적 여력이 있는 활동기인 지금의 생활보다는 은퇴 이후의 기나긴 삶을 아름답게 갈무리하면서 보내는 것이 진정한 인생의 행복으로 와닿는 것임을 잊지 말자.

주가하락이 예상되면 3가지 길을 찾아나서라

주가하락이 예상되면 3가지 방법을 적극 모색하라

"어! 이거 큰일인데… 왜 자꾸만 내가 가입한 펀드의 기준가가 떨어지지? 주식형펀드라 그런지 주가가 떨어지니까 기준가도 덩달아 떨어져 적립금이 이렇게 많이 빠져나가네… 어떻게 하지? 이럴 때 무슨 묘책은 없을까?"

여기서 한 가지 예를 들어 설명해 보자. 우선 계산하기 쉽게 주가지수와 펀드매입구좌당 단가가 똑같다고 하고, 현재 주가지수가 1,000일 때 펀드기준가가 1,000원이라 하자. 또 주식형펀드에 매월 50만 원씩 투자했다고 하자. 그럼 펀드매입좌수는 500,000좌수가 된다.

가입한 지 1년이 되는 시점에서 그동안 주가지수의 변동폭이 좀 있어서 펀드보유좌수가 6,500,000좌수가 되었다. 이 시점의 주가지수가 1,200이 되었다면 당일 펀드기준가는 1,200원이 되어 총적립금액은 '6,500,000×(1,200÷1,000)=7,800,000원'이 된다. 이때 공식은 '총보유좌수×(당일 펀드기준가÷1,000)'이다. 이 경우 그 이튿날 이후 줄곧 주가가 1,150으로 떨어져 머물렀다고 한다면 펀드기준가격이 1,150원으로 하락하여 총적립금액은 7,475,000원이 된다. 주가지수가 50포인트 하락해 하루 차이로 325,000원을 손해본 셈이 된다.

따라서 주가가 떨어지면 주식형펀드는 펀드기준가 또한 하락하게 되어 당연히 수익이 곤두박질치게 된다.

물론 대부분의 적립식펀드 또한 일정 주식편입 비율상 또는 핀드 종목에 따라 차이는 있지만 주가와 연계되어 운용되므로 수익은 떨어지게 된다.

그런데 이렇게 주가의 하향추세가 당분간 이어질 것이라는 전문가들의 진단이 나왔고, 시장 흐름을 면밀히 살펴볼 때 최소한 앞으로 당분간은 주식이 하락(약보합세)할 것 같다는 예감이 든다고 치자. 그리고 그 후에 반등할 것이라는 느낌이 강하게 든다고 하자.

이럴 때 비록 주가는 떨어지지만 위험을 회피하여 최대한 손해폭을 줄이는 방법은 없을까? 아니 오히려 더 이익을 보게 하는 방법은 없을까?

적립식펀드와 변액보험상품의 참 매력은 주가하락을 잘 이용하는 것

물론 방법이 있다. 바로 이것이 적립식펀드와 변액보험상품의 진짜 매력 포인트다. 적립식펀드와 변액보험상품의 가장 큰 매력은 주가하락을 잘 이용하여 주가가 하락해도 위험손실을 줄이고 경우에 따라서는 오히려 펀드보유좌수를 늘려 수익효과를 더 가져오는 데 있다. 이 경우 투자된 자금의 손실폭을 줄일 수 있는 방법은 크게 나누어서 3가지가 있다.

1. 주가가 하락할 때 재빨리 추가납입을 한다.
적립식펀드 중 입출금이 자유로운 추가형펀드는 추가납입이 가능하다. 대부분의 적립식펀드가 추가형이므로 이를 잘 활용하면 투자수익 제고에 도움이 된다. 물론 변액유니버설보험은 모두 추가보험료납입제도가 있으므로 추가납입이 가능하다. 보험료를 추가납입할 경우 어떠한 이익이 있는지는 뒤에서 다시 살펴본다.

2. 보험계약대출금(약관대출)을 받아 활용한다.
변액보험의 경우에는 주가가 하락하기 전 보험계약대출(약관대출)을 최대한 많이 받은 다음 주가가 상승했을 때 상환하게 되면 더 많은 이익을 가져다준다. 이 부분은 뒤에서 다시 설명한다.

3. 펀드변경을 한다.
주가가 지속적으로 하향추세를 보인다면 곧바로 펀드변경을 한다. 이 부분에 대해서는 앞에서 설명했으므로 부연설명은 생략한다.

그리고 여기서 꼭 알아둘 사실은 펀드기준가 반영일의 적용시점은 적립식펀드와 변액보험이 서로 다르다는 것이다(이 부분은 앞에서 설명했으므로 생략한다).

주가하락시 추가납입으로 펀드보유좌수를 늘려라

추가납입을 해야 펀드보유좌수를 더 늘릴 수 있다

주가가 앞에서 예시한 대로 그 이튿날 1,150으로 하락했다가 그 후에도 약보합세를 면치 못하였다고 하자. 그런 후 일정시점에서 다시 하락하기 전의 주가인 1,200으로 상승했다고 하자. 여기서 일정시점이라는 것은 펀드를 매입한 이후 펀드기준가가 반영되는 기준가 적용일을 의미한다.

이때 주가가 하락한 시점에서 자금을 추가로 납입할 경우 펀드보유좌수가 어떻게 변하여 얼마만큼의 이익을 볼 수 있을지 살펴보자. 추가로 납입하는 추가납입보험료는 펀드매입을 신청한 시점에서 납입일 기준가를 반영한다.

변액보험의 경우 추가납입보험료의 규모는 기본보험료의 200~

300%까지로 보험사마다 다양하다. 이 부분도 향후 수익률을 제고하기 위해 추가납입할 때 매우 중요한 변수가 되므로 가입시 반드시 체크해야 한다.

여기서는 300%까지 추가납입이 된다고 가정하자. 그럼 매월 불입하는 기본보험료 50만 원의 3배인 150만 원까지 추가납입이 가능하다. 그런데 보험료 추가납입제도는 단지 매월 불입액에 대한 비례가 아니라 연간납입 가능한 규모로 일시납할 수 있게 대부분의 변액보험상품이 설계되어 있다. 따라서 이 경우 자금 여력이 있다면 최대치로 1,800만 원(150만 원×12개월)의 보험료를 한꺼번에 추가로 불입(거치식임)할 수 있다.

위 예시의 경우 만약 1,800만 원을 한꺼번에 불입하면 이 자체의 펀드보유좌수는 신청일 이후 펀드기준가 적용일의 기준가격이 1,150원 이므로 18,000,000원/1,150원(÷1,000)=15,652,173.91좌수 가 된다.

추가로 펀드를 매입한 시점 이후 주가가 정상을 회복하여 1,200 포인트가 되고 이에 따라 펀드기준가 또한 비례상승하여 1,200원이 되면 추가납입보험료로 1,800만 원을 납입한 투자수익의 효과는 15,652,173.91좌수×1,200원(÷1,000)=18,782,609원이 된다.

추가납입함으로써 약 782,609원의 이익을 보게 되는 것이다. 즉 주가 흐름을 잘 포착함으로써 단시일 내에 투자한 원금(추가납입보험료) 1,800만 원에 대해 약 4.35%의 투자수익을 올린 셈이다.

따라서 보험료 추가납입제도를 잘 활용한다면 수익효과를 극대화해 목적자금의 듀레이션(Duration)을 좀더 짧게 가져가는 큰 만족감을 맛볼 수 있다. 비록 목돈이 아니더라도 주가가 빠진 시점을 잘 포착하여 연추가납입보험료를 가능한 한도에서 지속적으로 불입해 펀드를 매입한다면 상당한 실질수익을 기대할 수 있다. 물론 추가형펀드 또한 마찬가지 원리로 추가납입하면 상당한 수익을 가져올 수 있다.

펀드기준가 적용시기를 잘 포착해야 추가매입효과가 난다

펀드보유좌수는 매월 펀드를 매입할 때 그 당시 펀드기준가에 따라 좌수가 비례하여 결정된다. 따라서 주가가 하락할 경우 추가납입을 한다면 펀드좌수가 조금이라도 더 늘어날 것이다.

이는 나중에 환매할 때 펀드기준가가 올라갔을 경우와 같이 큰 수익으로 되돌아온다. 기본보험료로 부족한 펀드보유좌수를 더 늘릴 수 있는 방법은, 적립식펀드는 추가형펀드를 적극 활용하고, 변액보험은 보험료 추가납입제도를 적극 활용하는 방법이 최고다. 이 두 경우 모두 주가가 하락할 경우 펀드평균 매입단가를 낮춰 상대적으로 펀드보유좌수를 늘려나가는 코스트 애버리징 효과를 가져오기 때문이다.

특히 펀드를 추가로 매입할 때 매입시점의 기준가를 적용하는 것이 아니라는 것을 꼭 알아두어야 한다. 대부분의 적립식펀드는 펀드 종류에 따라 신청일에서부터 제1~제3영업일이고, 변액보험은 신청일 당일이라는 사실을 반드시 유념해야 자금을 추가로 투입하는 효과가 펀드보유좌수의 증가로 이어질 수 있기 때문이다.

　노파심에서 또 강조하지만 펀드기준가 반영일을 제대로 모르고서 펀드를 추가로 매입하려 한다면, 그리고 그 당시 주가가 곤두박질쳐서 많이 하락했다면 자칫 손실을 입을 수도 있다는 사실을 알아야 한다. 오히려 펀드매입을 추가로 하지 않는 것이 훨씬 이익이 될 수도 있다.

　추가납입제도의 성공 여부는 펀드기준가 반영시기의 포착 여부에 달려 있다는 것을 간과하지 말아야 한다. 그러므로 해당사에 확인하여 추가납입시 펀드기준가 반영시점이 언제인지를 꼭 알아두어야 한다.

　자금 추가납입은 주식의 직접투자와 같은 원리이므로 그 효과가 바로 나타난다. 따라서 어느 정도 직접투자한 경험이 있는 경우 또는 주위에 전문적으로 컨설팅해줄 수 있는 전문가가 있을 경우 이를 잘 활용해야 실익이 더 발생할 수 있다는 사실을 염두에 두고 실행해야 한다.

환금성과 수익성을 동시에 해결할 묘책을 찾아라

환금성과 수익성을 동시에 해결해주는 최고의 제도

"홍길동 씨는 요즘 고민이 많다. 중기투자로 재테크 맛 좀 보려고 매월 생활비 쪼개서 간신히 적립식펀드에 가입하긴 했는데 지금 갑자기 자금이 필요해 환매해야 할지 아니면 다른 사람들에게 돈을 일단 융통한 다음 환매해야 할지 판단이 서지 않는다. 여윳돈이 있으면 굳이 환매할 생각도 하지 않을 테지만 형편이 그렇질 못하다.

그런데 지금 환매하면 주가가 많이 떨어져 손해를 보기에 망설이는 것이다. 지금 경제상황으로는 얼마 뒤 주가가 올라 충분히 수익이 날 것 같다는 생각이 들어서이다.

그렇다고 요새 같은 세상에 누구에게 돈을 빌려달라고 하기도 참 쉽지 않아 이래저래 고민이 많다.

그래서 홍길동 씨는 한 가지 바람을 가져본다. '내가 가입한 이 펀드가 대출도 되고 또 주가가 하락할 경우에도 적립금에 대한 손실위험을 최소화하는 무슨 묘책이 있으면 얼마나 좋을까?'라는 생각도 품어보지만 막상 그런 적립식펀드는 없는 것 같아 마음이 무겁다."

당신이 지금 홍길동 씨와 같은 고민을 하고 있다면 어떻게 대처할 생각인가?

이럴 경우에 홍길동 씨가 안고 있는 고민을 모두 해결해주는 묘안이 있다면 어떻게 할 생각인가?

그 해결책은 다름 아닌 변액보험에 가입해 보험계약대출제도를 적극적으로 활용하는 것이다. 보험계약대출제도를 잘 활용하면 환금성과 유동성 확보로 자금수급의 편리성과 수익성을 동시에 추구할 수 있는 등 여러모로 도움이 된다.

적립식펀드에는 없는 변액보험만의 묘미 중 하나는 대출제도를 활용해 급전이 필요할 경우 필요한 자금을 적기에 활용할 수 있을 뿐만 아니라 덤으로 주가하락시 위험손실을 회피해 펀드보유좌수를 보존 또는 늘릴 수 있고 또 대출이자에 대한 수수료 절감효과도 발생한다는 점이다(보험계약대출제도를 통상 약관대출제도라고 부르므로 이후로는 간편하게 약관대출로 칭한다).

이와 같이 펀드 내에 유동성과 수익성, 환금성을 동시에 갖추고 있는 상품은 변액보험 말고는 없다.

약관대출 통해 최소의 비용투자로 최대의 수익효과를 누려라

주가가 하락할 경우 펀드투자로 수익률을 제고할 수 있는 가장 기본적인 방법은 앞에서 설명한 대로 변액보험에서는 추가보험료 납입, 적립식펀드에서는 주가 하락시 펀드추가매입으로 펀드평균 매입단가를 낮춰 상대적으로 펀드보유좌수를 늘려 나가는 것이다.

이것이 코스트 애버리징 효과를 통해 장기적으로 수익을 실현하는 방법이다. 그러나 이 방법은 내 돈을 반드시 추가로 투입해야 한다는 부담감, 즉 여유자금이 없으면 주가가 아무리 떨어져 펀드기준가가 하락해 그 시점에서 추가로 돈을 투입해 펀드를 매입하면 나중에 이익을 본다는 것을 당연히 안다 해도 그림의 떡과 같이 손에 와 닿지 않는다.

이럴 때 해결방법은 딱 한 가지다. 약관대출을 활용하면 내 돈 추가로 별로 안 들이면서도(발생이자는 지급) 지혜롭게 펀드보유좌수를 늘려나갈 수 있다. 경제성의 원칙에 입각해 최소 비용투자로 위험회피를 통해 최대 수익효과를 볼 수도 있다. 대출금은 환금성이 꼭 필요할 때 본인이 언제든지 신청해 활용할 수 있고 여유가 생기면 언제든지 갚을 수 있는 금고 속의 내 돈과 마찬가지다. 또한 대출금 신청횟수에 대한 조정이 필요 없으므로 금상첨화다.

단, 대출금을 활용할 정도로, 펀드보유좌수를 많이 확보할 정도로 어느 정도 자금(해약환급금)이 쌓여 있어야만 직접투자의 묘미를 살려 나가면서 긴급자금으로도 적기에 융통해 활용할 수 있다는 것쯤은 알아야 한다.

약관대출이자의 투자수익 덤 효과를 활용하라

은행대출이자가 약간 낮고 보험대출이자가 좀 높다면 당신은 어느 대출을 받겠는가? 대출이자가 똑같을 경우 은행에 대출을 받을 경우와 보험사에 대출을 받을 경우 무슨 차이가 있을까?

대출받을 경우 은행대출이자가 낮으므로 실질적 이익은 당연히 은행에서 대출받는 것이 효과적이라고 누구나 생각할 것이다. 그러나 보험대출이자와 은행대출이자는 이자부분에 대한 처리방식이 다르다. 약관대출을 받는 것이 은행대출을 받는 것보다 더 유리한 점은 대출로 받는 이자에 대해 대부분을 펀드에 재투입한다는 것이다.

약관대출 이자납입시 이자분에 대해서는 보험사에서 정한 일정 부분의 운용수수료를 제외한 전부를 즉시 특별계정으로 재투입해 투자·운용하게 된다. 그러나 은행대출은 그 이자분이 그냥 전액 수수료로 지불된다. 이 부분이 은행대출을 받았을 때와는 또 다른 혜택이다.

예를 들면 약관대출이율이 연 9.0%, 약관대출 운용수수료가 1.5%라고 가정할 경우 계약자는 대출이자 납입시 수수료 1.5%를 제외한 7.5%에 해당하는 금액이 자신의 적립금에 더해지게 되므로 실제로는 운용수수료를 차감한 나머지 약관대출이율(7.5%)만큼 투자수익을 덤으로 올리게 되는 이중효과를 맛보게 되는 셈이다.

이러한 효과는 은행상품에 가입한 후 대출을 받았을 때에는 적용되지 않는다. 오로지 보험상품에만 특별히 적용되는 케이스로서 가입자에게는 매우 큰 이익이 된다. 이러한 덤효과는 모든 보험상품의 약관대출에 적용되는데, 특히 적립금액이 많이 쌓이는 저축성상품에서 가시적인 효과를 더 많이 발생시킨다.

이러한 덤효과가 발생하게 되는 근본적인 이유는 보험특성상 일반계정이 계속 살아 있기 때문이다. 즉 특별계정을 통해 약관대출을 받는다고 해서 보험가입금액에 변화가 발생하는 것은 아니다. 단지 일시적으로 특별계정 투입금액만 줄어든 것이다.

약관대출금의 이자부분에서 차지하는 수수료부과 규모는 일반적으로 약 1.5~3% 정도를 적용하는데, 이는 보험사마다 다르다. 수수료 규모가 크면 클수록 특별계정에 투입되는 금액이 그만큼 줄어들게 되어 펀드수익률이 덜 나므로 대출시 이를 확인하는 것이 좋다.

약관대출이자는 보험사마다 변액보험상품별로 각기 다르게 적용한다. 약관대출이자 공식은 '약관대출이자＝약관대출금×연이율/365×대출일수'이다

주가하락시 펀드보유좌수 이렇게 보호하라

약관대출을 받은 시점부터 펀드보유좌수가 달라진다

"A는 펀드에 대해 문외한이지만 남들도 다 투자하고 특히 20년 후 노후가 걱정되어 변액보험에 가입한 다음 다른 일도 바쁘고 괜스레 머리 굴리면서 신경 쓰기도 싫고 또한 급히 돈을 융통해 쓸 이유도 없는 까닭에 그냥 적립금액을 묶어두고 매월 꼬박꼬박 차질 없이 보험료만 불입했다.

그런데 B는 한 푼이라도 더 많은 수익을 올리고 싶어 펀드와 변액보험에 대해 공부를 많이 하고 주가 하락시 추가로 불입할 여윳돈도 없어서 약관대출을 받아 이를 활용해 보기로 했다. 약관대출을 받으면 펀드보유좌수에 변화가 생길까? 안 생길까?"

만약 A와 같이 느긋하게(?) 생각하고 있다면 알토란같이 저축한 내 돈이 언제 곳간(적립금)에서 빠져나갈지 모른다. 약관대출을 받으면 펀드보유좌수에 많은 변화가 생긴다. 그리고 펀드보유좌수의 변경은 곧바로 펀드평가금액(적립금액)의 변동성을 의미하며, 이는 앞으로의 투자수익률에도 많은 영향을 미치게 된다.

예를 들어 B가 가입한 변액보험이 현재 펀드보유좌수는 3,000만 좌수, 펀드기준가는 1,200원이라 하자. 그런데 그 시점에서 주가도 출렁거려 마음이 안 놓이고 또 돈도 융통해 활용하려는 참에 마침 잘됐다고 생각하면서 약관대출을 받았다고 하자. 이때 해당사의 약관대출 한도가 60%라 하자.

그럼 특별계정투입금액, 즉 총적립금액은 3,600만 원이다. 적립금액과 해약환급금 규모가 똑같다고 가정한다면 3,600만 원의 60%인 2,160만 원을 대출받게 될 것이다. 이 경우 B의 특별계정에 남아 있는 펀드잔고수는 1,200만 좌수, 펀드잔액은 1,440만 원이 될 것이다. 약관대출로 해당시점에서 펀드보유좌수가 1,800만 좌수 줄어든 것이다.

대출금 적기활용과 위험손실 최소화의 이중효과를 노려라

주가전망이 앞으로 계속 흐릴 것 같고 실제로 당분간 약보합세를 면치 못한다면 B는 펀드기준가 변동성으로 입게 되는 손실폭이 줄어든 펀드보유좌수만큼 감소되는 위험회피효과가 발생한다.

주가가 계속 떨어진다면 펀드기준가 또한 하락하게 되므로 주가의 하향세가 장기간 이어질 것 같으면 일단 약관대출을 받는 것이 위험 손실폭을 줄이는 데 그만큼 유리하다. 약관대출을 받음으로써 자신이 보유하고 있는 많은 펀드보유좌수들의 펀드기준가 하락 사태를 현명하게 처신해 미리 방지한 셈이다.

특히 해당 시점에서 긴급자금이 필요하다면 위험손실과 자금의 유동성확보, 즉 긴급자금의 유효적절한 활용 등 일석이조의 효과를 누릴 수 있다. 그리고 장기적으로 판단할 때 주가는 당연히 오르게 마련이라는 기대와 인내심을 갖고 겸사겸사 돈을 유효적절하게 활용하므로 B는 펀드재테크를 할 줄 아는 사람이라고 할 수 있다.

변액보험에서 약관대출을 이용할 수 있는 규모는 해약환급금의 50~80% 정도 선인데, 보험사마다 또는 변액보험의 상품종류에 따라 각기 다르다. 변액유니버설보험과 변액연금보험, 변액유니버설종신보험, 변액종신보험, 변액CI보험 등 변액보험상품의 종류에 따라 각기 약관대출금의 한도설정이 다른데 저축성격이 강한 변액유니버설보험(적립형)의 약관대출 이용한도가 제일 적은 편이다.

약관대출시 대출금의 기준가 반영일은 주로 대출신청 후 제2~3영업일을 적용하는데 보험사마다 적용기준이 약간씩 달라 급전이 필요할 경우 자칫 시기를 놓칠 수도 있으므로 꼭 확인한 후 자금융통에 차질이 없도록 갈무리해야 한다.

 펀드나무 열매 수확 위한 소중한 씨앗 한 톨

약관대출을 받으면 원금을 상환하기 전까지 펀드의 계약자적립액(특별계정투입금액)에서 약관대출금액만큼이 운용되지 않는다. 약관대출받은 금액을 제외한 적립금잔액만 특별계정에서 운용된다.

대출받은 원금을 모두 상환하게 되면 일반계정에 잠시 머무른 다음 곧바로 특별계정으로 편입(펀드기준가 반영 후 펀드자금이체일), 기존 계약자적립금에 추가되어 투자·운용된다. 그리고 특별계정에서 일반계정으로 자금이 이체되었을 경우에는 적립금에 대한 부리이율은 해당 상품의 상품예정이율을 적용받는다.

변액보험상품의 예정이율은 보험사마다 각기 다른데 보험료 산출시 중요한 요소이므로 잘 살펴봐야 한다. 예정이율에 대한 사항은 사업방법서상에 나와 있고, 이를 기초로 해당 약관에도 기재되어 있는데, 자세히 봐야 알 수 있으므로 해당사에 문의해 보아야 정확하게 알 수 있다는 점도 알아두자.

부활 및 상환시점 잘 포착해 펀드매입좌수를 늘려라

부활 및 상환시점 잘 포착해야 손실 안 보고 이익 본다

"홍길동 씨는 하는 사업이 잘 안 돼 어쩔 수 없이 가입한 변액보험을 실효(효력상실)시켰다. 그러다가 사업이 잘 돼 이젠 그동안 남에게 빌린 돈도 갚고 변액보험도 부활시키려고 보험사 문을 두드렸다. 그리고 그 자리에서 이것저것 따져보지 않고 즉시 부활했다. 이 경우 홍길동 씨가 한 처신이 잘한 것일까?"

이럴 경우 만약 목돈이 생겼다고 무조건 그 날짜에 부활한다면 그 사람은 '펀맹'이라고 할 수 있다. 펀드투자로 고수익을 올리려는 마음이 없다고 해도 과언이 아니다.

변액보험 계약이 효력상실된 이후 부활하거나 약관대출금을 상환한다는 것은 보험료를 추가로 납입하는 것과 같은 맥락이므로 당연히 펀드기준가가 가장 많이 떨어진 시점을 포착해 약관대출금을 상환하는 게 투자의 정석이기 때문이다.

따라서 부활을 할 때 최소한 그동안 밀린 부활이자라도 만회하고 싶다면, 아니 더 이익을 보고 싶다면 반드시 언제 부활해야 가장 이익을 많이 보고 또 손실을 적게 보는지 꼼꼼히 따져봐야 한다.

아무 때나 대충 돈이 생겼다고 해서 무작정 부활한다면 자칫 펀드기준가가 높은 시점에 부활할 염려도 있어 이익은커녕 오히려 부활로 더 손실을 보는 경우도 생긴다.

특히 주식형펀드의 경우 주가의 향방을 늘 예의주시하면서 주가가 가장 많이 떨어졌다고 판단되는 시점에 부활해야 이익을 가장 많이 보게 된다.

계약이 효력상실된 이후 부활할 경우에는 실제 부활 승낙일을 기준가 반영일로 한다. 즉 사후조사가 필요하다면 부활한 날짜에 특별계정으로 편입되지 않고 일반계정에 편입된 다음 나중에 부활승낙이 떨어졌을 때 그 시점 펀드기준가를 적용해 펀드에 투입한다. 변액보험이 효력상실이 된 다음 부활할 때에는 반드시 목돈이 들어간다.

부활하든 약관대출금을 상환하든 목돈을 들여 계약을 원상 복구하는 것은 펀드매입좌수 산정과정에서 마찬가지 원리이므로 약관대출 상환을 토대로 설명하면 부활도 어떻게 해야 이익이 더 날지 펀드 재테크의 길을 알 수 있을 것이므로 효력상실 이후의 부활 사례는 생략한다.

대출금상환시점과 부활시점
잘 포착해 펀드매입좌수 늘려라

　약관대출을 받은 사람들은 대부분 다음과 같은 반응을 보인다.
　"이 약관대출금은 언제까지 상환해야 하나? 아무 때나 돈 되는 대로 상환해도 상관없을까? 언제 대출금 마련해 갚지? 이자가 만만치 않을 텐데…" 하고 먼저 갚을 걱정을 한다. 이들에게 약관대출금 상환시기를 잘 활용해서 부가수익을 올려보라고 하면 "에이 귀찮게 뭘 그런 것까지 신경 쓰고 그래. 그냥 대출금 마련하면 아무 때나 상환해버리지 뭐. 아니 상환날짜를 꼭 잘 따질 필요가 있나?" 하고 별로 신경을 쓰지 않는다.
　그런데 펀드투자의 묘미와 약관대출의 생리를 모두 훤히 꿰뚫어 볼 줄 아는 지혜로운 투자자는 이런 반응을 보일 것이다. "이 약관대출금을 좀더 유익하게 매조지할 수 있는 길은 없을까? 약관대출금 상환일자와 펀드기준가와는 무슨 관계가 있나 한번 알아볼까? 약관대출금 상환시점을 잘 포착하면 주식에 투자하는 것과 같이 펀드수익을 좀 올릴 수 있지 않을까?" 그래서 이들은 한 푼이라도 더 수익을 올리기 위해 주가와 펀드기준가의 하락시점을 비교 분석해 가면서 약관대출금 상환시점을 예의주시할 것이다.
　여윳돈이 생겨 약관대출을 상환하려고 할 때에는 주가하락시점을 늘 관찰해 나가면서 상환시점을 잘 포착해야 한다. 그래야만 펀드매입좌수가 조금이라도 더 늘어나 한 푼이라도 더 펀드투자수익을 실현할 수 있다.

예를 들어 앞에서 설명한 대로 B가 약관대출받은 돈 2,160만 원을 유용하게 활용하고 난 다음 목돈이 마련되어 갚을 시기가 왔다고 하자. B가 약관대출을 받을 때는 펀드기준가가 1,200원이었는데 약관대출을 상환하려는 시점에서는 다행히도 펀드기준가격이 1,100원이 되었다고 하자. 그럼 B가 대출금 상환과 동시에 매입할 수 있는 펀드좌수는 19,636,363.64좌수가 된다.

이렇게 되면 B가 약관대출을 받음으로써 줄어들었던 1,800만 좌수보다 1,636,363.64좌수가 더 늘어난 셈이다. B가 A와 같이 약관대출을 받을 생각을 맨 처음부터 아예 하지 않았다면 B는 펀드보유좌수 1,636,363.64좌수를 늘릴 뾰족한 방법이 절대로 없었을 것이다.

A는 현시점에서 당초 보유한 펀드좌수 3,000만 좌수를 그냥 그대로 갖고 있지만 B는 현명하게 대처해 기존 펀드잔고수 1,200만 좌수와 대출금의 적기상환으로 신규 매입한 펀드 19,636,363.64좌수를 합해 총 31,636,363.64좌수가 된 것이다. 늘어난 펀드보유좌수만큼 B는 A보다 수익을 더 본 셈이다.

현시점에서 환매를 한다고 가정하면 B는 A보다 1,800,000원(1,636,363.64좌수×1,100/1,000)을 더 번 셈이다. 물론 앞으로 주가가 오르면 펀드보유좌수에 비례해 그만큼 더 이익을 보게 될 것이다. 따라서 B와 A의 수익차이는 점점 더 벌어지게 된다.

펀드재테크 처세술을 익혀 고수익을 실현하라

직접투자의 묘미도 만끽하고 싶다면 변액보험에 가입하라

만약 B가 A와 같이 약관대출을 받지 않고 그냥 편하게 지냈다고 한다면 단지 펀드기준가만 변하고 펀드보유좌수는 변하지 않게 되지만 약관대출을 받음으로써 대출금을 상환하는 시점에서의 주가 변화추이에 따라 특별계정에 투입된 펀드좌수에 변화가 발생하게 되는 것이다.

약관대출금 상환시에는 상환일 당일 기준가를 반영한다. 즉 전일 종가를 오늘 반영해 펀드기준가를 설정한다.

물론 앞서 미리 언급했지만 효력상실 이후 부활할 경우에도 같이 이치이다. 아무 때나 부활한다면, 주가가 높게 형성되고 펀드기준가 또한 높은 시점에서 생각 없이 부활한다면 그 사람은 많은 금전적

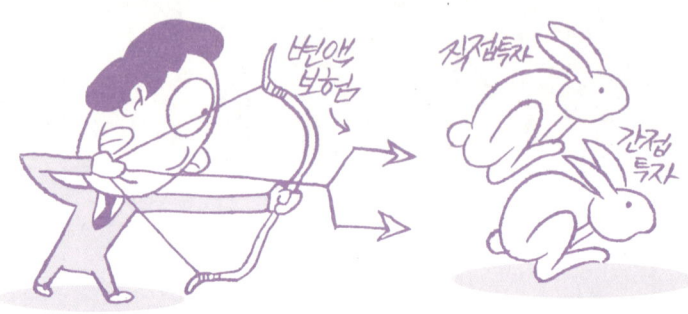

손해는 물론 정신적·시간적 손해도 감수해야 한다.

한 푼의 수익을 올리기도 힘든데 펀드매입시기를 제대로 감지하지 못하고 또한 이런 제도의 효용성을 미처 알지 못해서 이익은커녕 손실을 본다면 얼마나 억울하겠는가?

경제 사정이 여의치 않아 단기적으로 가계에 부담이 올 경우 일시적으로 실효를 시켜놓았다가 부활한다거나 대출제도를 활용하는 것은 가계운용에 매우 중요한 활력소가 되어준다.

특히 부활 및 대출금 상환시점의 적기포착은 펀드매입좌수 증가라는 수익효과를 발생하게 해준다. 이 얼마나 현명한 펀드재테크 처세술인가?

간접투자로 직접투자하는 것 이상의 효과를 듬뿍 맛볼 수 있으니 말이다.

변액보험만이 갖추고 있는 다양한 메리트를 유효적절하게 활용하라

변액보험에 가입했다면, 보장성상품이든 저축성상품이든 상관없이 효력상실된 계약을 부활하려고 한다면, 보험료를 추가납입해 펀드매입좌수를 늘리려고 한다면….

그리고 적립금액이 어느 정도 쌓여 있다면, 자금이 필요해 꼭 융통해 써야 한다면, 주식에 대해 잘 알고 있다면, 주가가 계속 떨어질 기미를 보인다면, 펀드투자의 속성을 좀더 이해하고 싶다면, 주위에 컨설팅해주는 전문상담가가 있다면….

또한 펀드 재테크를 위해 손품, 발품, 머리품을 모두 다 팔 각오가 되어 있다면….

이참에 B와 같이 지혜롭게 시도해 보라. 한 푼이라도 더 이익을 보면서 직접 주식에 투자하는 것과 같은 묘미도 맛볼 수 있어 유익할 것이다.

변액보험은 펀드로 운용되지만 주식에 직접투자하는 것과 같은 짜릿함과 묘미를 만끽할 수 있는 다양한 옵션이 구비되어 있어서 장기 인생재테크 상품으로 전혀 손색이 없는 아주 훌륭한 상품이다.

어느 적립식펀드에도 없는 변액보험만이 갖추고 있는 다양한 자산운용옵션과 보험상품 특유의 각종 메리트를 겸비해놓고 있으므로 유효 적절하게 활용한다면 가입 초기 해약환급률이 많이 떨어져 중도해지를 염두에 두는 불상사는 없을 것이다.

장기투자시 다양한 자산운용옵션과 부대서비스는 매우 중요하다

또한 10년 이상 장기투자한다 하더라도 지루함 때문에 유지를 고민한다거나 자금여력이 없어 해약하는 불상사도 생기지 않을 것이다. 그리고 펀드기준가의 변동성에 따른 위험손실을 염려해 환매를 고민하는 일은 없을 것이다.

이로써 시드머니의 미래가치창출 여부에 대한 불안감은 많이 상쇄되어 목표자금 완성이라는 방점을 찍고 부자 반열에 무난히 오를 것이다.

비록 사업비부과 폭이 많고 보험특성상 위험보험료 등 추가비용이 많이 지출되어 초기펀드 투입금액은 적지만 펀드수수료의 후취 규모가 적립식펀드보다 적어 장기투자해 나갈수록 시드머니의 가치가 더욱 빛을 발하는 상품이 바로 변액보험이다.

따라서 10년 이상 장기투자할 요량이라면 이 기회에 장기적으로 안정된 수익을 얻고 유지시 자금의 유용한 적기활용과 덤으로 직접투자의 묘미까지도 만끽할 수 있는 변액보험을 동반자로 해 펀드투자의 길을 가는 것도 현명한 선택일 것이다.

 펀드나무 열매 수확 위한 소중한 씨앗 한 톨

약관대출을 활용한다고 해서 모두 다 B와 같이 수익을 실현하는 것은 절대 아니다. 약관대출제도는 직접 주식에 투자하는 것과 같이 고위험이 따르므로 성공확률

보다는 실패할 확률이 더 높을 수 있다. 따라서 이를 활용할 때 반드시 명심할 사실은 미리 주식, 펀드, 변액보험 상품 전반에 대해 깊이 공부하고 경제와 주가의 트렌드에 대해 어느 정도 해박한 지식을 갖추고 난 다음 확신이 생겼을 때 추진하는 것이 바람직하다.

무조건 약관대출을 활용해 수익을 내려고만 한다면 얼마 가지 못해 쪽박 차기 십상이다. 특히 약관대출을 잘못 활용하게 되면 원금 상환시기를 놓쳐 연체이자로 헛돈 쏟아붓게 되고, 또 상환시점을 잘못 판단해 원금까지 날리는 우를 범하는 경우가 많기 때문이다. 특히 연체이자율이 신용카드 연체이자율에 버금갈 정도로 매우 높기 때문에 경우에 따라서는 연체이자가 남아 있는 적립금액을 감소시키는 역효과를 가셔올 수도 있다.

따라서 약관대출제도는 수익률 세고보다는 일상생활에서 급전이 필요할 때 즉시 이용할 수 있는 가장 좋은 현금화수단으로 활용하는 것이 바람직하다. 즉 자금이 필요할 때 대출을 받은 후 상환할 경우 자연스럽게 보험료추가납입을 거치식으로 하듯이 하라는 것이다. 그래야만 과욕이 없이 순리대로 수익을 창출할 수 있다. 특히 대출금을 상환할 때에는 반드시 전문가의 조언을 구하면서 추진하라는 당부의 말을 함께 전한다.

변액보험은 인생 재테크를 완결하기 위해 가입하라

투자수익률의 최고방점은 가정의 행복이다

변액보험을 선택할 경우 다른 보험에 가입하지 않았을 때에는 순수한 보장자산의 사전확보를 위해 생활보장테크 차원에서 가입하는 것도 고려해 봐야 한다. 변액보험상품 중 변액유니버설보험은 장기재테크 차원에서, 그리고 변액연금보험은 노(老)테크 실현을 위해 가입하는 데 사망보장이 필연적으로 들어갈 수밖에 없다.

많은 사람들이 변액보험의 사망보장 부분에 대해 으레 투자자산이 아니라 지출비용이라는 생각을 하고 있어 적립식펀드와 비교할 때 대부분 부정적으로 이야기한다. 10년 이내에 단지 투자수익률만을 올리는 데는 사업비부과 규모의 과다와 위험보험료 발생으로 단기적으로는 적립식펀드보다 당연히 걸림돌이 된다는 점은 부인할 수 없는 것이 사실이다.

그러나 하이브리드형 상품으로 완전비과세혜택과 주식투자의 묘미뿐만 아니라 은행통장식으로도 사용 가능하면서 보험혜택도 듬뿍 주어지며, 경제력의 변화에 따라 가입자 마음대로 중도에 납입을 중지할 수도 있고, 자금을 더 늘릴 수도, 인출해 활용할 수도 있으며 장수시대 노후자금으로 활용할 수 있는 퓨전형 다목적 상품이 바로 변액유니버설보험과 변액연금보험이다.

이 시대 최고의 파워풀한 원스톱 서비스 상품이지만 그래도 보험상품이어서 투자수익률을 제고시키는 데 많은 걸림돌은 상존한다.

그래서 단기투자로는 당연히 부적합하다. 그러나 생애 전반에 대한 인생 재테크 차원에서 깊이 생각해 본다면 문제는 다르다.

단순히 돈을 굴려 이익을 남기려는 것도 중요하지만 그보다는 일상생활에 만약의 사태가 발생해 경제적인 위협을 받는다 할 때 그 위기 상황을 슬기롭게 극복해 나갈 수 있는 지렛대 구실을 해주는 금융상품이 진정한 재테크 상품이 아닌가 생각한다. 즉 가족의 여유 있는 생활을 위해 충분한 자산형성(Wealth Formation)이 될 때까지는 재테크와 생활보장테크를 병행해 가면서 굴곡이 없도록 생애재무설계를 알뜰하게 세우고 실천해 나가라는 것이다.

일상생활에서 재테크보다 더 중요한 것은 생활보장테크이다

《톰 소여의 모험》과 《허클베리 핀의 모험》의 저자로 유명한 미국 소설가 마크 트웨인(Mark Twein)이 생전에 보험의 중요성에 대해 갈

파한 말을 상기해 보자.

"은행은 날씨가 맑을 때는 우산을 빌려준다. 그렇지만 비가 오려고 하면 우산을 돌려받는다. 그러나 보험회사는 날씨가 맑을 때는 우산을 보관하고 있다가 비가 오면 우산을 돌려준다."

따라서 아직 생활보장형 보험상품에 가입하지 않은 사람은 재테크와 위험보장기능을 두루 겸비한 보험투자상품에 가입하는 것도 인생 재테크 차원에서 가장 바람직한 선택일 것이다.

특히 장수시대, 오래 사는 것이 삶의 축복이 아닌 자칫 지난한 고통으로 얼룩질 수 있는 기나긴 노후를 좀더 안락하게 보내기 위해서는 장기투자를 해나가면서 상대적으로 질병에 걸려 거동에 많은 지장을 줄 위험요소를 제거(또는 회피)할 수 있도록 사전 대비책을 강구해야 하는데, 노후문제와 건강생활보장, 이 둘을 모두 다 한꺼번에 해결할 수 있는 가장 적합한 금융상품으로는 변액유니버설보험과 변액연금보험이 제격이다.

돈을 버는 목적은 행복해지기 위해서이다. 행복이 수반되지 않는 돈벌이는 아무런 가치도 없다. 투자한 이후 그에 대한 행복감이 상실된다면 투자의 의미는 없어지는 것이다. 진정한 투자수익률을 올리는 것은 가정의 행복이라는 점을 반드시 명심하고 인생 재테크 길로 들어서야 한다.

그런데 행복해지려면 가정에 그 어느 때이든 재정위기가 몰아닥치지 않도록 가꾸어나가야 한다. 즉 삼팔선, 사오정, 오륙도 시대 가장의 실직이나 만약의 사고에 대비한 자녀의 교육·결혼자금, 유가족의 생활보장자금, 장수시대 인생의 긴 황혼기에 필요한 노후생활자금 등 가정에서 흔히 발생할 개연성이 높은 재정위기를 슬기롭게 극복해 나가기 위해서는 경제성의 원칙에 비추어볼 때 최선의 대안은 바로 보험이라고 할 수 있다. 그런 차원에서 변액보험도 고려하면서 선택하라는 것이다.

보험투자상품의 미션은 인생재테크플래닝이다

"당신이 순수한 투자상품이 아니라 보험투자상품인 변액유니버설보험이나 변액연금보험에 가입하려고 하는 진정한 이유는 무엇인가?"

먼저 이것을 반드시 알아두어야 한다. 즉 보험투자상품의 가장 큰 기능은 합리적인 인생 재테크라는 사실이다. 가정의 재정안정과 재테크를 위한 재정클리닉을 실행해 나가기 위해 가입하는 것이 보험투자상품이다. 여기서 필자가 말하는 인생 재테크란 생활보장을 기본 전제로 종잣돈을 효과적으로 굴려 부를 축적해 인생의 황혼이 멋지게 펼쳐지도록 하는 행복 테크의 완성을 의미한다.

단순하게 재정적으로 안정을 원한다면 은행상품을 선택하면 되고, 자산축적과 생존시 혜택을 더 많이 누리려고 한다면 부동산이나 주식 등이 상대적으로 직접적인 매력이 있을 것이다. 그러나 100세 장수시대, 앞으로는 인생의 3분의 1이 경제력이 없는 인생의 황혼기인 서드 에이지임을 감안해 볼 때 성공적인 인생투자를 위해서는 장기적으로 투자를 계속해 나가지 않으면 안 된다.

즉 재테크와 생활상의 리스크 헤지 그리고 노후설계를 모두 해결할 수 있는 최적의 상품을 선택하는 것이 인생 재테크를 영글게 하는 투자의 정석이다. 변액보험을 선택할 때에는 장기투자 마인드가 무엇보다도 중요하다.

생애재무설계 추진에 일석오조의 인생재테크상품은 반드시 필요하다

변액보험은 장기적으로는 인플레이션에 따른 화폐가치의 하락을 방지할 수 있는 보험투자상품이다. 인생의 미래 설계를 위해 반드시 추진해 나가야 하는 생애재무설계 플래닝에서 일석오조의 인생 재테크상품인 변액유니버설보험과 변액연금보험은 필수불가결한 선택수단인 것이다.

① 10년 이상 장기투자시 완전비과세혜택을 주는 상품은 이 상품 말고는 없다.

② 펀드가입 후 펀드변경 등 다양한 자산운용옵션을 통해 펀드기준가 변동성에 적극 대응해 위험을 회피해 나갈 수 있는 리밸런싱 효과의 실현은 적립식펀드에는 없는 변액보험만의 매력이다.

③ 은행상품의 특성을 접목시켜 주식투자의 묘미뿐만 아니라 은행통장식으로도 자유롭게 사용이 가능하도록 유동성 확보의 길을 늘 열어 가입자 마음대로 부득이한 여건상 보험료 불입이 곤란할 경우에는 중도에 납입을 중지할 수도 있고, 경제력이 좋아지면 언제든지 추가납입을 통해 투자금을 더 늘릴 수도 있으며 또한 급전이 필요할 경우 자금을 인출해 활용할 수도 있으면, 이는 가계자금 운영

에 디딤돌이 된다.

④ 가정 행복의 가장 근본인 생활안정을 위한 초석을 다져주는 다양한 보험혜택을 제공해주는 위험보장 기능은 삶의 울타리로서 마음의 안정과 동시에 가장으로서 자녀에 대한 가족사랑 인식을 살갑게 심어주어 끈끈한 가족애를 더욱 느끼게 해준다.

⑤ 장수시대 노후자금마련으로 안락한 인생 황혼기가 영글어 갈 수 있도록 언제든지 연금전환할 수 있게 노후설계 인프라를 구축해 놓은 상품은 펀드 중 오직 변액보험밖에는 없다.

이러한 일석오조의 다목적 기능은 단순히 고수익만을 목표로 하는 적립식펀드의 투자방식과는 많은 차이점이 있다. 물론 5가지 주된 기능 이외에도 변액보험상품만의 매력이 많다.

따라서 장기투자상품으로서 다양한 기능이 있는 변액유니버설보험과 변액연금보험은 그 누가 뭐라 해도 이 시대 최고의 장기 재테크상품인 것만은 주지의 사실이다. 또한 변액종신보험은 최고의 생활보장테크상품으로 전혀 손색이 없다.

단, 주의할 점은 이 책에서 누누이 강조했듯이 사업비부과 규모의 과다로 가입 초기에는 원금손실이 많이 발생한다는 것과 적립금액과 해약환급금의 차이로 해지시 환급받는 적립금액이 달라 투자금의 효율적 활용에 걸림돌이 된다는 점은 유념해야 한다.

변액보험에 가입할 때에는 오로지 10년 이상 인생재테크 차원에서 재무설계(Financial Planning)를 해나가면서 그 일환으로 선택 가입하고, 항상 유지관리와 자산운용옵션 등 펀드수익률 제고의 변수들에 대해 확실하게 이해하고 적극적으로 활용해 나가야만 먼 미래의 장기재테크 청사진이 온전하게 그려질 수 있다는 사실을 명심해야 한다.

 펀드나무 열매 수확 위한 소중한 씨앗 한 톨

우리가 재테크를 하는 궁극적인 목적은 돈을 많이 벌어 현재보다는 미래를 더 즐겁게 살면서 궁극적으로는 늘 행복하게 지내기 위해서이다. 그런데 그 행복은 자신만의 행복이 아닌 가족 모두를 위한 행복이 되어야 가정의 울타리인 부모로서의 책임과 의무를 매조지할 수 있다. 그리고 인생의 진정한 행복의 완성은 황혼기의 그림자가 아름답게 드리워져 곱게 펼쳐질 수 있도록 지금부터 그 시기에 필요한 자금을 갈무리해 여유롭게 여생을 보내는 데 있다. 기력이 쇠진해 무능력한 노후의 삶은 경제력 있는 활동기 시절의 삶과는 도저히 견줄 수 없을 정도로 힘들게 다가오고 하루가 몇 년같이 느껴지게 된다.

우리 곁에서 언제나 마음과 생활의 안정키를 바로잡아주는 장기투자상품인 변액보험으로 인생 재테크 터닝 포인트를 삼아 삶에서 가장 크고 아름다운 진정한 고수익상품인 '복(福)'을 불러들여 행복이 더 알차게 영글도록 지금부터 미래 행복을 위한 씨앗을 심어 잘 가꾸어 나가자.

에필로그

펀드 거울 보면서
부자로 가다듬자

에필로그

펀드 거울 보면서 부자로 가다듬자

가계자산운용 4분법에 맞는 재무설계

이제 책을 마무리하는 시점에서 필자 나름의 재테크 철학을 피력하고자 한다. 우리가 저축 또는 투자를 하는 가장 큰 이유는 자금을 안정되게 관리하는 가운데 좀더 높은 수익을 지속적으로 창출하여 삶을 안락하게 만들기 위해서이다.

큰 안목으로 볼 때 자산의 효용가치를 늘려가려면 ① 보장성을 중시하는 보험상품, ② 안정성과 환금성을 중시하는 저축, 예금 등 은행상품, ③ 안정성과 수익성을 동시에 중시하는 펀드, 변액보험 등 간접투자상품, ④ 수익성을 중시하는 부동산, 주식 등 직접투자상품 등 가계자산운용의 4분법에 맞도록 자산포트폴리오가 이루어져야 보장성, 안전성, 수익성, 환금성이 시너지작용을 일으켜 가정의 재무구조가 탄탄해지고 파이가 커져나간다.

모든 상품이 단기, 중기, 장기 구분 없이 보장성과 수익성, 안정성, 환금성을 모두 두루두루 갖추기에는 상품구조상 어렵다. 그런 상품이 있다면 모든 사람이 당연히 그 상품만 선호할 것이다. 그러나 그

중앙경제평론사
중앙생활사

Joongang Economy Publishing Co./Joongang Life Publishing Co.

중앙경제평론사는 오늘보다 나은 내일을 창조한다는 신념 아래 설립된 경제·경영서 전문 출판사로서 성공을 꿈꾸는 직장인, 경영인에게 전문지식과 자기계발의 지혜를 주는 책을 발간하고 있습니다.

변액보험과 적립식펀드로 고수익 올리기

초판 1쇄 발행 | 2007년 1월 27일
초판 9쇄 발행 | 2011년 5월 20일

개정초판 1쇄 인쇄 | 2014년 4월 23일
개정초판 1쇄 발행 | 2014년 4월 28일

지은이 | 김동범(Dongbeom Kim)
펴낸이 | 최점옥(Jeomog Choi)
펴낸곳 | 중앙경제평론사(Joongang Economy Publishing Co.)

대 표 | 김용주
책임편집 | 이상희
본문디자인 | 북큐브

출력 | 현문자현 종이 | 한솔PNS 인쇄 | 현문자현 제본 | 광신제책사

잘못된 책은 바꿔드립니다.
가격은 표지 뒷면에 있습니다.

ISBN 978-89-6054-111-5 (13320)

등록 | 1991년 4월 10일 제2-1153호
주소 | ㉾100-826 서울시 중구 다산로20길 5(신당4동 340-128) 중앙빌딩
전화 | (02)2253-4463(代) 팩스 | (02)2253-7988
홈페이지 | www.japub.co.kr 이메일 | japub@naver.com
♣ 중앙경제평론사는 중앙생활사·중앙에듀북스와 자매회사입니다.

Copyright ⓒ 2007 by 김동범
이 책은 중앙경제평론사가 저작권자와의 계약에 따라 발행한 것이므로 본사의 서면 허락 없이는
어떠한 형태나 수단으로도 이 책의 내용을 이용하지 못합니다.
※ 이 책은 《적립식펀드와 변액유니버설보험으로 고수익 올리기》를 독자들의 요구에 맞춰 새롭게 출간하였습니다.

▶ 홈페이지에서 구입하시면 많은 혜택이 있습니다.

중앙
북샵 www.japub.co.kr
       전화주문 : 02) 2253 - 4463

※ 이 도서의 **국립중앙도서관 출판시도서목록(CIP)**은 e-CIP 홈페이지(www.nl.go.kr/cip.php)에서
이용하실 수 있습니다.(CIP제어번호: CIP2014009965)

래도 가계자산운용의 4분법을 안정적으로 추진해 나가려면 리스크가 상대적으로 작으면서 수익성도 올릴 수 있는 변액보험과 펀드 등 간접투자상품이 제격이라고 할 수 있다.

재테크는 생애재무설계 기초하여 추진

진정한 재테크는 단순히 돈만 버는 것이 아니라 삶의 미래가치를 드높이는 데 있다. 즉 생애 전반에 걸쳐 간헐됨 없이 필요한 시기에 원활하게 자금이 공급되어 삶의 가치가 새록새록 더 높아지도록 올바로 자산을 관리하면서 여유자금으로 자산을 잘 늘려나가 목저자금의 완성도를 높이도록 깔끔하게 갈무리를 해나가는 것이 진정한 재테크라고 할 수 있다.

따라서 재테크를 올바로 추진해 나가 영글게 하려면 자신의 인생 4L(Life Cycle, Life Style, Life Stage, Life Scale)에 맞춰서 단기, 중기, 장기별로 투자 패턴이 각각 달라져야 한다. 그래야만 생애 재무설계가 올바로 이루어질 수 있다.

그런데 생애 재무설계가 확실히 영글게 하려면 저축과 투자를 할 때 좀더 많은 수익을 안겨줄 수 있도록 실천방법론을 모색해 나가야 한다. 펀드를 통해 고수익을 올리는 것도 생애 재무설계를 확실히 추진해 나가 더 풍요롭게 살아가기 위한 중요한 과정이다.

요즈음 '뭐니 뭐니 해도 머니(Money)가 최고'라고들 말하듯 자산 규모가 점점 행복의 척도로 귀결되는 시대에 생애 재무설계가 완성되어 늘 행복감을 맛보면서 살아가려면 목표한 대로 잘 이루어져야 하므로 시드머니에 대한 미래가치가 높아질 수 있도록 고수익을 쑥쑥 올리는 로드맵을 찾아나서야 한다. 즉 좀더 많은 종잣돈의 미래가치를 높이려면 고수익을 실현할 수 있는 투자상품의 발굴과 선택 및 사후관리 그리고 투자목적이 완전히 매조지될 때까지 자신의 능력과 지혜를 아낌없이 쏟아야 한다.

특히 중장기 재테크를 완성하기 위해 선택하는 간접투자상품의 대표 주자인 변액보험과 적립식펀드는 상품 내용이 복잡하고 투자수익률을 올리는 데 디딤돌이 되는 변수와 걸림돌이 되는 변수들이 상존하므로 이 책에서 제시한 솔루션을 소화해 원하는 목적자금이 더 빨리 가시적 성과를 최대한 앞당기도록 고수익 실현을 위한 재테크 로드맵을 충실히 따라가야 한다.

펀드 거울 보면서 부자로 가다듬어라

하루 일과를 시작할 즈음에는 누구나 거울을 본다. 거울을 보면서 자신이 하고자 하는 일에 옷차림은 잘 맞는지, 얼굴은 아름답게 가꾸었는지 꼼꼼히 챙긴다. 일과 중에도 틈틈이 몸 관리를 한다. 펀드를 통해 고수익을 실현하려면 고수익을 올려주는 재테크 거울을 봐야 한다.

어떻게 하면 돈을 더 벌 수 있는지, 무슨 상품을 선택해야 고수익을 올릴 수 있는지, 어디에 가입해야 안전하고 실속 있는지, 어떤 사항을 고려해야 더 이익인지, 어떻게 대응해야 위험손실의 폭을 줄일 수 있는지 등 재테크 어젠다의 방점을 찍기 위해 평소 재테크 거울을 보는 습관을 들여야 한다.

지금부터 재테크 거울을 늘 챙겨 갖고 다녀라. 그 거울 속에 "나는 반드시 펀드를 통해 고수익을 올려 부자가 되겠다"라는 강한 자기 암시를 담아 보내라.

재테크 거울을 보면서 당신의 현재 모습이 펀드로 일군 미래의 부자 모습으로 바뀌어갈 수 있도록 늘 연출하라. 그리고 부자들이 해박한 금융지식으로 무장하고 거래사와 상품을 선택할 때 매우 신중을 기하듯이 당신 또한 그렇게 하라.

자신에게 부족한 면을 재테크 거울에서 찾아 보완해 나가라. 펀드상품을 재테크 거울에 비춰보고 어떤 변수가 수익을 올리는 데 디딤돌이 되고 걸림돌로 다가올 수 있는지 냉철히 판단하라.

어느 회사의 펀드에 가입해야 내게 더 많은 이익을 안겨주는지 발품과 머리품, 손품을 늘 팔고 다녀라. 어떻게 하면 중장기 펀드투자를 통해 고수익을 올려 내일의 가치 있는 삶이 영글어갈 수 있는지를 고민하라. 그리고 이 책에서 펀드 케어의 해답을 찾고 실천의지를 불살라라.

펀드 거울에 비친 투자로드맵과 솔루션을 찾자

지금부터 행복하고 멋진 미래의 자기 모습을 그리면서 그 꿈이 실현될 수 있도록 재테크 거울에 비친 또 다른 당신과 합심하여 펀드로 고수익을 올리는 최고의 지름길을 이 책을 벗 삼아 찾자.

하늘은 스스로 돕는 자를 돕듯이 고수익을 쑥쑥 올리는 비법을 터득하고 실천해 나가면서 앞으로 여봐란듯이 럭셔리한 장밋빛 삶을 살아가고자 한다면 소망하는 대로 펀드열매가 듬뿍 맺힐 것이다. 따라서 지금 이 순간부터 펀드투자를 할 경우에는 반드시 내가 원하는 대로 그렇게 귀결될 것이라는 확신을 갖고서 목표 수익점을 향해 전진해야 한다.

　이 시대 최고의 파워풀한 중장기 간접투자상품인 적립식펀드와 변액보험으로 당신 앞에 놓인 그리 멀지 않은 미래의 부푼 꿈(Pacific Life)이 현실로 매조지되어 기쁨과 만족으로 행복감이 마음 깊이 흐르길 기대한다.

김동범